廉洁文化微阅读

成云雷 著

人类廉洁文化的集体记忆

打开任何一页都可轻松阅读的趣味之作

山东人民出版社·济南

国家一级出版社 全国百佳图书出版单位

图书在版编目（CIP）数据

廉洁文化微阅读 / 成云雷著 .— 济南: 山东人民出版社, 2024.5

ISBN 978-7-209-14492-6

Ⅰ. ①廉… Ⅱ. ①成… Ⅲ. ①廉政建设 - 中国 - 通俗读物 Ⅳ. ①D630.9-49

中国国家版本馆CIP数据核字（2024）第058966号

廉洁文化微阅读

LIANJIE WENHUA WEI YUEDU

成云雷　著

主管单位　山东出版传媒股份有限公司
出版发行　山东人民出版社
出 版 人　胡长青
社　　址　济南市市中区舜耕路517号
邮　　编　250003
电　　话　总编室（0531）82098914
　　　　　市场部（0531）82098027
网　　址　http://www.sd-book.com.cn
印　　装　青岛国彩印刷股份有限公司
经　　销　新华书店

规　　格　32开（148mm×210mm）
印　　张　7.25
插　　页　1
字　　数　160千字
版　　次　2024年5月第1版
印　　次　2024年5月第1次
ISBN 978-7-209-14492-6
定　　价　42.00元

前　言

历史进入新时代，加强廉洁文化建设成为我们党一体推进不敢腐、不能腐、不想腐的基础性工程的重要抓手，在党员干部廉洁从政、廉洁修身、廉洁齐家等方面发挥着不可替代的作用。就其历史发展而言，廉洁文化包括中华传统廉洁文化、中国革命和建设时期的红色廉洁文化以及新时代廉洁文化。习近平总书记指出：“领导干部特别是高级干部要带头落实关于加强新时代廉洁文化建设的意见，从思想上固本培元，提高党性觉悟，增强拒腐防变能力。”廉洁文化是社会主义先进文化的重要组成部分，其本质是以廉洁为核心、以文化为载体、以培育社会主义核心价值观为根本内容的文化。新时代廉洁文化集中体现了党的先进性和纯洁性，反映了全社会对廉洁价值、廉洁规范、廉洁风尚的思想认同和精神追求。

廉洁自律、清白做人，不仅是新时代党员干部修身正己的要求，也是中华传统美德的重要内核。在中华民族几千年的历史长河中，廉洁文化衍生出不同的表现形式，涵盖了义理思想、制度规范、理想人格、风俗习惯等诸多方面。上述各个方面不仅体现在传统社会治国理政的实践之中，也渗透到各个阶层的日用常行之中，影响着社会生活的方方面面。学习和传承中华优秀廉洁文化，既是个人修身养性的需要，也是培育和创新新时代中国特色社会主义文化的需要。

全书共分为十六辑，涉及廉洁文化的多个方面，有古代圣贤的价值追求，有清官廉吏的历史故事，有世家大族的家风家训，也有崇尚廉洁的物喻象征。它们作为一个有机整体，构成了廉洁文化的精神磁场，可以帮助广大领导干部以文化涵养廉洁品德，增强不想腐的自觉意识。

加强廉洁文化建设是全面推进中国式现代化进程的重要保障。我们出版本书的初衷在于以理想信念强基固本，以先进文化启润心智，以廉洁文化筑牢不敢腐、不能腐、不想腐的反腐败防线。中华优秀廉洁文化博大精深，我们的研究水平有限，书中一定存在一些不足之处，欢迎广大读者批评指正，以便我们不断修改提高，把这本书变成一本广受欢迎的廉洁文化读本。

目　录

第一辑

清廉为官

一　则

春秋时期，晏婴年老时，向齐景公辞去自己的封邑，齐景公坚决不允许。晏婴说："俸禄是为国家服务的酬劳。做事多的人俸禄多，做事少的人俸禄少。我现在年事已高，再占有这么大的封邑是非常不合适的。"

［注］晏婴，春秋时期齐国贤臣，历任齐灵公、齐庄公、齐景公三朝的卿相。

二　则

西汉朱邑生活俭朴，凡有赏赐，总是用来接济贫困的亲戚朋友或邻里乡党，为官数十年，家中没有多余的财产。朱邑临死前嘱咐自己的儿子："我曾是桐乡小吏，那里的老百姓很敬爱我，我同样也很想念他们。我死后，你们要把我葬在桐乡。"当地百姓怀念朱邑生前功绩，不仅主动为朱邑修起了大冢，还建起了祠庙，岁岁祭祀，数百年烟火未绝。

［注］朱邑，西汉官员，年轻时曾任桐乡啬夫，后升任北海郡太守和大司农等职。

三　则

东汉刘宠任会稽太守期间，改革弊政，废除苛捐杂税，而且为官十分清廉。后来他被朝廷调任为匠作大将，临走，当地百姓主动凑钱来送给即将离任的刘宠，刘宠坚辞不受。后来实在盛情难却，刘宠就从中拿了一枚铜钱象征性地收下。刘宠因此被称为“一钱太守”。

四　则

东汉羊续到南阳郡上任不久，属下的一名府丞给羊续送来一条白河鲤鱼。羊续拒收，府丞执意把鱼留下。府丞走后，羊续将这条大鲤鱼挂在屋外，晒成鱼干。后来，府丞又来送鱼。羊续指着屋外柱上悬挂的鱼干说：“你上次送的鱼还挂着，已成鱼干，请你一起拿回去吧。”府丞深感羞愧，悄悄地把鱼取走了。此后，百姓敬称羊续为“悬鱼太守”。明朝于谦有感于此事，赋诗曰：“剩喜门前无贺客，绝胜厨内有悬鱼。清风一枕南窗下，闲阅床头几卷书。”

五　则

陆绩卸任离开郁林时，除有简单的行装和几箱书外，再无别的东西可带。负责运送的船家说："舟轻不胜风浪，难以入海航行。"于是，陆绩让船家搬了一块大石头压舱，方得以平安返归故里。这块石头被运回陆绩家乡后，陆绩的清廉美名随之传开。有人还吟诗赞颂："郁林太守史称贤，金珠不载载石还。航海归吴恐颠覆，载得巨石知其廉。"这块巨石也因陆绩被人们称为"廉石"。

［**注**］陆绩，三国时期东吴名臣，曾任郁林太守。

六　则

胡质、胡威父子为官清廉，得到晋武帝司马炎的接见。有一次，晋武帝问胡威："你们父子二人为官都很清廉，但比较起来，谁更清廉？"胡威不假思索地答道："我比我父亲可差远了。"晋武帝又问："你父亲在哪些方面比你强呢？"胡威说："我父亲为官清廉，总是怕别人知道。"

［**注**］胡质，三国时期魏国官员，魏文帝时，官至东莞太守、荆州刺史，后加封振威将军，赐爵关内侯。胡威，晋武帝时累官至徐州刺史、青州刺史等职，追赠为镇东将军。胡质、胡威父子二人皆以清廉著称于世。

七　则

北朝时，苏琼任南清河郡太守，整顿吏治，惩治贪官，拒收一切贿赂。当地告老还乡的官员赵颖送了一对好瓜到苏琼的府中。苏琼很谦恭地说："谢谢赵老先生的厚爱，心意我领了，瓜您还是拿回去吧。"赵颖说："大人见怪了，我知道大人十分清廉，只是献上一个瓜让大人尝尝，不会治我行贿之罪吧。"说完就离开了。郡人听说苏琼收了瓜，便竞献新果。他们来到苏府时，见到瓜悬置在听事房中的梁上，知道苏琼果真是清廉之人，知趣地带着自己的礼品回去了。

八　则

隋朝时，齐州别驾赵轨因为勤政为民得到皇帝的嘉奖，被提拔入朝任职。离开齐州时，父老乡亲都来送行，一位老者代表众人敬他一杯清水，说："别驾在此任官，从不受贿，有如水火不相交。如今你要走了，我们不敢以壶酒相送。您清廉如水，特献上清水一杯为您饯行。"赵轨接过，一饮而尽，百姓们则挥泪相送。

九　则

北宋包拯曾任端州知州。端砚十分有名，在包拯上任前，历任知州多以进贡为名勒索大量端砚贿赂京中权贵，还有人借此将珍贵的石砚占为己有。包拯上任后，只允许按照进贡数目进行征收，不许额外摊派。三年以后，任期届满，他被调往京都担任御史中丞，离开端州时，一块端砚也没有带走。

十　则

包拯六十大寿那天，坚决不收礼金。不料第一个来送礼的竟是当朝皇帝。送礼的太监在红纸上写道："德高望重一品卿，日夜操劳似魏徵。今日皇上把礼送，拒礼门外礼不通。"包拯看后回了四句："铁面无私丹心忠，做官最忌念叨功。操劳本是分内事，拒礼为开廉洁风。"包拯巧妙地以诗拒礼，并赢得了皇帝的赞誉。

十一则

某宰相夜间在家处理公务，点朝廷供应的蜡烛。夜深了，公务理毕，转入私人读书时间，则吹灭朝廷所供蜡烛，点上私家蜡烛。家人说：夜深人息，何必如此，又没人看见。此公答：君子当慎独也。人的一生，所作所为，不为做给别人看，是为对自己有个交代。

十二则

在明代，政绩卓著的官员经当地百姓挽留，可以品级上升而留任原地。况钟在苏州任职九年。按照规定，他应该官升一级。苏州百姓组织万人签名挽留况钟。朝廷准奏，况钟以正三品按察使衔留任苏州知府，享受正三品的俸禄。茂州知州陈敏也留任多次，品级比他的上司还要高。

［注］况钟，明代宣德五年（1430年）出任苏州知府，中国古代历史上著名的清官。

十三则

明代有一位清官，名叫李汰（tài）。有一年，他被派到福建主持科举考试。有人夜里送来黄金，以求录取。李汰拒绝了这笔不义之财，并作诗一首以明心迹：“义利源头识颇真，黄金难换腐儒心。莫言暮夜无知者，怕塞乾坤有鬼神。”

十四则

清代康熙初年，广西罗城知县于成龙被两广总督金光祖举荐为全省唯一“卓异”，升任合州知州。其子从山西老家来看他，于成龙仅有一只舍不得吃的咸鸭，切了一半作为礼品让儿子带回老家，因此人称“半鸭知县”。

[注] 于成龙，清代名臣，历任知县、知州、知府、道员、按察使、布政使、巡抚和总督等职。康熙称赞他为“天下廉吏第一”。

十五则

于成龙在罗城任职很长一段时间，仆从或死或散。当地百姓很同情他，每天早晚都集中来问安，偶尔会凑一点儿钱财送给他，说：“知道老爷清苦，我们凑点儿盐米钱。”于成龙笑着说：“我一个人，不需要钱，你们可以拿回去买点儿好吃的，好好侍奉父母。”一天，于成龙的家人来探望，百姓又凑钱送来说：“老爷家里来人了，您的家人可以带回去安家。”于成龙又笑着说：“此去我家六千里，一个人带着钱，路上不安全。”于成龙让百姓离开，百姓流泪跪下，于成龙也流泪，最终没有收。

十六则

清代人叶燮（xiè）担任江苏宝应县县令，修堤治水，平反冤案，赢得百姓的称赞。但他的上级不喜欢他，叶燮任职二年，即被免职。他很高兴地说：“我能够与古代的清官一起载入史册，比得到提拔还要幸运。”

十七则

清代乾隆年间，河南巡抚叶存仁为官几十年，清廉自守。他告老还乡时，官员们给他送行，却迟迟不让船起锚。直到明月东升，只见驶来一叶小舟，原来是下属们为他送来的告别礼物，因为怕人知道，所以特地选在夜里送来。叶存仁叫人取来文房四宝，赋诗一首：“月白风清夜半时，扁舟相送故迟迟。感君情重还君赠，不畏人知畏己知。”于是，他将礼物全部退还，一毫不取。

十八则

汤斌在京城任职时，较之以往更加贫困，租的房子在一个小巷子里，御寒就靠一件羊皮袄。冬天上朝时，侍卫们无论认识他的还是不认识他的，都指着他说："这位穿羊皮袄的，就是汤尚书。"

［注］汤斌，清代名儒，历任内阁学士、江宁巡抚、礼部尚书、工部尚书等职。为官清正廉明，体恤民生。

十九则

汤斌在京城官邸中去世，京官前去吊唁，发现遗体上穿的都是粗布衣服，遗产仅有官银八两。同僚昆山人徐乾学尚书拿出二十两银子，才把汤斌的后事办好。

二十则

曾国藩曾经写信给弟弟曾国荃说："听说林则徐三个儿子分家，各得钱六千串。他做了二十年的总督、巡抚，只有这么一点儿家产，官德修养不是你我能够相比的，我们这些人应该向他学习。"

二十一则

新中国成立后，周恩来一直坚持私人用车必须自费的原则。一天，周恩来要去人民大会堂接见外宾，事先准备去北京饭店理发修脸，之后再去人民大会堂。这本来是公务，可周恩来认为理发应是私事。当从北京饭店出来上车后，周恩来轻轻拍拍司机的肩膀，提醒说："从西花厅到北京饭店算私事，车费要从我每月工资里扣除，从这里到人民大会堂才是公事，你不要笼统全部算作公事。"

二十二则

1956年5月，周恩来到太原进行了一次短暂的考察。考察结束，登机离开太原时，他发现有人往机舱里送了一个箱子，马上询问是什么东西，随行人员告诉他，是对降低血压有益的本地产的葡萄汁。周恩来在飞机舱门关闭前，留下30元人民币。

第二辑

清白传家

一　则

田稷是齐国的相国，曾经收受贿赂。他的母亲知道了，批评他说：“非分之物，不是吾财；不贤之人，不是吾子。请你走开，我们永不相认。”于是，田稷退还礼物，并上奏齐宣王请求处理。齐宣王召见田母，予以表彰，鉴于田稷知错善改，让他继续担任相国。

二　则

东汉杨震的儿子杨秉，生性不饮酒，吃粗茶淡饭，穿粗布衣服，过着俭朴的生活。当时纳妾之风盛行，他却在妻子去世后，不再续娶。人们以“醇厚清白”来称赞杨秉的所作所为。他曾经总结自己一生有“三不惑”，即不受酒、色、财三者的诱惑，洁身自好，一尘不染。

［注］杨震，东汉名臣，历任荆州刺史、东莱太守等，有“关西夫子”之称。杨秉，杨震第三子，历任豫州刺史、荆州刺史、徐州刺史、兖州刺史，后为任城国相。

三　则

三国时期，诸葛亮《诫子书》中云：“夫君子之行，静以修身，俭以养德。非淡泊无以明志，非宁静无以致远。夫学须静也，才须学也，非学无以广才，非志无以成学。淫慢则不能励精，险躁则不能治性。年与时驰，意与日去，遂成枯落，多不接世，悲守穷庐，将复何及！”

四　则

诸葛亮为蜀汉事业鞠躬尽瘁，死而后已，生前给后主上奏章，自陈：“臣家成都有桑八百株，薄田十五顷，子孙衣食，自有余饶。臣身在外，别无调度，随时衣食，悉仰于官，不别治生，以长尺寸。臣死之日，不使内有余帛，外有盈财，以负陛下也。”诸葛亮去世后，家中状况确实如此。

五　则

王经年少时家境贫苦，后来做官做到二千石的职位时，他母亲对他说：“你本来是贫寒人家的子弟，现在做到二千石这么大的官，这就可以止步了吧！”但王经没有听取母亲的意见。他后来担任尚书，帮助曹魏对抗司马氏，被逮捕了，流着泪辞别母亲说：“没有听从母亲的教导，以致有今天！”他母亲一点儿愁容也没有，对他说：“做儿子孝顺，做臣子忠君。你既孝且忠，有什么对不起我呢！”

［**注**］王经，三国时曹魏大臣，历任江夏太守、雍州刺史、司隶校尉等职。

六　则

许允的妻子是阮侃的妹妹，长得很丑。婚礼结束后，许允一直没有进新房。桓范劝他说：“阮家把丑姑娘嫁给你，必有深意，你应该细心地体会。”许允就进新房见面，对新娘子说：“妇女应有四德，德、言、容、功，你有几个？”新娘回答：“我所缺乏的就是美貌。君子也应当有许多美德，请问郎君您有几个呢？”许允说：“我都有。”新娘子说：“您好色不好德，怎么能说都有呢？”许允深感惭愧，从此对她非常敬重。

［**注**］许允，三国时魏人，曾任中领军。

七　则

晋代大将军陶侃年少时家境非常贫寒，和母亲湛氏住在一起。同郡人范逵一向很有名望，被举荐为孝廉，有一次到陶侃家找地方借宿。当时，冰雪满地多日，陶家一无所有，而范逵车马仆从很多。湛氏对陶侃说："你只管到外面留下客人，我自有办法。"湛氏头发很长，拖到地上，她剪下来做成两条假发，换到几担米。又把每根柱子都削下一半来当柴烧，把草垫子都剁了做草料喂马。到傍晚，便摆上了精美的饮食，随从的人也都不欠缺。范逵大为感动，从此在各种场合赞誉陶侃，帮助他走上仕途。

八　则

陶侃年轻时当过浔阳县吏，负责监管捕鱼的公务。某次，陶侃利用职权拿了腌鱼回家，母亲湛氏让他马上把鱼退回去，并且责备他说："你身为官吏，拿官家的东西回来，不但没有好处，反而会增加我们的精神负担啊！"

九　则

殷仲堪任荆州刺史之后，适逢水灾，食物不丰足。他吃饭只有少量菜肴，有时饭粒掉落在盘外席上，他也总是拾起来吃掉。他常教育子弟说：“清贫，原是士人的本分，怎么可以登上高枝而丢弃根本呢？你们要记住这个道理！”

[注] 殷仲堪，东晋末年重要官员，曾任荆州刺史。

十　则

唐代监察御史李畲（shē），某次派手下把领得的禄米送回家。他的母亲顺手用斗量了一下，发现多出了三石米，非常生气，要差使把多余的送回去，同时为此责备了李畲。其他御史知道这件事后，都感到非常惭愧。

十一则

北宋宰相王旦不置田产。他常说：“子孙当自立，何需置田宅！”在他的严格要求下，王氏后代英才辈出，子侄辈在《宋史》有传者就有十一人。在王旦清白家风的影响下，他们都能做到廉洁自律，得到时人和后世的好评。

十二则

包拯遗训：后世子孙仕宦，有犯赃滥者，不得放归本家；亡殁之后，不得葬于大茔之中。不从吾志，非吾子孙。

十三则

司马光妻子去世，宋神宗派人给他送了一些钱。司马光说：私事怎么能用国家的钱，于是就让儿子退回去。儿子觉得应该借点儿钱，把母亲的丧事办得风光点儿，可是司马光不同意。最后，父子商量把家里仅有的一块三顷薄田典当出去，这才办理完丧事。

十四则

明代高愈是名臣高攀龙的从孙，继承了祖上的清廉家风。晚岁，高愈生活极度贫困，某年，连续喝粥七日，仍带着儿子登临远眺，精神上依然逍遥自足。他曾经说：“读书人要自立，时刻不忘为追求正义而奋斗。”

［注］高攀龙，明代政治家、思想家，东林党领袖之一。历任太常少卿、大理寺右少卿、太仆卿、刑部右侍郎、都察院左都御史等职。

十五则

乾隆年间，内阁典籍尹均生性俭朴，他的儿子尹壮图任内阁学士。两人都喜欢喝豆汤，每月一定要煮多次，喊来儿孙辈一起喝，说：“这是家乡口味，你们即使将来富贵了，也不要忘本。”父子经常同乘一车去上朝，刘墉感叹：“尹舍人可以称得上以清白遗子孙了。”

十六则

清代钱塘人汪沨（fēng），隐居不出。汪沨的妻子叫钱瑟瑟，是建宁太守钱飞卿的女儿。妻子娘家人希望他参加礼部的选拔，拿着一大笔钱给汪沨的妻子说：“你若能让丈夫去参加应试，这笔钱就是你的。”汪沨的妻子回答：“丈夫不是我能劝得动的，再说，我也不喜欢你的钱。”来人感到很惭愧，这事就罢了。

十七则

曾国藩要求曾家的子弟做正人君子，居官要以“清”字为第一要义。他说：“予自三十岁以来，即以做官发财为可耻，以官囊积金遗子孙为可羞可恨，故私心立誓，总不靠做官发财以遗后人，神明鉴临，予不食言。”在曾国藩看来，通过做官而敛财，并为后世子孙留下这些金钱，而不是通过明理济世影响后人，这是非常可耻的事情，也是他不愿为之的。

十八则

孙中山先生对待家人要求严格，大公无私。1912年1月，孙中山当选为临时大总统，各界推举其兄孙眉担任广东都督。但他经过再三考虑，不同意孙眉出来当官。孙中山亲自致电孙眉，劝他不要担任广东都督。

十九则

吴佩孚当权后，前来跑官要官买官的亲朋好友络绎不绝。一次他亲下手谕：“天、孚、道、云、龙五世，永不叙用。”这五个字代表的是蓬莱吴姓的五辈人，一道手谕将自家亲戚攀附之路全部堵死。吴佩孚有个老同学在别处当官，贪赃枉法后被免职了，便到吴佩孚处求官。那天，吴佩孚不在，便写了个条子要求到河南当个县长。吴佩孚回家见到条子，提笔批道：“豫民何辜？”

二十则

毛泽东重视亲情，但不为亲人徇私情。新中国成立以后，毛泽东多次将表兄弟们接到北京做客，或寄钱赠衣物，表示对他们的关心。尽管这样，当他们提出要毛泽东推荐介绍到北京参加工作时，毛泽东均没答应，他总是说，这样做“人民会说话的”。

二十一则

1953年，朱德的女儿朱敏刚参加工作，朱德就让她住到学校去，并一再嘱咐她：要住宿舍，不要老回家，要好好工作，和群众打成一片。当时，学校正在兴建，还没有家属宿舍，朱敏在单身宿舍住了4年，才有了自己的房子。

二十二则

“革命者的遗产不是金钱，而是革命精神。”这是朱德教育子孙后代的一句名言。在他病重期间，曾多次对孩子们说：“我是无产阶级，我所用的东西都是公家的，我死后一切都上交国家。”在朱德病危的时候，他嘱咐爱人康克清把他自实行工资制以来的全部存款共计2万多元，作为党费，都交给组织。

二十三则

在对待子女花钱的问题上，朱德非常严格，他曾经对身边工作人员说：“不要小看给钱的问题。如果不注意，钱给得多了，实际上是害了他们。他们都有工作，有收入，能够生活就可以了。他们对过去的苦难不知道，钱给多了，可没有任何好处呀！”

第三辑

廉史留痕

一　则

战国时，鲁国相国公仪休爱吃鱼，有人投其所好送鱼给他，公仪休不肯收。问其原因，他说：“正因为喜欢吃鱼，所以不能接受。我作为相国，能用自己的俸禄买鱼吃，如果因收了鱼而丢了官，谁又会送给我鱼呢？所以我不能接受。”

二　则

宋国有个人得到了一块宝玉，把它献予相国子罕。子罕不肯接受。献玉的人说：“这是我珍藏的一块宝玉，特此献给您。”子罕说：“我把‘不贪财’作为珍宝，你把‘玉’作为珍宝；如果我收下你的玉，你我都会丧失珍宝，还不如各人持有自己的珍宝。”

三　则

萧何治家以节俭闻名，平时置田宅，只挑些穷僻之处，从不占百姓的良田，府邸也不修高大房屋。他对家人说：“我这是为后人打算：后人倘若贤仁，就让他们效法我的节俭吧；倘若不贤，豪门世家也不会看上这穷田陋房而欺夺。”

四　则

汉文帝的舅舅车骑将军薄昭犯了杀人罪。如果依法追究，汉文帝又担心违背孝道；不追究，又不利于维护国家的尊严。丞相张苍、大夫贾谊暗示薄昭自杀。但薄昭心存侥幸，希望汉文帝回心转意。汉文帝得知舅舅不愿自尽，心中十分气恼，觉得舅舅没有气节，也感到自己脸上无光。为了逼迫舅舅依法自裁，同时为了震慑那些妄图以身试法的大臣、外戚，汉文帝果断地下令：大臣们换上丧服，一起到车骑将军家中哭丧。薄昭知文帝决心已定，不可更改，只好自尽了。

五　则

“风闻奏事”是中国古代的一种监察制度。魏晋时期，诏准监察官员可以“风闻奏事”，即依据传闻进行弹劾，而不必核准事实，即使弹劾有误，也不负任何责任。这种监察制度，连掌握军政大权的重臣也十分敬畏。

六　则

有一次，唐太宗曾向魏徵问道：“何谓明君、昏君？”魏徵回答：“君之所以明者，兼听也；君之所以昏者，偏信也。秦二世居住深宫，不见大臣，只是偏信宦官赵高，直到天下大乱以后，自己还被蒙在鼓里；隋炀帝偏信虞世基，天下郡县多已失守，自己也不得而知。”唐太宗对这番话深表赞同。

［注］虞世基，隋代书法大家、文学家。

七　则

唐代宋璟从广州都督任上升任宰相时，当地官员为他修建“遗爱碑”。宋璟后对唐玄宗说：“我在广州并无突出政绩，只不过因为现在我地位显赫，地方官员借机献媚。请陛下下旨停止给我立碑，以革除这种陋习。”唐玄宗采纳了他的建议。从此，天下各州再也不敢给当政的宰相立功德碑。

八　则

唐代宰相姚崇生活俭朴，平时粗茶淡饭，家人也都穿着布衣。姚崇在朝为官时，处理政事来不及回家时就寄居在一座寺院里。唐玄宗曾经建议姚崇住在办公地中书省的四方馆，既可以改善生活条件，又可以就近处理政务。姚崇谢绝了唐玄宗的好意。

九 则

杜暹因病去世，终年六十余岁。他死后唐玄宗非常怀念他，派太监到他家帮助办理丧事，并由宫内拿出三百匹绢以示吊唁，还追授他为尚书右丞相。朝中生前好友见皇上都这样做，也都给其家人送去许多礼物，尚书省还送去了一份奠仪，但他的儿子遵照其遗嘱，都谢绝不受。在议定杜暹的谥辞时，朝臣们认为他有忠孝之美，最后经反复商讨，确定为“贞孝”。

［注］杜暹（xiān），唐朝大臣，玄宗时任黄门侍郎同中书门下平章事，擢户部尚书，以廉洁著称。

十 则

宋太祖赵匡胤经常穿着旧衣服，包括他的皇冠，都不加珍珠和金饰。为了倡导节俭，他甚至拿出自己穿过的麻布旧衣服赏给大臣，并说：“这是我穿的旧衣服。”得到皇帝旧衣服奖赏的大臣自然很高兴，他们会穿戴起来，并引以为荣；没有得到皇帝旧衣服奖赏的大臣，他们则引以为戒，不敢穿戴比皇帝高级的衣服。

十一则

北宋时期，永庆公主与其母（皇后）对宋太祖赵匡胤说：“皇上的车轿该用黄金装饰。”赵匡胤笑着说：“朕富有天下。不要说用黄金装饰车轿，就是用黄金装修宫殿也能办到。不过，钱财是天下百姓的，朕为天下百姓守财，岂能乱用！朕是为天下百姓服务的，不能让天下人来供奉朕一人。”

十二则

宋初宰相范质从不接各地馈赠之礼，甚至自己的俸禄和前后所得赏赐也都送给了老弱孤寡。到临终之时，范质“家无余资”。宋太祖说：“闻范质只有宅第，不置田产，真宰相也。”宋太宗也称赞他博学多才，谨守法度，清廉为官，勤于政事，“宰辅中能循规矩，慎名器，持廉节，无出范质右者”。

十三则

包拯在宋代和后世都享有盛名，作为清官的典型形象，被不同体裁的文艺作品广为传播，使之带有传奇色彩。在现存宋人话本中，写包拯的就有《合同文字记》《三献身包龙图断案》等，后来歌颂包公的传说越来越多。经过南宋说书艺人的加工塑造，包公的形象更加丰满、鲜明，不断地流传后世。在此过程中，包公的事迹越积越多，包公的本事越传越神奇，包公也越为老百姓所敬重和喜爱。直到今天，传统京剧中保留下来的包公戏还有不少，著名的有《铡美案》《赤桑镇》《打銮驾》《狸猫换太子》等。随着国际文化交流的进展，包拯这个历史人物和艺术形象还赢得了世界性的声誉。

十四则

“开封府题名记”碑上刻有北宋开国以来一百八十三位开封府尹的姓名和上任年月。唯有包公名下经历代敬仰者指点抚摸，形成一道深深的凹痕，可见，“包青天”的形象深入人心之广。

十五则

宋代关于官吏的廉政立法主要有以下内容：一是贪赃罪，分枉法与不枉法，受贿而枉法至十五匹绢判绞刑。二是监守自盗，罪加二等，三十匹绢判绞刑。三是禁官吏经商，地方长官在辖区内买卖盈利，以监守自盗论。四是地方长官非因公事而使用所监临财物，若是强取，以枉法论；擅自赠送他人，以私自挪用论。五是使臣出使接受财物或索取财物，以枉法论。六是自行借贷所监临的财物，以贪赃论。

十六则

明太祖曾颁布法令：凡官吏嫖娼宿妓者，一经查实，其罪仅次于杀人罪。即使以后赦免，也永不叙用。由于措施严厉，官吏嫖娼宿妓现象，一时近乎绝迹。

十七则

《大明律》规定：官吏贪赃枉法至八十贯者，绞。监守自盗至四十贯者，绞。官员恐吓取财，准盗窃罪加一等。官员私用民力一名笞四十。检核灾荒不实，灾荒不奏，杖八十。

十八则

夏元吉是明成祖、明仁宗、明宣宗都特别倚重的大臣，掌管户部二十多年。皇帝经常会赏赐给他一些贵重的物品，但他总是说：“我只不过是一个平民，怎么能够使用这么贵重的物品？”皇帝赏赐给夏元吉的东西他从来不拿回家，而是放在户部办公的地方。

十九则

海瑞为官多年，只用积蓄的俸禄二百二十两银子买了一处住宅。临终前不久，上级发下的柴火银子多算了二钱，他特地叫人送交回去。海瑞去世后，户部官员清点了他的遗物，只有俸银八两、布一缎、旧衣服几件而已，丧事的开销还是同僚筹集的。

二十则

明朝范景文为万历进士，历任兵部侍郎、工部尚书、东阁大学士等职。明时朝政大权集中于皇帝一人之手，不设宰相，大学士为皇帝顾问。当时亲友登门相求，范景文一一婉拒，并在门上张贴“不受嘱，不受馈”六个大字，以明心迹。老百姓交口称赞，尊称他为“二不公”或“二不尚书”。同僚中的正直之士以范景文勤政廉政为内容撰成一联，上联是“不受嘱，不受馈，心底无私可放手”，下联是“勤为国，勤为民，衙前有鼓便知情”。

二十一则

清顺治十八年（1661年），于成龙任罗城知县，临行前写信给朋友说：“我做官不为解决温饱，聊以自慰的只有‘天理良心’四个字。”明亡清兴，多年战乱之后的罗城，人烟稀少，官衙荒芜，于成龙把土块堆成办公桌，旁边放一口煮饭的锅、一只盛水的盂，就开始处理政事。百姓觉得这位县太爷很真诚，都喜欢亲近他。

二十二则

一代廉吏于成龙非常随和，官吏们如果有事情找他，可以直接进入他的卧室。他的办公桌上放着生姜和豆豉，像农村的私塾先生一样随意。他没有家人和仆从在身边，生活非常俭朴，每天只吃粗粮和青菜，百姓称他为“于青菜”。

二十三则

曾国藩在安庆镇压太平军时，沈葆桢为江西巡抚。双方约定湘军负责维护江西平安，江西以厘金支付军饷。后来太平军势力越来越大，曾国藩的湘军经常东躲西藏，沈葆桢就上奏朝廷，恳求截留厘金，自行组织军队。曾国藩很生气，认为沈葆桢出卖了自己。沈葆桢曾写信给曾国藩引咎自责，曾国藩不作答复。后来曾国藩升官节制江南四省，陈右铭试图调和两人的关系，对曾国藩说：“江中行船，遇到大风，船夫们互相破口大骂，即使父子也像仇人一样。不久，风平浪静，大家一起喝酒，感情还是原先一般好。小人就是这样的喜怒无常。”曾国藩说：“互相破口大骂，是害怕船沉，不是为了一己私利。船停泊好了，就不再有矛盾。”陈右铭说：“你和沈公，都担忧江西遇到灭顶之灾，现在江西平定，你们还心有芥蒂，难道见识还不如船夫吗？”曾国藩大笑，马上写信给沈葆桢道歉。

二十四则

沈葆桢在两江总督任上去世，朝廷命令江苏巡抚吴元炳办理丧事，并代行总督职责。吴元炳来到金陵，看到沈葆桢身后萧然，仅在枕边找到银币五十元，此外别无钱物。箱子里也只有布衣数袭、旧书若干卷，于是非常感叹他的廉俭。

［注］沈葆桢，晚清名臣，曾任江西巡抚、福建船政大臣、两江总督等职，中国近代造船、航运、海军建设事业的奠基人之一，是爱国英雄林则徐的女婿。

二十五则

1936年，美国记者斯诺访问延安时，被毛泽东、朱德等共产党领导人的廉洁节俭所深深感动，断言这种廉洁节俭的作风会产生一种伟大力量——“东方魔力”。1949年美国司徒雷登对国民党的军官们说：“共产党战胜你们的不是飞机大炮，而是廉洁，是靠廉洁换得的民心。”

二十六则

1941年11月6日，毛泽东发表演说：“共产党员必须倾听党外人士的意见，给别人以说话的机会。别人说得对的，我们应该欢迎，并要跟别人的长处学习；别人说得不对，也应该让别人说完，然后慢慢加以解释。共产党员绝不可自以为是，盛气凌人，以为自己是什么都好，别人是什么都不好。”

二十七则

1949年11月，以董必武为团长的中央财经接收代表团来到南京。董必武非常严肃地对手下人员说：“我和你们约法三章：不许向地方要东西，不许以我的名义在任何部门搞活动，不许接受礼物。你们要是违纪了，我就要送你们到公安局。”

二十八则

新中国成立初期，刘青山、张子善作为党内高级干部贪污巨额国家财产，有人以刘、张二人在战争年代出生入死，有过功劳，又是高官为由，向毛泽东说情。毛泽东说：“正因为他们两人的地位高、功劳大、影响大，所以才下决心处决他们。只有处决他们，才能挽救20个、200个、2000个、20000个犯有各种不同程度错误的干部。”

二十九则

1961年4月至5月中旬，三年困难时期后期，刘少奇到湖南农村进行了44天的调查。他了解到农村的真实情况后，说：“你们看，靠吹牛、撒谎、欺骗等手段过日子，迟早是要真相毕露的。”

第四辑

超越权力

一　则

孟子常常“说大人则藐之”，意思是向诸侯进言时，就得轻视他。孟子好骂，他常常骂得齐宣王“勃然变乎色”“顾左右而言他”。对梁惠王、梁襄王父子，他好像尤其恼火，当面骂梁惠王“率兽食人”，背后骂梁襄王“不似人君”。当时所有的诸侯，在孟子看来都是“五霸之罪人”。

二　则

《庄子·列御寇》里有这样一个故事：宋国有个叫曹商的人，为宋王出使秦国。出发时，他得到了宋王赠送的好几辆车。秦王喜欢他，又赠送他一百辆车。曹商回到宋国，路遇庄子，嘲笑庄子道：“有的人，住在偏僻的小地方，靠打草鞋过日子，我还不至于那么惨；一夜之间说服万乘君主，从而获得一百辆车的恩赐，这是我的特长啊。”庄子回应说：“秦王得了病召集大夫来医治，凡是能够破除毒疮的人就可以获得一辆车，愿意用舌头舔痔疮的人可以获得五辆车，所干的事越是卑污，获得的车辆就越多，莫非你给秦王治痔疮了吗？否则怎么会得到那么多车呢？你还是走远一点儿吧！”

三　则

庄子在濮河钓鱼，楚国国君派两位大夫前去请他做官，他们对庄子说：“国君想将国内的事务托付给您啊！”庄子拿着鱼竿没有回头，说：“我听说楚国有一只神龟，死了已有三千年了，国君用锦缎包好放在竹匣中珍藏在宗庙的堂上。这只神龟，它宁愿死去留下骨头让人们珍藏呢，还是情愿活着在烂泥里摇尾巴呢？”两个大夫说：“情愿活着在烂泥里摇尾巴。”庄子说：“请回吧！我要在烂泥里摇尾巴。”

四　则

汉初三杰之一的张良，在辅佐刘邦打下天下后，急流勇退，不贪高官厚禄，向刘邦提出：“愿弃人间事，欲从赤松子游耳。”赤松子是传说中的仙人，张良从此就飘然隐居了。

五　则

西晋名士张翰在齐王手下为官，他对同为名士的友人顾荣说：“天下纷乱不已，有名气的人想隐居很难。我本是山林间的人，早就没有扬名于世的愿望了。你还是以自己的聪明才智，多防前顾后吧！”顾荣握着他的手，悲凉地说：“我也想与你一起去采南山的蕨菜，去喝三江的清水。”一天，秋风吹来，张翰突然想起了家乡吴县的莼菜羹、鲈鱼脍，便说：“人生可贵的就在于顺从自己的意愿而已，怎么能被官职束缚于千里之外，去追求名声爵位呢！”说罢就辞官回家。不久，齐王司马冏兵败，张翰得免于难，世人都认为他的弃官是明智之举。

六　则

唐代王义方，品德、才华冠绝一时。魏徵很赏识他，准备把夫人的侄女嫁给他，他婉言谢绝了。不久魏徵去世，王义方却主动迎娶了魏徵夫人的侄女。别人问王义方这样做的原因，王义方说：“我先拒绝是不依附权贵，现在这样做是报答魏大人的知遇之恩。”

七　则

《五灯会元》记载了这样一件事：一天讲经时，梁武帝到了，大家都站起身来，只有善慧大士端坐不动，梁武帝的近臣大声说：“圣上大驾在此，为何不起身？”大士说：“金身若动，法地不安。”

八 则

相传明代某太守死在南阳府衙，从此阴魂不散，每到点卯时，必穿官服面南而坐。等天大亮了，才不见。雍正年间，太守乔公到了南阳府上任，听说这件事，笑着说：“此人官瘾极大，人虽死了，却不自知，待我点化他。”第二天，天还没亮，乔太守身着官服先来到大堂坐定。到了点卯的时候，那个戴着乌纱帽的鬼魂远远地走过来，见大堂上早有人占了座位，犹豫不前，最后长叹一声消失不见了。从此，这种怪事再也没出现过。

九 则

海宁人查容，小时候参加县学举行的童子试，监考官员按照惯例进行搜查，防止考生夹带小抄。查容很生气，说：“朝廷选拔人才，官员却把考生看成作弊者，难道我们这些人就这么没有德性吗？”于是退出，终身不再参加科举考试。

十　则

年羹尧坐镇西北任大将军时，招揽天下才士。举人蒋衡前往，年羹尧非常欣赏他的才华。蒋衡在幕府中看到年羹尧作威作福、骄奢已极，对幕僚们说：“年公德不胜福，马上大祸临头。我们应该离开这里。”幕僚们不以为然，只有蒋衡称病告退。年羹尧以一千两银子相赠，蒋衡坚决谢却。年羹尧被法办时，幕僚全部被处死，只有蒋衡逃过一劫。

十一则

汉军旗人李雨苍很有个性，曾经以普通士人的身份拜访曾国藩。恰巧曾国藩不在家，见到了他的儿子曾纪泽。曾公子看到李雨苍衣服破旧而又风尘满面，露出轻慢之色。李雨苍上前教训说：“你父亲以礼贤下士名闻天下，你怎么敢如此轻慢读书人！”曾公子道了歉，这才罢了。曾国藩回来后对他另眼相看，留在身边，让他带兵，一直推荐他做到参赞大臣。

十二则

湘潭王闿运中举后，前往吏部参加考试，到了京城，忽然流泪再往回走。后来，他对人说："我若参加会试，必定中状元。但是光绪帝年纪太小，召见时要对他行跪拜之礼，心里很不情愿。"

［注］王闿运，晚清经学家、文学家，在教育事业上颇有成就。

十三则

阎敬铭告老还乡后，朝廷想让他再出山，他不愿意，给朝廷的谢折中说："宋代王安石小官则受，大官则辞，何况我根本比不上王安石的万分之一。"

［注］阎敬铭，晚清大臣，光绪时任东阁大学士，为官清廉耿介，是中国历史上为数不多的理财专家，有"救时宰相"之称。

十四则

1945年10月，中央任命粟裕为华中军区司令员，张鼎丞为副司令员，粟裕认为张鼎丞在很多方面都优于自己，若张任司令员，自己任副职，协助张鼎丞工作，会更有利于党的事业。为此，他再三恳请中央改任，最后中央接受了他的请求，重新作了任命。

十五则

1948年5月，陈毅同志调至中原工作，中央决定华东野战军由粟裕领导，粟裕坚持认为陈毅是华野众望所归的统帅，陈毅继续担任华野领导更为合适。经他一再恳请，中央决定陈毅仍任华野司令员兼政治委员。

十六则

新中国成立初期，全国人大常委会曾提议，要授予毛泽东大元帅的军衔，理由是苏联授予斯大林大元帅军衔。毛泽东拒绝了提议，说：苏联有的，不一定我们也要有。10个元帅就足够了。那套早已准备好的大元帅的肩章样品，至今还陈列在兵工厂的展览室里。

十七则

1955年，中国人民解放军实行军衔制。在讨论粟裕军衔问题时，毛主席考虑到粟裕的资历、威望和战功，给予粟裕极高的评价，说“论功、论历、论才、论德，粟裕可以领元帅衔”，要给粟裕授元帅衔。由于粟裕事前已上书请求坚决辞去元帅衔，周总理说：“粟裕二让司令一让元帅，人才难得，大将还是要当的。”毛主席补充说：“而且是第一大将。”

十八则

许光达将军爱人邹靖华回忆：许光达获知将授大将衔消息当日，一夜未眠，翻来覆去。次日，授衔命令公布，许光达于屋里转来转去，不言不语，似乎压力很大。邹靖华问之，许光达言：“授得太高了！”“上面还有那么多人比我强。”“好多人性命都丢了啊！”于是，许光达向中央军委和毛主席上书申请降衔。当时，中央军委没有批准许光达的申请，仍然决定授予他大将军衔。据云，毛泽东阅“降衔申请报告”后，甚为感动，举报告与中央其他领导说：“五百年前，大将徐达，二度平西，智勇冠中州；五百年后，大将许光达，几番让衔，英名天下扬。”

十九则

甘祖昌将军1955年被授予少将军衔。在授衔仪式上，他穿着将军服，神采奕奕，但回家后却对妻子说：“比起那些为革命牺牲的老战友，我的贡献太少了，组织上给我的荣誉和地位太高了！”此后，他不止一次向组织上写报告：“我自1952年跌伤后，患了严重的脑震荡后遗症，不能再做领导工作了。但是我的手脚还是好的，请求组织上批准我回江西农村去，我愿为建设社会主义新农村作贡献。”当时，他的请求没被批准，1957年他又接着写。这一年，总政治部副主任萧华到新疆检查工作，他当面向萧华提出申请。最终，组织上批准了他的请求。

二十则

有一次，刘少奇的姐姐写信给他说：“我在塘边，一边打水一边想，我弟弟在北京做大官，可是我在这里打水……”针对这些话，刘少奇写了一封回信，信中写道：“我看到你的信，知道你在打水，在劳动。靠劳动生活，我感到光荣。如果我姐姐还在继续靠剥削生活，我会感到羞耻的……”

二十一则

黄克诚将军长兄，一农夫也。湘南起义失败，将其弟藏匿于猪圈顶棚。官府追捕，乡绅逼供，其无所畏惧也。新中国成立后，黄克诚将军任总参谋长，兄则忐忑不安。乡人劝其进京谋职，其曰：“他当他的官，我种我的地。”1959年，将军告之已解职，即道喜曰：“好了，好了。”又曰：“做官，太险，官愈大愈险。不如青菜萝卜保平安。”一介农夫，有此真知灼见，非凡人也。

二十二则

中国现代哲学家熊十力说，自己35岁以后就全身心在学问上。熊十力先生是武昌起义的重要发动者之一，他在革命以后看到了一些不满意的事，于是一心想通过学问来解决这些问题。

第五辑

刚正不阿

一　则

《左传》上记载，齐国大臣崔杼杀了齐庄公，太史伯秉笔直书："崔杼弑其君。"崔杼大怒，杀掉了太史伯，然后命其二弟太史仲记载这件事。太史仲毫不犹豫，写下的仍然是这五个字"崔杼弑其君"，也被杀掉。三弟太史叔继承兄长遗志，再次写下"崔杼弑其君"，又被崔杼所杀。太史伯最小的弟弟太史季与三个哥哥一样视死如归，仍旧写"崔杼弑其君"，并对崔杼说："据事直书，是史官职责所在。失职而生，不如死！"崔杼被其正气所震慑，放弃了歪曲历史的想法。当太史季出门时，看到另一位史官南史氏手持竹简而来，便问他来此何干？南史氏说："我担心你也被崔杼杀掉，无人记录史实。"说罢将手里的竹简给太史季看，上面也如实记载着："崔杼弑其君。"

二　则

子之做了燕国的相国。一天，他坐在室内，故意说："刚才在门外面跑的是谁的白马呀？"身边的人都说没有看见。只有一人跑了出去，回来报告说："是有一匹白马。"子之以此来检验身边人是否诚实。

三　则

李离是春秋时期晋国的法官。在一次审理案子时，他错判了一人死罪，使其被杀。后来真相大白，李离才知自己是错听了下属禀报而枉法杀人，于是把自己关押起来，认为应当领受死刑。晋文公以国君的身份赦免他的死罪，李离说：“法律规定法官断案，失刑则刑，失死则死。现在我错杀了人，罪当死。”说罢，拔剑自刎。

四　则

魏文侯和大夫们一起饮酒，令公乘不仁执行酒令，并且立下规矩：“饮酒不干杯的人，罚酒一大杯。”魏文侯饮酒不尽，公乘不仁举起酒杯要罚他，可他看着公乘不仁，不接受惩罚。旁边的侍从见状赶忙说：“不仁退下，君王已经醉了。”公乘不仁说：“做臣下不容易，做君王也不容易。今天君王已经设了酒令，不能有令不行。”魏文侯说：“说得好。”举杯饮了罚酒。饮完说：“任命公乘不仁为上客。”

五　则

董狐是春秋时晋国的史官。当时晋灵公暴虐无道，执政大臣赵盾多次劝谏。他不但不听，反而蓄意谋杀，赵盾被迫出逃。当逃到边境时，听说晋灵公已被其族弟赵穿杀死，于是返回晋都继续执政。董狐以“赵盾弑其君”记载此事，以示笔伐。赵盾解释说灵公是赵穿杀的，不是他杀的。董狐说：“你身为执政大臣，逃亡未离国境，回到朝中不讨伐弑君乱臣，如果说这件事与你无关，谁会相信呢？”对此，孔子大加赞扬，认为董狐是古代的良史。

六　则

赵奢，本是赵国征收田租的官吏。在收租税的时候，平原君的家丁不肯交。赵奢依法处死平原君家中管事人九名。平原君十分恼怒，想杀死赵奢，赵奢便说：“您在赵国是贵公子，如果纵容家丁而不奉公守法，法纪就会削弱，法纪削弱国家也就衰弱，国家衰弱则各国来犯，赵国便不存在了。您还到哪里找现在的富贵呢！以您的尊贵地位，带头奉公守法则上下一心，上下一心则国家强大，国家强大则赵国江山稳固，而您作为王族贵戚，难道会被各国轻视吗？”平原君认为赵奢贤明，便引荐给赵王。赵王派他管理国家赋税，于是国家赋税征收顺利，人民富庶而国库充实。

七　则

有人盗汉高祖庙座前玉环，张释之判决依律弃市。汉文帝大怒，认为应行连坐法。张释之认为：“盗高祖庙座前的玉环就要株连九族，要是后来有人盗高祖的陵墓，该怎么审判？”据法以争，最后汉文帝认为有道理，便接受其言。

八　则

张释之任廷尉时，汉文帝出巡至中渭桥，有人违反交通管制令，惊吓到汉文帝乘马。张释之依法判处罚金四两，汉文帝认为判决过轻。张释之认为法律是天子和天下人的约定，必须共同遵守，拒绝加重判决。

九　则

东汉董宣任洛阳令时，光武帝刘秀的姐姐湖阳公主家奴仗势杀人，董宣拦住湖阳公主的车，令奴下车而杀之。公主立即回宫向光武帝刘秀告状。刘秀极为愤怒，召来董宣，要用鞭子打死他。董宣磕头说：“圣上因德行圣明而中兴复国，却放纵家奴杀害百姓，将拿什么来治理天下呢？臣下不怕鞭子打，只求一死。”当即用脑袋去撞击柱子，血流满面。刘秀命令小太监扶着董宣，让他磕头向公主谢罪，董宣不答应。刘秀让小太监强迫他磕头，董宣两手撑地，一直不肯低头。刘秀深为感动，称之为“强项令”，并赏赐三十万钱。

十　则

东汉苏章曾任冀州刺史，辖区内的清河太守是他的好友。有一次，苏章发现一个案子与清河太守有关，于是便请太守吃饭。太守很高兴，以为苏章会放过自己。吃过饭，苏章正色道：“今天请你吃饭是尽朋友之情，明天升堂办案是履行刺史的职责，希望你不要误会。”第二天，苏章果然秉公执法，不徇私情，依律给清河太守定了罪。

十一则

东汉桓帝时期，司隶校尉李膺负责督警百官。宦官张让的弟弟张朔倚仗哥哥权势为害一方，竟然杀害孕妇取乐。李膺经审讯录供后依法处斩了张朔。张让向皇帝喊冤，汉桓帝责问李膺，为什么不先请示就处死。李膺回答：“《礼记》上说，官宦子弟犯罪，即使国君要宽赦，官吏也可严守法律不听命。如果皇上要处死我，请求推迟五天，限期灭尽大恶，回来甘愿领受烹煮之刑。”汉桓帝听后对张让说：“这是你弟弟的罪过，司隶校尉有什么过错？”于是，命令李膺退下。从此，宦官们都收敛了气焰。

［注］李膺（yīng），东汉时期名士、官员，曾任青州刺史、渔阳太守、蜀郡太守、度辽将军等。

十二则

晋代荀晞（xī）曾任兖州刺史，他的表弟在他手下为官。表弟犯了死罪，荀晞依法处斩，然后换上一身素服，到灵前祭吊，边哭边说：“表弟啊，杀你的是兖州刺史，哭你的是表哥荀晞。”由于他执法严厉，所以他的部下非常守纪律，打起仗来都很勇敢。

十三则

唐代文馆学士吴兢在撰写《则天实录》时，记载了宰相张说一段不太光彩的事。张说修撰国史时见到了这一段说：“史家太不相容了！”吴兢站起来说：“这是我写的，不能责怪他人。”他说这话时，与他一起工作的史官们都惊得变了脸色。后来张说又请求吴兢改动几个字。吴兢不答应，说：“假如顺从您的请求，那么这部书就不算信史，怎么能取信后世呢？”

十四则

狄仁杰是唐高宗和武则天十分信任的大臣，是民间广为传诵的传奇式断案人物。左司郎中王本立恃宠用事，大臣们都惧怕他。狄仁杰上奏要求将王本立治罪，但唐高宗不许。狄仁杰上奏说：“国家虽乏英才，岂少本立辈！陛下何惜罪人，以亏王法。必欲曲赦本立，请弃臣于无人之境，为忠贞将来之诫！”于是，王本立被治罪。

十五则

宋皇祐三年（1051年），宋仁宗宠臣夏竦病死。宋仁宗打算赐他谥号为“文正”，司马光认为夏竦人品卑劣，不配有此谥号，两次上书反对，直言宋仁宗此举欠妥。宋仁宗有感于司马光的正直，最终为夏竦改了谥号。

［注］夏竦（sǒng），北宋大臣，古文字学家，曾任参政知事、陕西经略安抚使、枢密使等职。

十六则

明代的监察官有很多激情悲壮、名垂青史的事迹，如洪武时期御史韩宜可弹劾丞相胡惟庸，嘉靖时期给事中吴时来、御史王宗茂、御史邹应龙弹劾内阁首辅严嵩、严世藩父子，天启时期左副都御史杨涟弹劾“九千岁”大太监魏忠贤。这些监察官员履行职权，秉公直言，刚毅抗争，有效地打击了贪官污吏。

十七则

海瑞在福建南平担任县学教谕时，提学御史前来巡视。其他学官都跪地通报姓名，态度十分谦恭，只有海瑞拱手作长揖。御史训斥海瑞，海瑞从容回应，说：“学堂是老师为学生传道授业解惑的地方，不应该卑躬屈膝。”

十八则

海瑞任淳安县县令时，浙江总督胡宗宪的儿子路过淳安县，生驿站官吏的气，就把驿站官吏倒着吊起来。海瑞让人把胡公子痛打一顿，然后以公文报告总督：有人冒充令公子招摇撞骗，已经代为惩戒。胡宗宪看后哭笑不得。

十九则

明嘉靖四十三年（1564年），海瑞任户部云南清吏司主事时，向嘉靖帝上《直言天下第一疏》，其中引用百姓的话："嘉靖嘉靖，家家皆尽。"嘉靖帝看到奏章大怒，立即令人将海瑞逮捕入狱。旁边的太监黄锦说："此人是出了名的痴人，上奏前就买了一口棺材，等着被处死。"嘉靖帝默然，认真阅读奏章多遍，说："这个人的忠诚可以和比干相比，但我不是商纣。"嘉靖帝没有杀海瑞，一直将他关在狱中。

二十则

益阳人郭都贤曾经举荐洪承畴。洪承畴降清，帮助清朝平定西南后，去拜访隐居山中的郭都贤。郭都贤故意眯着眼睛。洪承畴惊问道：“你什么时候眼睛有毛病的？”郭都贤回答：“我认识你老先生时，眼睛就有毛病了。”洪承畴默然。

［注］洪承畴，明代大臣，崇祯时官至兵部尚书、蓟辽总督，后战败降清。

二十一则

清初多尔衮摄政时，凡是弹劾大学士冯铨的监察官员，大多被降级或革职。壬辰年的十一月，范文程把所有弹劾冯铨的奏折集中起来呈送康熙。康熙看完，问道：“弹劾得很有道理，为什么罢了他们的官？”范文程对曰：“监察官员弹劾大臣，为的是皇上和国家，皇上要爱惜保全他们。”于是，康熙下诏让他们官复原职。

［注］冯铨，明末清初大臣，著有《瀛洲赋》和《独鹿山房诗集》。范文程，清初大臣，他建议的一些政治谋略为清朝开国起了重要作用。

二十二则

清代李卫任户部郎中时，管理银库事务。当时分管户部的一位亲王每收钱粮一千两，就要收取十两好处费。李卫屡次谏阻无效，就将钱柜抬到廊下，写上这是某某亲王的“盈余”，指明是非法收入。亲王大惊，下令停止加收。

[注] 李卫，清代名臣，康熙年间入朝为官，历任浙江总督、直隶总督等职。

二十三则

清代雍正皇帝执政严苛，大臣们都噤若寒蝉。孙嘉淦上疏陈述了三件事：请重视骨肉亲情、停止买官卖官、不再对西部用兵。雍正继位有篡逆夺取之嫌疑，他对孙嘉淦的上疏中“请重视骨肉亲情”之语，十分恼怒，便将他的疏文出示诸大臣，并说：“翰林院怎么有这样的狂生？”孙嘉淦的好友大学士朱轼听后，慢慢地说道：“孙嘉淦确实狂妄，但臣却佩服他的胆量。”雍正沉默半晌即笑着说道：“朕也同样佩服他的胆量！”雍正提拔孙嘉淦担任国子监司业，并对大臣们说：“孙嘉淦的谏言很难听，朕不仅不怒，还提拔他，你们应该效法他。”

[注] 孙嘉淦（gàn），清代大臣，曾任吏部尚书、协办大学士等职，有直谏名，治理学，著有《诗经补注》。

二十四则

安德海是慈禧太后宠信的太监，经常刁难、敲诈各级官员，连议政亲王和朝中重臣都对他又恨又怕。后安德海以“奉旨采办龙袍”为由沿运河南下苏州。到山东德州时，巡抚丁宝桢沿用“太监不能出都门”的祖制，抓捕安德海并将其斩杀。曾国藩闻讯盛赞：“我患眼疾已有数月，闻此消息，顿见光明，丁宝桢真是豪杰之人。”

二十五则

九一八事变后，吴佩孚到北京，在车站一见到前来迎接的张学良，怒责道：“为何不打？”张学良说：“实力不足，打不过。”吴佩孚说：“现在我来了，实力就足了！军人最大的实力，便是一个‘死’字！”

二十六则

新中国成立后，徐海东将军于辽宁大连休养。凡多年不见的老战友来探望，将军必问：“政治上犯错误没有？经济上多吃多占没有？生活上和老婆离婚没有？”爱人周东屏提醒，说：“多年不见的老战友，怎么好这样问？”将军执拗地说：“问问怎么不好？净说好听话，算什么老战友！”

二十七则

1958年12月，彭德怀回湖南故乡时，为了弄清党和国家当时在政治生活、经济建设中存在的问题，他想方设法深入群众中去，反复动员大家要讲真话，不要讲假话，要实事求是地反映情况。有一位红军时期的伤残战士，递给彭德怀一个条子，上面写着：“谷撒地，薯叶枯。青壮炼铁去，收禾童与姑。来年日子怎么过，请为人民鼓与呼！”彭德怀看后，深受感动。

二十八则

抗美援朝时期，梁兴初将军曾率三十八军重创美军，该军获“万岁军”美誉。“文革”中，梁兴初被免去成都军区司令员职务。因与林彪有嫌，无人敢为之说话，迟迟未能复职。黄克诚将军出任军委纪委书记后，力排众议，还其清白。某次纪委会议，黄克诚将军举九指，慨然曰：“梁兴初同志身上九处弹创，这样的人会是反革命？”梁兴初将军爱人任桂兰每谈及此事，都泣不成声。

第六辑

廉贪之间

一　则

夏王让后羿射箭，夏王说：“射中，奖赏万两黄金；射不中，罚去千户食邑。”后羿连射两箭，都没有中。夏王就问太傅弥仁何以如此。弥仁回答：“后羿两射不中，主要是面对巨大利益，心理压力太大。如果人们能够抛开患得患失的顾虑，置万金厚赏于不顾，那么普天之下的人都会成为不逊于后羿的神箭手。”

二　则

齐景公对晏子说：“我现在所拥有的珍宝，要用上千辆马车来装，用数万匹马来拉。我还想拥有更多财富，你觉得我的愿望能实现吗？”晏子回答：“我听说在很远的地方，有一种鸟，名叫金翅，也叫羽豪。这种鸟只吃龙肺、喝凤血，它很贪食，常常感到又饥又渴，结果它活不到应有的寿命。臣认为，主公不应该过分追求金珠美玉，这些都是您的祸患啊！”

三　则

孔子到了楚国，有个打鱼的送给他很多鱼，可孔子不愿接受。那打鱼的说："天气炎热，市场遥远，卖不掉，想把它扔了，又怪可惜的，还不如送给君子。"孔子拜了两拜，接受了下来，并且让弟子们打扫庭院，准备祷祭。有个弟子不解地问道："别人要扔掉的东西，先生您为什么却要用来祷祭呢？"孔子回答："我听说过：不使多余的财物腐烂浪费而把它送给别人，这就是圣人。我今天接受了圣人的恩赐，能不进行祷祭吗？"

四 则

卫国有人在黄河里钓鱼，得到一条大鳡（gǎn）鱼，大得可以装满一车。子思问他说："鳡鱼很难捕到，您到底是怎样钓到它的？"钓鱼的人回答："我开始下钓，垂一只鳊鱼的诱饵，鳡鱼经过那儿，都不看它；我换上半边猪肉做钓饵，鱼就游来吞钩了。"子思感叹说："鳡鱼虽然难钓，却因贪吃钓饵而丧命；读书人志向远大，往往因为贪图俸禄而身败名裂。"

五 则

蜀国国君生性贪婪，秦惠文王听说后想去讨伐他。但蜀地山川险峻，进兵道路不通。于是，秦惠文王就凿刻了一头石牛，把许多金块放在石牛身后，宣称是牛屙（ē）的金子，要把石牛送给蜀国国君。蜀国国君贪恋财宝，便凿山修路，派人去迎接石牛。秦人率军队随后而到，蜀国国君国灭身亡。

六　则

宋国有县官因受贿而受审讯，差役拷打也不肯招认。掌管刑狱的官员对他说："认罪，惩罚有限；不认，就要被打死。你为什么不选择轻的呢？"这个人始终不承认而被打死了。临死前，他叫来儿子，暗中对他说："好好保存这些财物，这是我以死换来的。"此人以命换财，当时的人们都讥笑他。

七　则

西汉时期，凡是贪赃受贿的官吏，一经查出，非但本人被罢官，而且世代不得为官。汉文帝立过"官吏以饮食免"的规定。就是说，上级官员即使只吃了下级官吏一顿行贿的饭，也要被罢免。东汉时对官员受贿的处罚虽然有所减轻，但仍规定子孙三代不能做官。

八　则

西汉王朝规定，官吏贪污数额在十金即十万钱以上者，就要处死刑。汉律规定：“主守而盗直十金，弃市。”同时规定，对利用职权私自挪用官钱，亦作贪污盗窃论处。

九　则

汉代疏广为太子太傅，他的侄子疏受为少傅。在任五年后，疏广对疏受说：“我听说，知足不辱，功成身退，这是天道。”随后两人一起告病还乡。知道此事的人都说：真是两位贤人。回到家乡，疏广把积蓄赠送给亲朋老友。有人劝他买田置业，他说：“我难道就不为子孙考虑吗？聪明贤能有财，会损伤志气；愚蠢无能多财，会增加他的过失。”当时的人们都很佩服他。

十　则

时苗是三国时魏国的官员。他前往寿春任县令时，乘一辆简陋的牛车，一头母牛拉车。做官一年多，母牛生了一头小牛。等他罢官离任时，留下了小牛犊，并对县主簿说：“我来做县令时，没有这头小牛，小牛是在淮南生的，应归淮南所有。”众官吏说：“六畜不认识它们的父亲，自然应当跟随母亲。”时苗没听他们的话，留下小牛走了。当时的人们都很佩服他的清白廉洁。

十一则

刘玄石好酒，常为酒所困。每次饮酒，浑身疼痛难忍，须三天后才能解除痛苦。他对家人说：“酒能害人，从此戒酒。”戒了一个月，过去的酒友对他说：“这酒很好，尝一口吧。”于是，他喝了三杯就不喝了。第二天，酒友又来了，他喝了五杯。第三天，他喝了十杯。第四天，他贪杯滥饮，不再节制自己，结果醉死了。

十二则

王锷屡次担任重要职务，积攒的钱财堆积成山。他的一位老朋友建议他及时散财。过了几天，老朋友又来拜见他。王锷说：“感谢你的告诫，如今我已散尽家财。”老朋友要他讲出都散给谁了。王锷说：“几个儿子每人给了一万贯，女儿、女婿每人给了一千贯。”

十三则

有人曾经送给孙之翰一块砚台，价值三万枚铜钱。孙之翰问道：“这砚台有什么特别的，竟值这样高的价钱。”客人说：“砚台以湿润为贵，这块砚台一呵气水就流出来了。”孙之翰说：“就是一天能呵出一担水来，也不过才值三枚铜钱。”他最终没要这块砚台。

[注] 孙之翰，北宋官员，书法家。

十四则

宋代刘温叟为人端方正直，在地方上颇有名声。当时赵光义任开封府尹，派人送给他一大笔钱。刘温叟不敢推却，把那些钱都放在厅旁边西首的房子里，叫来人封好了，做了记号才回去。次年端午，赵光义又派人送了他许多粽子和扇子，来人还是上次送钱的人。他看见了西首房屋上封好的记号，仍旧和从前一样，一点儿也没有更动，就回去报告了赵光义。赵光义说：我送他，他尚且不肯收受，何况别人呢？于是，他叫人把以前送的东西用车子载回衙门。

[注] 刘温叟，五代至北宋时期官员。历仕后唐、后晋、后汉、后周、北宋五朝，官至御史中丞，以清廉著称。

十五则

宋代崇阳县县令张泳发现小吏从府库中盗得一钱，即令杖责。小吏不服，张提笔判云：“一日一钱，千日千钱；绳锯木断，水滴石穿。”下令处斩了小吏。

十六则

元人有诗讥讽脱脱丞相云：“百千万贯犹嫌少，堆积黄金北斗边。可惜太师无脚费，不能搬运到黄泉。”乾隆末年，和珅既贪且骄，有人把此诗写在和府大门上。和珅还没来得及追查出究竟是何人所为，自己就被查处了。

十七则

某巡按到任不久，便要求猎户在规定的时间内给他捕获一只麒麟。猎户们到处找，就是找不到麒麟，没办法向巡按回话，只得将一头水牛全身用铜钱披挂起来，冒充麒麟，敬献给巡按大人。巡按见了大怒说：“这畜生若不是身上有几个钱，不就是一头笨牛吗？”

十八则

明代冯梦龙编纂的《古今笑》中有一个“菜瓮封金”的故事。聂豹，字文蔚，江西永丰人，官至兵部尚书、太子少傅。他喜欢讲王守仁“致良知”的学说，道貌岸然，可又一贯贪婪狡诈成性。在做苏州知府的时候，他接受的贿赂不可计数。有一次，他正把金子往一个个瓮里封藏，不意被李通判看见了。聂豹就撒谎说：“这些瓮里装的是咸菜，打算寄给父亲。”李通判说：“我的蠢老婆正想吃咸菜。”于是就拿走了十二瓮，聂豹只好忍痛割爱而不敢过问。

十九则

明万历初年，张居正执政，对海瑞心怀不悦，便密令巡按御史调查海瑞是否真的廉洁。御史悄悄地来到海瑞的家中，只见到门前有几只鸡在觅食，居舍萧然，没有一点儿多余的财物。

二十则

清代陈瑸在家乡讲求学问多年，从来不接触官府中人。他经常说：贪不在多，一二分钱便如千百万。入仕后，他曾经以此应对康熙帝的策问，得到嘉许。他从古田县县令做起，一直做到封疆大员，二十多年一直不带家眷，也不聘请幕僚。儿子很想念他，但是雇不起车马，也不能去看望他。他只有仆从一二人，日常饮食唯有一些瓜菜，其清苦超过了常人能够忍受的范围。陈瑸对自己的处境很淡然，康熙说他是苦行老僧，又说："从古清官，没有超过陈瑸的。"

二十一则

和珅在乾隆皇帝时期权倾朝野，贪污的财产相当于清朝多年的财政收入。乾隆皇帝驾崩后，嘉庆皇帝查处和珅，将其赐死并没收家产。当时的人们说："和珅跌倒，嘉庆吃饱。"

二十二则

清代文学家独逸窝退士编的《笑笑录》中有这样一个故事。一位老县令在县衙前大书"三不要"，注之曰：一不要钱，二不要官，三不要命。次早视之，每行下添二字：不要钱曰"嫌少"，不要官曰"嫌小"，不要命曰"嫌老"。

二十三则

清代石成金撰的《笑得好》中有这样一个故事。阎王差勾死鬼到阳世勾一个人，不久勾死鬼空身回来。阎王问何故，勾死鬼说：他身边已经有两个标致的女人跟着他，比我勾死鬼更狠，不久他自己就要来，不必去勾他。

二十四则

清代外省官员到北京行贿，先要按规矩到琉璃厂的字画古董店问路。讲明想送某大官多少两银子之后，字画店老板就会很内行地告诉他，应该送一幅某画家的画。收下银子后，字画店的老板会到那位大官的家里，用这笔银子买下那位官员收藏的这位画家的画，再将这幅画交给行贿者。行贿者只要捧着这份很雅致的毫无铜臭气息的礼物登门拜访，完璧归赵，行贿就完成了。

二十五则

《聊斋志异》记有一则故事。杜和偶然在花园里看见钱流得像河水似的，宽深二三尺，高兴极了，就用双手捧了一把，然后仰卧在钱流上面。过了一会儿，他起身一看，那钱流早已无踪无影了，只剩下手上抓着的一点儿钱。

二十六则

平阳有个叫范印的官员，知道王东皋贫困，便和旧时同学钱健相约，带着一大笔钱准备给他。来到王家，说了很长时间话，二人见其正气凛然，最终还是没敢把钱拿出来。王东皋有一件羊裘，穿了十年，毛基本上掉光了，同僚花钱做了一套衣帽给他，王东皋说："我生平未尝受人一钱，不敢麻烦你们费心。"同僚非常坚决地劝说，他也未收下。

二十七则

有个当官的非常爱钱，每次收到下级送报的呈文或老百姓打官司的状子，如果稍微有点儿空子可钻，便用笔在文辞下边的空白地方画一个钱孔。久而久之，老百姓都知道了这件事，以后凡是人们遇上官司，便互相聚在一起说："我们的父母官是在铜钱眼里做功夫呀。"

二十八则

南京解放后，唐亮将军任市委第一副书记。将军宅于宁夏路一独院，为国民党监察院院长于右任之故居。于老临行仓促，屋中字画古董放置如初，尤其是于老的墨宝很多。将军召集家人和工作人员，嘱任何人不准动屋里一纸一笔，全部登记造册，悉数上交。

二十九则

一次，警卫员给彭德怀泡了一杯茶。彭德怀端起来一看，发现茶叶不对，就问警卫员："这茶叶是哪里来的？"警卫员回答："是管理科送来的。"彭德怀一听就火了，大声批评警卫员："你看，你看，你就是不动脑子嘛！管理科送来的茶叶，是招待客人的。我个人喝茶，怎么能用公家的茶叶呢？"警卫员笑着解释："就这么点儿小事，算得了什么？"彭德怀一听，更加生气："事情不大，可是个原则问题，这不是白占公家便宜嘛！中国有句古话，叫作'千里之堤，溃于蚁穴'，你懂得这句话的意思吗？"最后，彭德怀拿出一斤茶叶的钱，让警卫员给管理科送去，并明确要求他把公家的茶和自己的茶分开来放，个人喝茶，绝不能从公家的茶罐里拿。

三十则

一位老部下带来一纸箱葡萄，陈云坚决地说：“带回去。”经过来回推让，陈云才改口说：“那好，我尝5颗。”说完，他摘了5颗葡萄，送客出门。陈云曾幽默地开玩笑说：“如果主席、总理给我送礼，我就收收，因为他俩没有求我的事儿。”

三十一则

当代书法家启功先生活了93岁，一生无儿女，饱经风霜，生前把卖字画所得200多万元全部捐给了学校，自己却居于陋室。去世后，启功先生留下了满满一柜子遗物，人们以为留下的，是一些珍贵字画等文物古董。等柜子一打开，大家傻眼了，那是一柜子儿童玩具。启功先生曾说：“哎，人生其实没那么复杂，就是找乐子啊！”

第七辑

勤俭朴素

一　则

春秋时期，晏子厉行节俭，平时穿的都是粗布衣服，即便祭祀祖先也不过把衣服和帽子洗干净穿戴上而已。一件狐皮大衣，也只是在出使他国或参加盛典时穿，并且一直穿了三十多年。每日粗茶淡饭，正餐也不过是糙米和蔬菜。

二　则

晏子一生廉洁俭朴，而他的车夫驾车时却洋洋自得，神气十足。车夫的妻子见到这一情形，斥责丈夫说："晏子身高不过八尺而官至相国，名显于诸侯之间，但他每逢出门坐车还对送他之人态度谦恭。你不过是他的车夫，却盛气凌人，相比之下，你真让人感到羞愧。"

三　则

汉文帝是中国历史上非常注重节俭的皇帝之一。他平时衣着十分俭朴，经常穿着又粗又厚的布做成的衣服，还下令嫔妃的衣裙不得曳地，宫中所挂的帷帐不准绣花。他提倡薄葬以反对厚葬。他命令后人自己百年之后的陵墓只许用砖瓦建造，不准以金银铜锡进行装饰，凡是能节省的，一律不得浪费。

四　则

汉文帝在位二十三年，宫殿苑囿，车马用具，无所增益。一次，他想修筑一座观赏歌舞的露台，召来工匠一筹划，需花费相当于十户中等人家的家产，就作罢了。

五　则

晋代的范宣品性纯洁，生活俭约，豫章太守韩伯送他一百匹绢，他不肯接受。减为五十匹，还是不受。就这样一直减半，减到只剩下一匹，结果还是不受。后来韩伯和范宣同乘一辆车，就在车中扯了二丈绢给范宣，说：“一个人总不能让妻子没有裤子穿吧。”范宣才笑着接受了。

六　则

晋代陶侃施政廉洁勤勉。任荆州刺史时，命令监造船只的官员把锯木屑全部收集起来，不论多少。大家都不明白他的用意。正月初一大会僚属的时候，陶侃就让人用木屑覆盖在雪地上面，以方便人们进出。官府用的毛竹，陶侃总是命令把截下的根部收集起来，堆积得像山一样。桓温伐蜀的时候，用这些竹头作钉来组装战船。

七　则

苏峻叛乱时，太尉庾亮南逃去见陶侃，陶侃很赞赏并重视他。陶侃本性吝啬，到吃饭的时候，给他吃薤（xiè）头，庾亮顺手留下薤白。陶侃问他："要这东西做什么？"庾亮说："可以作为种子。"于是，陶侃极力赞叹庾亮风雅且具有治国的实际才能。

［注］苏峻，晋代将领。他于咸和三年（328年），与祖约起兵反晋，兵败被杀。庾亮，东晋大臣。

八　则

唐代薛仁贵穷极潦倒时，全靠王茂生夫妇接济。后薛仁贵随唐太宗御驾东征立了大功，封为平辽王。薛仁贵一登龙门身价百倍，前来送礼者都被谢绝。他只收下了王茂生送来的两坛清水，并当众饮下三大碗。薛仁贵说：“我知道王兄贫寒，送清水也是王兄一番美意，这就叫‘君子之交淡如水’。”

九　则

唐朝李绅写了一首脍炙人口的诗《悯农》：“锄禾日当午，汗滴禾下土。谁知盘中餐，粒粒皆辛苦。”后来李绅考中进士，步步高升，被封赵国公。他发达后，豪奢极欲，爱吃鸡舌，每餐耗费活鸡三百多只，院后宰杀的鸡堆积如山。所以，过往的道德品行再好也靠不住，没有有效的监督机制圣人当官也会贪。

十　则

后周太祖郭威虽然只做了三年皇帝，却留下了“俭约天子”的美名。据史书记载，他在位期间，“宫中用品力求朴素，乘舆服饰力戒华丽”，并且停止“四方贡献珍美食物”。

十一则

北宋王安石生活简约，吃的是粗茶淡饭，穿的是破衣旧裳。

某次，有人到王府送信，见王安石的衣着，竟把他误认作家仆。某日，王安石“幅巾杖履，独游山寺”，听到有人谈论文史，就驻足聆听。有人见他的穿着，说：“你也听得懂？”王安石说略知一点。那人又问他姓名，王安石拱拱手，规规矩矩地回答：“我姓王，名安石。”那群人听了很惭愧，个个俯首散去。

十二则

王安石担任宰相期间得了哮喘病。大夫开的药方中有一味紫团山人参，可是家人跑遍京城也没有买到。薛向从河东回来，正好有这种人参，听说后就想给他送几两。王安石坚决拒绝。家人劝说：药是给你治病的，不必拘泥小节。他反驳说：“我一辈子没有吃过这种药，不也活到今天吗？”

十三则

明代海瑞任淳安县县令时，穿布袍，吃糙米，自己种菜，只有在母亲生日的时候才破例买了两斤肉。屠夫非常激动地对别人说：“我这辈子终于有机会做海大人的生意了。”浙江总督胡宗宪听说此事后也广为宣扬，认为这是浙江官场的一大新闻。

十四则

清代名医石成金在《传家宝》中，对“俭”的意义特别作了医学上的阐释，他得出“俭可养德，俭可养寿，俭可养神，俭可养心”的结论。所以，主张“节俭”和“寡欲”，也是符合人性的特点，能够保持内心的心灵秩序、内心的和谐安宁，让人增寿得福。

十五则

清代吴兴祚（zuò）做了四十年官，后来位居一品，所得的俸禄和赏赐都分给了部下，没有给家人留下房产和积蓄。他从两广总督卸任返回京城，在瓜州渡遇到老朋友秦谕德。中午吃饭时，粗粮饭就咸鱼，显然跟他的身份很不配。秦谕德说：“吴大人竟然穷到这个份儿上吗？”第二天分别时，吴兴祚满面喜气，告诉秦谕德：“刚才又得到俸禄十多石米，不用担心饿肚子了。”

十六则

弘一法师，俗名李叔同，平时穿一件百衲衣，上面有二百二十四个补丁，都是他自己缝补的。

十七则

近代著名高僧印光法师自甘清苦，喜吃馒头，每顿饭仅粗菜一碗，末了必用馒头将菜碗擦干净吃掉，或用开水冲菜底当汤喝。他云游到苏州报国寺时，有一次因菜里所用酱油稍好，把寺里的明道法师训了一顿。

十八则

章太炎对于钱没有一点儿概念。据周梨安回忆：“章太炎让仆人去买包烟，给五元；儿子要做大衣，也给五元；在苏州盖房子的时候，他也照样掏出五元。对于章太炎来说，一张钞票，便有一次用途。”

十九则

冯玉祥少时家贫，十四岁入保定当兵，后成为民国历史上的风云人物，被称为“布衣将军”。冯将军一直生活俭朴，他结婚时喜宴每桌只有四菜一粥。一次，吴佩孚庆寿，冯玉祥只送去一坛清水。冯玉祥规定只许上级给下级送礼，如慰问品、奖品等，绝不许下级给上级送礼。上行下效，辖区内各级官署多贴对联：“万分廉洁只为小善，一点贪污便是大恶。”

二十则

段祺瑞一生甘于清贫，“不抽、不喝、不嫖、不赌、不贪、不占”，人称“六不总理”。段祺瑞一生没有不动产，在民国初年的所有军阀政客中是绝无仅有的。他在原配去世后，娶袁世凯养女为妻，袁世凯以赠送义女为名，给了段家一栋房子。房子是袁世凯打牌赢来的，没有给房契。袁世凯死后，原房主的儿子拿着房契要讨回房子，段祺瑞二话没说就带着一家人搬了家。

二十一则

1948年秋，西北野战军部队在渭北整训，司令员彭德怀把一纵副政委余秋里找来了解情况，留余秋里吃了一顿饭。炊事员炒了三个菜：青菜、豆腐、鸡蛋炒黄花，全是猪油炒的。饭后，炊事员悄悄告诉余秋里：彭总最喜欢吃猪油，平时还舍不得。你们来了才叫用猪油炒菜。统率千军万马的彭德怀将军，生活如此俭朴，让余秋里每次想起都感慨不已。

二十二则

新中国成立后，朱德每顿饭都是一小碗米饭、三小盘菜、一个汤。三小盘菜中，一盘是带点鱼和肉的荤菜，其余两盘都是普通的素菜，汤就是普通的鸡蛋汤或青菜汤。天天如此，从来没有超标。

二十三则

彭德怀不抽烟不喝酒，但因从小生长在南方茶乡，有喝茶的习惯。买不到茶叶时，就采酸枣叶子代替茶叶泡着喝。一次，有人从外地给朱德买来一包红茶，朱德原封不动地送给了彭德怀，并关心地说："给你一包真正的茶叶改善一下，总比喝酸枣叶子强吧。"彭德怀十分感动，他对这包茶叶特别珍惜，每次喝时，只放一小撮，还总要连续泡七八次。

二十四则

1957年，彭德怀有一次到南方检查战备和国防工程。回北京途中路过南京，在南京军区司令员许世友家做客。许世友在桌上只摆上四样菜：炒豆芽、炒土豆丝、烧豆腐、炒肉。许世友的不客套、不摆谱、不铺张，让彭德怀十分高兴。他说：“我们都是‘出家人’，都应该爱国家之财、爱人民之财。管‘公’的人要牢守三条：第一，自己不贪；第二，不给人家送；第三，敢把厚脸皮的上司、熟人挡回去。有这三条，才能保得住‘公’！”

二十五则

陈云一生简朴，在他的卧室中，一直放着一个从延安带过来的旧皮箱。到了晚年，他的食谱始终不变，早餐吃面包果酱、豆浆，午餐是一荤一素一汤，晚餐为豆制品、蔬菜、水果。为了不浪费，每顿饭按量称米。最后，剩下的菜汤也都喝净，点滴不浪费。

二十六则

毛岸英与刘思齐结婚时，毛泽东拿出随身带来的一件黑色夹大衣，那是1945年他参加重庆谈判时穿的，笑着对这对新人说：“我没有什么贵重礼品送你们，就这么一件大衣，白天让岸英穿，晚上盖在被子上，你们俩都有份。”

二十七则

周恩来有一件呢料中山装，先后两次翻旧改新，多次反复修补，袖子上的补丁越补越大，竟占了整个袖子的三分之一。

二十八则

甘祖昌将军对子女要求严格，不许他们有任何特殊。新中国成立以后，他依然保持着艰苦朴素的优良传统，自己种菜吃，每件衣服至少穿10年。衣服破了就补，补好再穿，实在不能补了就拿去做鞋底。群众称他：“一身补丁打赤脚，一根烟斗没有嘴，白罗布手巾肩上搭，走路笔挺快如风。”

第八辑

节操修养

一　则

秦军偷袭，郑国商人弦高假托君命前去犒赏军队，吓退了秦军。郑国国君要重赏弦高，弦高推辞说："欺诈而能获赏，郑国的信用就要被废弃；治理国家而不讲信用，世风就要败坏。因为赏赐一人而败坏了世风国俗，仁爱之君是不会这样做的；因为不讲信义而得到丰厚的赏赐，怀义之人也是不能接受的。"于是，弦高带领族人移居东夷之地，终身不再回郑国。

二　则

齐景公看到晏子的妻子年老貌丑，希望把自己年轻貌美的小女儿嫁给他。晏子说："我的夫人确实又老又丑，但她也有过年轻美丽的时候。见美色而忘道义，处富贵而失伦理，历来为贤人所不齿。我决不做那种负心的小人，让天下人耻笑。公主正值青春年少，还是请您为她另择佳婿吧。"齐景公听后再也没有提过这桩婚事。

三　则

曾子穿着破旧的衣服在田地里耕种，鲁国国君派人送给他一处封邑，并说：“请你用封邑的收入添加些衣服。”曾子不愿接受。使者回去了，接着又回来，再一次向曾子赠送封邑，曾子仍然不接受。使者说：“不是先生向别人索求，而是别人主动奉献，先生为何不能接受呢？”曾子回答说：“我听说接受别人的东西就会畏惧别人，给别人东西就会对别人傲慢。即使国君有所赐予，不会对我傲慢，但我能不感到畏惧吗？”曾子终究还是没有接受。

四　则

曾子的妻子要去市集，儿子哭着要跟着去。曾子的妻子说：“你回家，等我回来杀猪给你吃。”曾子的妻子从市集回来，看到曾子正在杀猪。妻子说：“我是骗骗小孩子的。”曾子说：“小孩一举一动模仿父母，今天你骗他，是在教他欺骗。母子之间不再信任，这不是教育孩子的好办法。”于是曾子把猪杀了，煮肉给孩子吃。

五　则

狐丘的老人对孙叔敖说：“人有三种怨恨，您知道吗？”孙叔敖回答：“说的是什么？”老人说：“有爵位的人，读书人嫉妒；官大的人，君主讨厌；俸禄多的人，老百姓怨恨。”孙叔敖说：“爵位越高，态度越谦卑；官职越大，行为越谨慎；俸禄越多，施舍越广泛。我以此来免除三怨，可以吗？”

六　则

名将吴起出门遇到老朋友，两人约好一起吃晚饭。到了晚上，老朋友却没有来，吴起就一直饿着肚子等待。第二天早晨，吴起派人去请老朋友，老朋友来了，他们才一起吃饭。吴起坚守信用，后来统领三军，成为历史上与孙武齐名的大军事家。

七　则

刘邦《手敕太子文》：“吾生不学书，但读书问字而遂知耳，以此故不大工，然亦足自辞解。今视汝书，犹不如吾。汝可勤学习，每上疏宜自书，勿使人也。”

八　则

东汉名将乐羊子年轻时曾经在路上捡到一块金子，带回家交给妻子。妻子说："我听说有志气的人不喝盗泉的水，有气节的人不接受侮辱性的施舍，何况捡别人遗失的金钱来求利，败坏自己的品行呢？"乐羊子非常惭愧，就把金子丢弃在野外，后到远方求学去了。

九　则

东汉华阴人杨震，通晓经典，风雅清正，志存高远，人称"关西夫子"。他曾推荐王密做昌邑县县令。一次，杨震因公事路过昌邑县，晚上宿于驿馆。夜深人静之时，王密怀揣十金前往馆驿相赠，以谢杨震知遇之恩。杨震拒而不受。王密急切之下说："此时深夜，无人知晓。"杨震正声而说："此事天知、地知、你知、我知，怎么能说无人知道？"

十　则

管宁和华歆都是汉末人。一天早晨，两个人一起在园中锄菜，看到地上有片金子，管宁依旧挥锄，当作没看见，把它看作瓦石一样；华歆却十分高兴地捡起来，偷偷看看管宁的脸色，然后扔掉了。又有一次，两人坐在一张席上读书，有人乘华车经过门前，管宁照样读书，华歆却丢下书出去观望。管宁就把席子割开，和华歆分席而坐，并说：“你不是我的朋友了。”

十一则

西晋时期的山涛既是大文学家，又是人们称颂的清官。陈郡人袁毅曾做鬲县县令。袁毅经常贿赂公卿，他也曾送给山涛一百斤上等蚕丝。山涛收下，将蚕丝藏在楼阁上。后来袁毅恶迹败露，被送交廷尉治罪。山涛把蚕丝拿出来交给官吏，上面积有多年灰尘，但印封却完好如初。众人不禁钦佩山涛为官清廉，因而时人尊称其为“悬丝尚书”。

十二则

王恭从会稽回建康，王恭的族叔王大来看望他。王大看王恭坐着一张六尺长的竹席，就对他说：“你从东边回来，一定有很多这种东西，能不能给我一张？”王恭没有回答。王大离开后，王恭就把坐着的这张席子给王大送去了。自己没有竹席了，王恭就坐在草垫上。后来王大听说此事，就对王恭说：“我本来以为你那里有很多，所以才向你要。”王恭回答：“您不了解我，我从来没有多余的东西。”

[注] 王恭，东晋大臣，官至前将军、青兖二州刺史。死后家无余资，为时人所赞。

十三则

东晋廉吏吴隐之的女儿要出嫁，谢石知道他很穷，就派人去帮忙采购办喜事所需要的物品。派去的人到了吴家发现，吴家一个宾客都没有请，吴隐之只是卖了一只狗，用卖来的钱给女儿置办嫁妆。

十四则

东晋吴隐之一直过着清贫的生活。元兴元年，他带着家人南下赴任，途经番禺附近的“贪泉”。据说，凡饮“贪泉”之水，必失廉洁之性。吴隐之则认为廉、贪在于内心的修养，与“贪泉”无关。于是，他大饮其水，并赋诗言志：“古人云此水，一歃怀千金。试使夷齐饮，终当不易心。”吴隐之此后长期在岭南为官，终身不改廉洁之风。王勃《滕王阁序》中“酌贪泉而觉爽”就是称赞吴隐之的。

十五则

南北朝时的顾协在梁朝为官，清廉而有节操。有一天，门生来访，知道顾协清廉，不敢赠送厚礼，只送了二千钱作为礼物。顾协大怒，说你是我的门生，竟然不知我的为人。喝令手下将门生鞭打二十，赶出门外。此后，再也没有人敢给他送礼了。

十六则

苏轼贬谪黄州时，当地书生马正卿看到他如此清贫，就帮他向官府申请了几十亩荒地。苏轼带领全家人一起下地耕种，还在上面盖了几间草屋。由于这块荒地在黄州旧营地的东面，因此取名“东坡”，苏轼亦因此自号“东坡居士”。

十七则

顾炎武曾经说：“学究天人，确乎不拔，吾不如王锡阐。读书为己，探赜洞微，吾不如杨雪臣。独精三礼，卓然经师，吾不如张尔岐。萧然物外，自得天机，吾不如傅山。坚苦力学，无师而成，吾不如李容。险阻备尝，与时屈伸，吾不如路安卿。博闻强记，群书之府，吾不如吴任臣。文章尔雅，宅心和厚，吾不如朱彝尊。好学不倦，笃于朋友，吾不如王宏撰。精心六书，信而好古，吾不如张弨。”

十八则

昆山顾炎武曾经说：“北方之人，饱食终日，无所用心。南方之人，群居终日，言不及义，好行小惠。”外甥徐干学邀请他晚上喝酒，他发怒说：“古人饮酒，只在白天，不在夜里。世间只有淫奔、纳贿两件事是晚上干的，哪有君子而夜行的呢？”

十九则

明末东林党首领钱谦益降清后，曾经写了一副楹联贴在门上，是“君恩深似海，臣节重如山”二句。后来，有人在联下各增加一字，变成“君恩深似海矣！臣节重如山乎？”

二十则

太仓吴伟业本为明臣，后归降清朝。当他被征召时，吴地的士大夫在虎丘聚会为他饯行。酒喝到一半，忽有少年送来一封信，打开一看，是一首绝句，诗云：“千人石上坐千人，一半清朝一半明。寄语娄东吴学士，两朝天子一朝人。”举座默然。

二十一则

明朝将领洪承畴被擒时，皇太极让范文程去劝降，洪承畴大骂不已。范文程一直和颜悦色，与之畅谈古今，谈话间有灰尘掉在洪承畴的衣袖上，洪承畴屡次拂拭。范文程立刻告辞，对皇太极说：“洪承畴不会为大明殉节。此人连一件衣服都如此爱惜，何况自己的性命！”

二十二则

安徽桐城有一条六尺巷。《桐城县志》记载，康熙年间礼部尚书张英在桐城的家人与吴姓邻居因宅居地界发生纠纷，家人飞书京城，让张英出面为家撑腰。张英回信：“千里传书只为墙，让他三尺又何妨。万里长城今犹在，不见当年秦始皇。”家人见信后，主动将墙退让三尺，吴家深受感动，也退让三尺，就形成了一条六尺宽的巷子。六尺巷因此得名。

二十三则

朱珪去世后，住处仅留下布被布褥，其余只有几箱书，看到的人都非常感动。嘉庆皇帝亲自上门祭奠，一到门口就放声大哭，并写挽诗，其中两句为“半生惟独宿，一世不言钱”。

［注］朱珪，清代大臣，官至太仆寺少卿。

二十四则

康熙年间，嘉兴陆琦任广西学政，在读书人中非常受尊敬。谢济世在《祭陆太常文》中说：“先生任督学的时候，一日两餐，早上吃粥，晚上吃饭，被称为‘穷宗师’。批改文章时，他日夜阅读，亲自确定等级，被称为‘劳宗师’。”陆琦曾经写有遗言教训子孙说：“不妄交一人，不妄为一事，不妄取一钱。”

二十五则

康熙时，有人在奏折中写道“德迈二帝，功过三王”。康熙说：“二帝三王，不是朕能比得了的。”下旨以后不许这样奉承。

二十六则

李光地从直隶总督升任内阁大学士，方苞拜访时对他说：“国朝从科举起家上升到这个位置的，一共有多少人？”李光地说：“五十多人。”方苞说：“大清立国不过六十年，已有五十多人，说明这个位置无足轻重。但愿您能够追求更加重要的东西。”

二十七则

朱士筠（yún）与刘统勋有旧。刘统勋升任内阁大学士后，朱士筠就不再与之交往。一天，两人在朝堂相遇，刘统勋对朱士筠说：“你不认识我了吗？”朱士筠很认真地说：“没有公事，不敢入丞相之门。”

［注］刘统勋，清代官员，历任刑部尚书、工部尚书、吏部尚书、尚书房总师傅、内阁大学士、翰林院掌院学士及军机大臣。

二十八则

汤金钊是朱珪的门人。他为人质朴无华，在京城为官时一直居无定所，有时住在走廊里，有时住在道观里。他到江南视察学政时，只带几个仆从，亲自批改试卷和作业，闲暇时候带着书到江阴君山，诵读终日，笑着说：“这也算是玩物丧志了。”

二十九则

有一个秀才给学官送了一只鹅。学官说：“我收了你的鹅，又没有食物给它吃，它岂不是要饿死？如果不收这只鹅，又怕失了礼节，该怎么办呢？”秀才说：“老师，您还是收下吧，饿死事小，失节事大。”

三十则

曾国藩论“交友”，有“八交”：胜己者，盛德者，趣味者，肯吃亏者，直言者，志趣广大者，惠在当厄者，体人者。有“九不交”：志不同者，谀人者，恩怨颠倒者，好占便宜者，全无性情者，不孝不悌者，愚人者，落井下石者，德薄者。

三十一则

光绪甲申年间，张佩纶指挥水师与法国人交战，在马尾之战中一败涂地。张佩纶后来进入李鸿章的幕府，丧偶后，娶了李鸿章的女儿，在南京隐居终身。有人作对联嘲笑说：“三品功名丢马尾，一生艳福仗蛾眉。”

三十二则

世俗称谄媚别人是戴高帽子。曾有两个学生，初次由京城去外地做官。临行，他们一起去拜见老师。老师对他们说：“如今的社会走正道是行不通的，遇见人先送上一顶高帽子，这才行呀！”其中的一个人听了，说：“老师的话不错，如今社会上像老师这样不喜欢戴高帽子的，能有几个人呢？”老师听了非常高兴。两个人从老师家里出来以后，说话的人回头对另一个人说：“高帽子已经送出去一顶了！”

三十三则

吴佩孚一生饱读圣贤之书，人称“儒帅”。一生坚守三条信念：不敛财，不纳妾，失意后不进租界。这三条他都做到了。吴佩孚下台后生活清苦，张学良经常接济他，但张学良丢失东三省后，他依然毫不留情地大骂张学良，使得张学良从此不敢见他。

三十四则

吴佩孚位高权重，且多才多艺、能诗善画。当时德国大使馆翻译露娜从北京跑到洛阳，亲手将一封热情洋溢的求爱信面交吴佩孚。露娜正当妙龄，金发碧眼，高大性感，风度不凡，说一口流利的汉语。挣扎了好几天的吴佩孚，在给露娜的回信中只写了“老妻尚在”四个大字，婉拒了露娜的爱慕之情。

三十五则

民国时期，胡汉民谈到孙科时说：“因为他是中山先生之子，所以有革命脾气；因为他在外国长大，所以有洋人脾气；因为他是独子，所以有大少爷脾气。他有时只发一种脾气，有时两种一同发，有时三种一起发。”

三十六则

1925年徐志摩与陆小曼结婚，请梁启超出席证婚。梁启超反对他们的恋情，但碍于胡适情面最终出席。婚礼上梁启超说：“徐志摩，你性情浮躁，在学问方面没有成就，用情不专以致离婚再娶，你俩都是过来人，以后要痛自悔悟重新做人！愿你们这是最后一次结婚！”满堂宾客瞠目结舌。

三十七则

董必武曾经评价吴佩孚：吴佩孚虽然也是个军阀，但他有两点却和其他军阀截然不同。第一，他生平崇拜我国历史上的伟大人物关（羽）、岳（飞），他失败时不出洋，不居租界自失。他在失势时还能自践其言，这是许多人所称道的事实。第二，吴氏做官数十年，他统治过几省地盘，带领过几十万军队，他没有私人积蓄，也没有田产，有清廉名。

三十八则

董必武经常把自己比喻成“跑龙套”的。他对子女们说：“演戏时元帅呀、大官呀上场，有四个拿小旗子的人，在后台就开始‘噢——’，一直到上场，这就是跑龙套的。我一辈子就是做这个的。”董必武甘愿“跑龙套”，从不因为自己是党的创始人之一而摆老资格。

三十九则

粟裕将军常自谓："沧海一粟。"某日，粟裕将军访叶剑英元帅。临别，叶剑英扶杖送。粟裕急阻之曰："老帅相送，不敢当。"叶剑英曰："百战之老将，不简单哪，岂能不送！"叶剑英将粟裕送出大门，粟裕对曰："沧海一粟，不足挂齿。"叶剑英元帅望着粟裕将军的背影叹曰："战功高不居功，贡献大不自大，更不简单哪！"

四十则

杨绛曾说："上苍不会让所有幸福集中到某个人身上，得到爱情未必拥有金钱；拥有金钱未必得到快乐；得到快乐未必拥有健康；拥有健康未必一切都会如愿以偿。保持知足常乐的心态才是淬炼心智、净化心灵的最佳途径。一切快乐的享受都属于精神，这种快乐把忍受变为享受，是精神对于物质的胜利。"

第九辑

直言谏诤

一　则

西周时，周天子设置了采诗官，到民间采集歌谣，这些歌谣中有不少反对贪官污吏、反对暴政的内容，是规劝统治者不要太奢侈腐化的舆论监督。采集来的歌谣由太师整理成歌曲，让乐工们在朝廷中演唱，帮助周天子了解国情、民情，以调控施政得失。

二　则

春秋时期，楚国名臣孙叔敖为官清廉，深受百姓爱戴。孙叔敖曾经对楚庄王犯颜直谏，三次被任命，又三次被解职，而他自己宠辱不惊，为后世所称道。

三　则

春秋时期，晋灵公为了个人的享乐，耗费大量钱财，打算建造极其豪华的九层高台。他怕臣子们劝说阻止，就下令说：“谁敢劝阻，格杀勿论！”贤臣荀息要求表演一个杂技给国君看。他认真地先把十二颗棋子堆起来，又把鸡蛋一个一个地加上去。在旁边观看的晋灵公惊呼：“危险！危险！”荀息无比沉痛地说：

“建造九层高台，历时三年，男人不耕地，女人不织布，国库耗尽，邻国即将入侵。国之将亡，就像这叠鸡蛋一样危险，请大王三思而后行！”说着泪滴衣襟。晋灵公见荀息说得合情合理，马上下令停止建造高台。

四　则

战国时期，郑国人到乡校休闲聚会，议论执政者施政措施的好坏。大夫然明对执政的子产说：“把乡校毁了，怎么样？”子产说：“为什么要毁掉？人们早晚干完活儿会来这里聚一下，议论施政措施的好坏。他们喜欢的，我们就推行；他们讨厌的，我们就改正。这是我们的老师。为什么要毁掉它呢？我听说人们尽力做好事以减少怨恨，没听说过依权仗势来防止怨恨。难道快速制止这些议论不容易吗？然而那样做就像堵塞河流一样：河水湍急，决口伤害的人必然很多，我们是挽救不了的；不如开个小口导流，听取这些议论后把它当作治病的良药。”

五　则

战国时期，齐威王下令全国：不论朝廷大臣、地方官吏或老百姓，能当面提出君主过失的，得上赏；用书面指出君主过失的，得中赏；在民众中议论君王过失的，得下赏。由于广开言路，不到一年，弊除政清，齐国大治。

六　则

战国时期，赵国国君赵襄子一连喝了五天五夜酒，都没有停下来，对身边的侍者夸耀说："我很能喝，五天五夜都不醉。"旁边的优莫说："主公再努力一下，您比商纣王只差两天两夜了。商纣王能喝七天七夜。"赵襄子听了有些害怕，对优莫说："这样我不是要亡国了吗？"优莫说道："夏桀、商纣的灭亡，是因为遇到了商汤、周武王一类的人物。当今与主公同时的君主都是桀、纣一类的人物，谁能使你灭亡呢？不过，这样也很危险。"

七　则

刘邦攻破咸阳进入秦宫，想独占所有宫殿、珍宝和美女。郎中樊哙劝他不要这样，刘邦很不高兴。谋士张良接着说："只因为秦王贪暴，你才有今天的胜利。你想像秦王那样享乐吗？那岂不是助纣为虐？樊哙的话虽然是逆耳之言，但希望您能听取。"

刘邦听取了樊哙、张良的建议，封存了府库财宝，确立了统一天下的大志。

八 则

汉文帝在《除诽谤妖言法诏》中说：古代明君治理天下，朝廷有进善旌、诽谤木等进言渠道，所以帝王能够有机会接受好的意见。如果法律严苛，禁止诽谤与谣言，那么大臣、百姓都不敢说话，国家就危险了。发布诏书以后，朝廷不再对诽谤、妖言定罪，鼓励群臣、百姓畅所欲言。

九 则

一次，汉武帝召集群儒说："我想振兴朝政，效法尧舜，如何？"汲黯说："陛下内多欲而外施仁义，怎么能效法唐虞呢？"汉武帝听了怒而罢朝。当时很多大臣都替汲黯担心，纷纷劝他自爱保身，他慨然说："天子设公卿大臣，不为匡正错误，难道专为阿谀奉承吗？我既在其位，不应该只顾个人安危，见错不说，使陛下陷于不义之地。"

十　则

京房和汉元帝在一起讨论问题，京房问汉元帝："幽王、厉王为什么灭亡？他们都任用了哪些人？"汉元帝答道："他们所任用的人不忠。"京房说："为什么知道他们不忠还任用他们呢？"汉元帝说："亡国之君也会挑选他们认为的贤臣，怎么会明知不忠而任用呢？"京房向汉元帝行礼说："我担心今之视古，亦犹后之视今啊！"

十一则

曹操占领邺城，曹丕把袁熙的妻子甄氏收为内室。于是，孔融就给曹操写了一封信，信上写道："周武王攻伐商纣王，把纣王的妃子妲己赏赐给了周公旦。"曹操不明白，问孔融这话出自哪一部典籍。孔融答道："以今例古，我只是想当然罢了。"

十二则

孙权称帝后，与群臣彻夜狂饮。老臣张昭愤然离席，孙权派人把他喊来，问道："朕与群臣同乐，特地设此盛宴，您何故发怒擅自离席？"张昭答道："纣王和妲己设酒池肉林，长夜畅饮，当时也是很快乐的，最后因此而亡国，前车之鉴，难道不应该小心吗？"孙权听了，点头称是，立即下令撤了酒席。

十三则

三国时吴国皇帝孙皓问丞相陆凯："你们陆家在朝为官的有多少人？""两个丞相、五个侯爵、十几个将军。"陆凯得意地回答。孙皓感叹道："你们家族真是兴旺发达啊！"陆凯回答："是啊，君王贤明臣下忠诚，国家才能如此繁荣。父母慈爱，儿女孝顺，家庭才能这般兴盛。可是，现在朝政荒淫，民生凋敝，国家命运犹如大厦将倾，怎么敢说兴盛呢！"

十四则

唐太宗得到一只鹞鹰，非常喜欢，整天让鹞鹰站在自己手臂上逗弄，爱之如珍宝。有一天，唐太宗正要着鹞鹰玩，忽然看见魏徵走了过来，赶忙将鹞鹰藏在怀里，不想让魏徵看见。其实魏徵早已看见，但他不动声色，走到唐太宗跟前，作揖问安之后，就滔滔不绝地汇报起来。等魏徵把话说完，作揖离开，唐太宗再看他的鹞鹰，早已憋死怀中。

十五则

贞观四年（630年），李世民继位后，想在洛阳建造行宫。给事中张玄素上书直谏李世民，认为国事初平，修建宫殿劳民伤财，必将引起国家动乱，重蹈隋亡的覆辙。李世民采纳了张玄素的意见，停止修造宫殿，并赏赐张玄素二百匹彩帛。

十六则

隋炀帝亡国后，李世民翻阅隋炀帝留下的文稿，大吃一惊，问魏徵："你看这些文稿，炀帝讲的都是尧舜之言，何以亡国？"魏徵答曰："讲尧舜之言，行桀纣之实，蒙蔽百姓，鱼肉天下，焉有不亡之理？"

十七则

有一次，唐太宗罢朝回到宫中，怒气冲冲地说："以后找机会一定杀了这个乡巴佬。”皇后问是谁惹怒了陛下，唐太宗说：“魏徵常在朝堂上羞辱我。”皇后退下，穿上朝服站在庭院内，唐太宗惊奇地问这是何故。皇后说：“我听说君主开明则臣下正直，如今魏徵正直敢言，是因为陛下的开明，我怎能不祝贺呢？”唐太宗于是转怒为喜。

十八则

有一次，唐太宗想要去秦岭山中打猎取乐，行装都已准备妥当，但迟迟未能成行。后来，魏徵问及此事，唐太宗笑着答道：“当初确有这个想法，但害怕你又要直言进谏，所以很快就打消了这个念头。”

十九则

魏徵六十四岁时去世了。唐太宗听到噩耗非常伤心，亲临吊唁，失声痛哭地说：“夫以铜为镜，可以正衣冠；以古为镜，可以知兴替；以人为镜，可以明得失。朕常保此三镜，以防己过。今魏徵殂逝，遂亡一镜矣！”

二十则

狄仁杰在七十多岁高龄的时候，谏阻武则天修建大佛像，最终武则天接受了他的建议。这一年的九月，狄仁杰去世，武则天痛苦地说：从此朝廷之上再没有可以依靠的师长了。

二十一则

唐玄宗时担任宰相的韩休为人正直，敢于直谏。唐玄宗在宫中玩乐时，常常对左右的人说："韩休知道不知道？"往往唐玄宗话刚说完，劝谏的文书就递上来了。唐玄宗左右的人说："韩休做宰相以后，陛下的容貌清瘦多了，为什么不罢免他？"唐玄宗叹息说："吾貌虽瘦，天下必肥。其他人禀报事情常常顺从旨意，退下以后，我无法安睡。韩休经常据理力争，辞别以后，我反而睡得很安稳。我用韩休是为了国家，不是为我自己。"

二十二则

唐穆宗时，柳公权以夏州书记的身份入奏。唐穆宗说："我曾经在寺庙见到你的笔迹，早就想见你了。”随即拜柳公权为右拾遗、侍书学士。唐穆宗问柳公权书法如何用笔，柳公权答道：“心正则笔正，这是最基本的笔法。”唐穆宗明白他是在以书法用笔进谏，一时为之触动。

二十三则

北宋寇准在宋太宗时曾任参知政事。一次因寇准奏事直切，宋太宗一时羞恼，起身就要离开。众臣惊恐，偏偏寇准不是擅长察言观色之人，竟扯住宋太宗的衣袖，强迫皇帝听完自己的话。宋太宗当时很生气，事后却十分赞赏寇准的耿直和胆识，连连称赞寇准为“真宰相”，对左右的人不无感慨地说：“朕得寇准，犹如唐太宗得魏徵。”

二十四则

北宋皇祐二年闰十一月，宋仁宗下诏以三司使、户部侍郎张尧佐为宣徽南院使、淮康军节度使、景灵宫使。张尧佐是张贵妃之父张尧封的堂兄。张贵妃受到宋仁宗宠爱，张尧佐也顺势青云直上。包拯时任监察御史，负责纠弹百官。他认为宋仁宗一再超擢张尧佐，任人唯亲，不合大宋法度。他上疏指出宋仁宗提拔张尧佐是错误的，并分析其原因是后宫干政、个别大臣曲意逢迎。包拯此举如石破天惊，得到一片称赞，大臣们纷纷上书反对皇帝任命张尧佐。面对强大的舆论，宋仁宗只好收回成命。

二十五则

王安石和人们谈兴修水利带来的好处，有人讨好说："如果把八百里梁山泊的水决开放掉，改造为农田，那好处就大了！"王安石非常高兴，但他又慢慢地说："这原本是个好方法，可放出去的水又有哪里能容纳呢？"刘贡父坐在那里说："在梁山泊旁边再挖凿一个八百里的湖，就能容纳放出来的水了。"王安石笑了，放弃了这种想法。

二十六则

明朝张瀚初任御史时，去拜访道台王廷相。王廷相给他讲了个故事：早上天下雨，王廷相乘轿子进城，见一轿夫穿了一双新鞋，初时轿夫还专拣可行之处走，后来到了城里，道路泥泞，轿夫不小心一脚踩到水里，鞋子脏了，他便不再珍惜。王廷相说为人处世，一旦失足，便如这轿夫，无所不往矣。张瀚听后很受启发，一生洁身自好，很有建树。

［注］王廷相，明代著名文学家、思想家、哲学家。

二十七则

张震将军至某省军区视察，听取常委集体汇报。汇报毕，张震将军问司令员、政委：“你们有没有开展批评和自我批评？”司令员、政委答：“经常开展。”张震将军问政委：“你说说司令员有什么缺点？”政委支吾。张震将军又问司令员：“你说说政委有什么缺点？”司令员亦支吾。张震将军仍面色和悦，但语调严厉道：“你们要讲真话啊！”司令员、政委汗颜。

第十辑

廉政嘉言

一　则

西周吕尚《六韬·文韬·文师》：天下非一人之天下，乃天下人之天下也。同天下之利者，则得天下；擅天下之利者，则失天下。天有时，地有财，能与人共之者仁也。仁之所在，天下归之。

二　则

《老子》：名与身孰亲，身与货孰多？得与亡孰病？是故甚爱必大费，多藏必厚亡。知足不辱，知止不殆，可以长久。

三　则

《老子》：天长地久。天地所以能长且久者，以其不自生，故能长生。是以圣人后其身而身先，外其身而身存。非以其无私耶？故能成其私。

四　则

《老子》：我有三宝，持而保之：一曰慈，二曰俭，三曰不敢为天下先。慈，故能勇；俭，故能广；不敢为天下先，故能成器长。

五　则

《论语》：饭疏食，饮水，曲肱而枕之，乐亦在其中矣。不义而富且贵，于我如浮云。

六　则

《论语》：富与贵，是人之所欲也，不以其道得之，不处也；贫与贱，是人之所恶也，不以其道得之，不去也。君子去仁，恶乎成名？君子无终食之间违仁，造次必于是，颠沛必于是。

七　则

《论语》：君子谋道不谋食。耕也，馁在其中矣；学也，禄在其中矣。君子忧道不忧贫。

八　则

《孟子》：居天下之广居，立天下之正位，行天下之大道。得志，与民由之；不得志，独行其道。富贵不能淫，贫贱不能移，威武不能屈，此之谓大丈夫。

九　则

《孟子》：民为贵，社稷次之，君为轻。是故得乎丘民而为天子，得乎天子为诸侯，得乎诸侯为大夫。

十　则

《孟子》：庖有肥肉，厩有肥马，民有饥色，野有饿莩，此率兽而食人也。兽相食，且人恶之。为民父母，行政不免于率兽而食人，恶在其为民父母也？

十一则

《管子·牧民》：国有四维，一维绝则倾，二维绝则危，三维绝则覆，四维绝则灭。倾可正也，危可安也，覆可起也，灭不可复错也。何谓四维，一曰礼，二曰义，三曰廉，四曰耻。

十二则

《礼记·大学》：是故君子先慎乎德。有德此有人，有人此有土，有土此有财，有财此有用。德者，本也；财者，末也。外本内末，争民施夺。是故财聚则民散，财散则民聚。

十三则

唐吴兢《贞观政要》：人有明珠，莫不贵重，若以弹雀，岂非可惜？况人之性命甚于明珠，见金钱财帛不惧刑网，径即受纳，乃是不惜性命。明珠是身外之物，尚不可弹雀，何况性命之重，乃以博财物耶？

十四则

唐吴兢《贞观政要》：为君之道，必须先存百姓。若损百姓以奉其身，犹割股以啖腹，腹饱而身毙。若安天下，必须先正其身，未有身正而影曲，上治而下乱者。

十五则

唐武则天《臣轨》：清静无为，则天与之时；恭廉守节，则地与之财。君子虽富贵，不以养伤身；虽贫贱，不以利毁廉。知者不为非其事，廉者不求非其有，是以远害而名彰也。故君子行廉以全其真，守清以保其身。富财不如义多，高位不如德尊。

十六则

北宋苏轼曾语人生十六件赏心乐事：清溪浅水行舟，微雨竹窗夜话，暑至临溪濯足，雨后登楼看山，柳荫堤畔闲行，花坞樽前微笑，隔江山寺闻钟，月下东邻吹箫，晨兴半柱茗香，午倦一方藤枕，开瓮勿逢陶谢，接客不着衣冠，乞得名花盛开，飞来家禽自语，客至汲泉烹茶，抚琴听者知音。

十七则

北宋苏轼《大臣论》：国之有小人，犹人之有瘿。人之瘿，必生于颈而附于咽，是以不可去。有贱丈夫者，不胜其忿而决去之，夫是以去疾而得死。汉之亡，唐之灭，由此之故也。

十八则

《宋史·岳飞传》：文臣不爱钱，武臣不惜死，天下太平矣。

十九则

南宋陆九渊《象山先生全集》：常人所欲在富，君子所贵在德。士庶人有德，能保其身；卿大夫有德，能保其家；诸侯有德，能保其国；天子有德，能保其天下。无德而富，徒增其过恶，重后日之祸患，今日虽富，岂能长保？

二十则

南宋罗大经《鹤林玉露》：士大夫若爱一文，不值一文。陈简斋诗云：“从来有名士，不用无名钱。”杨伯子尝为余言：“士大夫清廉，便是七分人了。盖公忠仁明，皆自此生。”

二十一则

南宋真德秀《西山政训》：律己以廉。凡名士大夫者，万分廉洁，止是小善一点，贪污便是大恶不廉之吏。如蒙不洁，虽有它美，莫能自赎。

二十二则

元揭傒（xī）斯《送李克俊赴长兴州同知序》：夫今谓善政者，亦曰廉而已矣。廉非为政之极，而为政必自廉始。惟廉则欲必寡，欲寡必公，公则不匮。

二十三则

明范景文《箴言》：周官六计，洁廉为贵。山泉寂清，市泉龌秽。名盗忍渴，顾名生畏。勿谓无知，夜金可媚。高高凤仪，圣世灵瑞。竹食醴饮，先洁其喙。鸢吓腐鼠，是乃失类。蚁隙不窒，大防终溃。一介是严，百奸可坠。微臣作箴，敢告庶位。

二十四则

明归有光《送郡别驾王侯考绩之京序》：吏之廉者，非独无伤于民财而已，推其所为，无非利于民者也。吏之贪者，非直伤于民财而已，推其所为，无非害于民者也。

二十五则

清康熙《教子庭训》：至于人生衣食财禄，皆有定数。若俭约不贪，则可以养福，亦可以致寿。若夫为官者俭，则可以养廉。居官、居乡只缘不俭，宅舍欲美，妻妾欲奉，仆隶欲多，交游欲广，不贪何从给之？与其寡廉，孰若寡欲？语云：“俭以成廉，侈以成贪。”此乃理之必然者。

二十六则

清程含章《与山左属官书》：廉能之吏，上司贤之，百姓爱之，身名俱泰，用度常觉宽然。而贪污之吏，朘（juān）民之膏，吮民之血，卒之身败名灭，妻子流离。天道昭昭，报应不爽，吏亦何乐乎贪而不廉哉！

二十七则

清代大散文家袁枚有朋友为富不仁，于是他写信规劝：善用钱者，钱虽少，除自身享用外，仁粟义浆，皆钱为之；不善用钱者，钱虽多，除妻子奴仆有怨言外，招尤惹祸，亦皆钱为之。

二十八则

清张伯行担任江苏巡抚时，曾经发文告诫手下官员，禁止接受馈赠，说：一丝一粒，我之名节；一厘一毫，民之脂膏。宽一分，民受赐不止一分；取一文，我为人不值一文。谁云交际之常，应耻实伤。傥非不义之财，此物何来？

二十九则

章太炎《革命道德说》：礼义，治人之大法；廉耻，立人之大节。不廉不耻，则祸败乱亡，无所不至。然而四者之中，耻为尤要。故曰："行己有耻。"曰："人不可以无耻，无耻之耻，无耻矣。"曰："耻之于人大矣，为机变之巧者，无所用耻焉。所以然者，人之不廉而至于悖礼犯义，其原皆生于无耻。"

三十则

毛泽东：应该使一切政府工作人员明白，贪污和浪费是极大的犯罪。反对贪污和浪费的斗争，过去有了些成绩，以后还应用力。

第十一辑

以民为本

一　则

昔日，西伯昌曾问姜子牙：“何以得天下？”姜子牙说：“王者之国，使人民富裕；霸者之国，使士富裕；仅存之国，使大夫富裕；无道之国，国君富裕。这叫作上溢而下漏。”西伯昌立刻派人打开粮仓赈济穷人，百姓欢欣鼓舞，西周日益强盛。

二　则

春秋时期，楚惠王吃饭时把蚂蟥吞了下去，肚子很不舒服。令尹问道：“大王是不是病了？”楚惠王说：“吃到蚂蟥，如果不依法处理厨师等人，不利于树立法律的权威。依法处理又会让他们丧失性命，这样做我于心不忍。为了不让别人看见，我只能把它们吞下去。”令尹安慰说：“大王宅心仁厚，必有好报。”当天晚上，楚惠王把蚂蟥排出体外，多年宿疾也好了。

三　则

楚王外出游玩，丢失了一张弓。左右随从请求去寻找。楚王说：“不用去找了。我丢了弓，楚国的人捡到它，又何必去寻找呢？”

四　则

春秋时期，秦穆公外出巡游时车子坏了，拉车的一匹马脱缰跑了。秦穆公找到时，看见有人已经把马杀掉煮肉了。秦穆公并没有责怪他们，说：“只吃马肉而不喝酒，会伤身体。”于是，秦穆公和他们席地而饮，尽欢而归。一年后，秦穆公被晋军包围，吃马肉的三百多人都拼命为他浴血奋战，最终打败了晋军。

五　则

公仪休是春秋战国时期鲁国的相国，他十分维护百姓的利益，可以称得上是一位爱民重民的好官。他规定鲁国所有做官的人，不得经营产业、与民争利。他认为，做官的人，在大的方面已经得到利益，而民众力农、务工、做生意，只是取得一些小利，受大者不得取其小。因此，做官的人是不能做生意的。

六　则

李冰是战国时期秦国的蜀郡郡守，他修建了造福万世的都江堰，还疏导沱江、洛水，引绵水出紫岩山，浇灌了绵竹、资中、泸县等大片土地。除治水外，李冰还在广都主持开凿盐井，创造了凿井汲卤煮盐法，结束了巴蜀农业生产的原始状况。李冰为民办事，不但得到当时百姓的称赞，而且后世也十分怀念他。两千多年来，四川人民把李冰尊为“川主”，为他建造石像，并设庙祭祀。

七　则

霍去病是西汉时期打败匈奴的名将。汉武帝为了表彰他的功绩，给他建立了一座豪华的府邸，他却拒绝收下，理由是：匈奴未灭，何以家为？他曾在行军途中得到汉武帝赏赐的一坛御酒，不愿独自享用，就把酒倒入泉中，以便与大家共饮。

八　则

西汉名将李广爱护士兵，每次得到赏赐，都会平均分给部下。在沙漠中行军遇到缺水缺粮的时候，他会和士兵同甘共苦，只要有士兵还没有水喝，他就不喝水；只要有一个士兵还没有吃到饭，他就决不吃饭。因此，手下将士都愿意追随，为朝廷效命。

九　则

东汉第五伦是一位清廉自守、关爱百姓的好官。他担任太守时，常常自己动手割草喂马，他的妻子也自己下厨房做饭。第五伦每次领到俸粮，除了留足家人口粮之外，其余都以低价卖给贫困百姓。

十　则

狄仁杰做过彭泽县县令、魏州刺史、幽州都督，每到一地，他都非常爱护人民，勤政惠民，为当地办了很多好事实事。狄仁杰来到彭泽县，正值旱灾，农民颗粒无收，他为民请命，奏请发散赈济，减免彭泽租赋。狄仁杰亲民为民，赢得了百姓的爱戴，彭泽、魏州等地的百姓都建德政碑来纪念他。

十一则

唐代何易于任益昌县县令，上司州刺史崔朴带了许多宾客，乘大船，唱歌喝酒，从上游放舟东下，一直来到益昌县附近。船到，崔朴就下令要百姓拉纤。何易于把笏板插在腰带里，与百姓一起拉纤。崔朴发现县令在拉纤，很吃惊，询问缘由。何易于说："百姓忙于春耕，我这个县令没啥事干，正好来拉纤。"刺史听了，很惭愧，和几个宾客跳出船舱，上岸骑马一起回去了。

十二则

北宋范仲淹任参知政事时裁掉了很多庸碌无能的官员，同为改革派成员的大臣富弼于心不忍，提醒说：每裁掉一个官员，就会有一家人痛哭啊。范仲淹回答：一家人哭总比整个州县的百姓一起哭好多了。

十三则

明正统七年（1442年），况钟病逝于苏州知府任上。苏州百姓悲痛万分，纷纷为他立祠纪念，罢市停业以示哀悼。况钟灵柩要运回原籍安葬时，苏州人民倾城送别，一大片穿白戴孝的人跪在地上，哭声震天，更有数百名百姓一直护送灵柩到江西靖安况钟老家。为了纪念况钟，苏州人民为他建立了衣冠冢，并把他的遗像请进了文庙。苏州府和下属七县都为他建立了祠堂，立碑画像祭祀。

十四则

海瑞死后，南京人纷纷传说，海瑞已被玉帝封为主管南京的城隍神。于是，南京百姓准备迎接城隍上任。海瑞曾经任职过的苏州也不甘落后，为他盖起了城隍庙。为了平息两地纷争，朝廷封海瑞为“天下都城隍”，以他为所有城市的保护神。在传统文化中，死后被尊为神的还有多人，皋陶、萧何、曹参被尊为刑狱之神，包拯被尊为阴间的第五殿阎王，秦叔宝、尉迟恭则是保民平安的门神。

十五则

1644年，崇祯皇帝自杀殉国前，曾写下《罪己诏》：“朕死，无面目见祖宗于地下，自去冠冕，以发覆面，任贼分裂朕尸，勿伤百姓一人。”

十六则

董讷任两江总督，为百姓做了不少好事。后来他因故被免职的时候，康熙皇帝南巡到那儿，父老上千人恳请恢复董讷的职务。康熙答应了，召见董讷说：“你是好官，江南百姓已经在心里给你盖了一座庙。”

十七则

于成龙担任罗城县县令的时候，聚集战乱以后残留的人口，奖励垦荒，废除各种苛刻的禁令，得到了百姓的拥戴。百姓们把给朝廷的赋税交到他手上，又留一些钱放在他的桌案上。于成龙询问缘由，百姓们说：“老爷不多收我们的钱，您生活这么清苦，难道连酒也不能买一点儿吗？”于成龙深受感动，于是留下几文钱，勉强够买一壶酒。

十八则

于成龙离开罗城升任合州知州，罗城百姓在途中拦住呼天喊地：“老爷离开，罗城的天塌下来了。”百姓追送数百里，哭着返回，只有一个盲人不肯走。询问缘故，盲人说：“老爷的路费不够，我会算命，赚来的钱可以保证您顺利到任。”于成龙很感动，就带着他上路。路上因为连日下雨，路费用尽，于成龙靠着盲人算命赚钱终于如期到任。

十九则

陈世倌在乾隆时期担任大学士十七年，每次上奏时谈到民间疾苦，必定反复陈说，直到泪下。乾隆总是对他说："你又来为百姓哭了。"

［注］陈世倌，清朝名臣，曾任工部尚书、文渊阁大学士等职。

二十则

清代张九钺任南丰县县令时，遇到灾荒，张九钺请求平价发售储存的粮食。按照惯例，大县常平仓储存粮食，如遇歉收，可存七粜三。为解决灾困，张九钺平价售出了一半。上司来公函严加训斥，手下幕僚都很害怕。张九钺说："储备粮食就是为了灾年救百姓的命，哪能眼睁睁看着百姓饿死呢？"官仓粮食不够了，张九钺就劝官绅捐助，动用官银去邻县购买，救活了很多百姓。

二十一则

1962年五六月间，为贯彻党中央大幅度调整国民经济的重大决策，周恩来和邓颖超来到东北三省工作了一个月。一到住地，周恩来就对管生活的同志立下了章程：“有几样东西不能吃，鱼、肉、蛋。不吃过油的东西。毛主席在党中央带头，我在国务院带头。群众有困难，做领导的更不能特殊。”

第十二辑

诗词家训

一　则

东汉严光《九诫》：嗜欲者，溃腹之患也；货利者，丧身之仇也；嫉妒者，亡躯之害也；谗慝者，断胫之兵也；谤毁者，雷霆之报也；残酷者，绝世之殃也；陷害者，灭嗣之场也；博戏者，殚家之渐也；嗜酒者，穷馁之始也。

[注] 严光，字子陵，东汉著名隐士，与光武帝刘秀同学，亦为好友。

二　则

三国魏王昶《家诫》：夫富贵声名，人情所乐，而君子或得而不处。何也？恶不由其道耳。患人知进而不知退，知欲而不知足，故有困辱之累，悔吝之咎。语曰："如不知足，则失所欲。"故知足之足，常足矣。览往事之成败，察将来之吉凶，未有干名要利，欲而不厌，而能保世持家，永全福禄者也。

三　则

南朝梁简文帝《诫当阳公大心书》：汝年时尚幼，所阙者学，可久可大，其唯学欤？所以孔丘言："吾尝终日不食，终夜不寝，以思，无益，不如学也。”若使墙面而立，沐猴而冠，吾所不取。立身之道，与文章异，立身先须谨重，文章且须放荡。

[注] 简文帝，即萧纲，南朝梁代皇帝、文学家。

四　则

唐李商隐《咏史》：历览前贤国与家，成由勤俭破由奢。何须琥珀方为枕，岂得真珠始是车？运去不逢青海马，力穷难拔蜀山蛇。几人曾预南薰曲，终古苍梧哭翠华。

五　则

唐曹邺《官仓鼠》：官仓老鼠大如斗，见人开仓亦不走。健儿无粮百姓饥，谁遣朝朝入君口！

六　则

唐陈璠《临刑诗》：积玉堆金官又崇，祸来倏忽变成空；五年荣贵今何在，不异南柯一梦中。

七　则

唐杜牧《不寝》：到晓不成梦，思量堪白头。多无百年命，长有万般愁。世路应难尽，营生卒未休。莫言名与利，名利是身仇。

八　则

北宋包拯《书端州郡齐壁》：清心为治本，直道是身谋。秀干终成栋，精钢不作钩。仓充鼠雀喜，草尽狐兔愁。史册有遗训，毋贻来者羞。

九　则

北宋欧阳修《诲学说》：玉不琢，不成器；人不学，不知道。然玉之为物，有不变之常德，虽不琢以为器，而犹不害为玉也。人之性，因物则迁，不学，则舍君子而为小人，可不念哉？

十　则

北宋司马光《训俭示廉》：“俭，德之共也；侈，恶之大也。”共，同也。言有德者皆由俭来也。夫俭则寡欲，君子寡欲，则不役于物，可以直道而行；小人寡欲，则能谨身节用，远罪丰家。故曰：“俭，德之共也。”侈则多欲。君子多欲则贪慕富贵，枉道速祸；小人多欲则多求妄用，败家丧身。是以居官必贿，居乡必盗。故曰：“侈，恶之大也。”

十一则

北宋王安石《金陵怀古》：霸祖孤身取二江，子孙多以百城降。豪华尽出成功后，逸乐安知与祸双。东府旧基留佛刹，后庭余唱落船窗。黍离麦秀从来事，且置兴亡近酒缸。

十二则

南宋赵鼎《家训笔录》：凡在仕宦，以廉勤为本。人之才性，各有短长，固难勉强。惟廉勤二字，人人可至。勤廉所以处己，和顺所以接物，与人和则可以安身，可以远害矣。

[注] 赵鼎，南宋政治家，词人。

十三则

南宋陆九韶《居家正本制用》：夫慕爵位，贪财利，则非贤非知，非贤非知之人，人所鄙贱，虽纡青紫，怀金玉，其胸襟未必通晓义理，亦无以自乐，而人莫不鄙贱之。

［注］陆九韶，南宋学者，与弟陆九龄、陆九渊并称“三陆”。

十四则

南宋陈俊卿《示二子》：兴来文字三杯酒，老去生涯万卷书。遗汝子孙清白在，不须厦屋太渠渠。

十五则

南宋袁采《袁氏世范》：饮食，人之所欲，而不可无也，非理求之，则为饕为馋；男女，人之所欲，而不可无也，非理狎之，则为奸为淫；财物，人之所欲，而不可无也，非理得之，则为盗为贼。

［注］袁采，南宋官员，著有《政和杂志》《县令小录》《世范》三书。

十六则

南宋陈必敬《过钓台》：公为名利隐，我为名利来；羞见先生面，黄昏过钓台。

十七则

元王冕《墨梅》：我家洗砚池边树，朵朵花开淡墨痕。不要人夸颜色好，只留清气满乾坤。

十八则

明于谦《石灰吟》：千锤万击出深山，烈火焚烧若等闲；粉身碎骨浑不怕，要留清白在人间。

十九则

明胡守安《任满偈城隍》：一官来此几经春，不愧苍天不负民。神道有灵应识我，去时还似到时贫。

二十则

明况钟《拒礼》诗：清风两袖朝天去，不带江南一寸棉。惭愧士民相饯送，马前洒泪注如泉。其《离任》诗曰：捡点行囊一担轻，京华望去几多程。停鞭静忆为官日，事事堪持天日盟。

二十一则

明沈贲《讽兄》：锦衣玉食非为福，檀板金樽可罢休；何事长事子孙计，瓦盆盛酒木棉裘。

二十二则

明吴纳《题礼盒》：萧萧行李向东还，要过前途最险滩。若有脏私并土物，任教沉在碧波间。

二十三则

明张好宁《廉泉》：香花墩上有奇泉，饮罢头痛始觉贪。争得长江大河水，悉于廉泉得其源。

二十四则

明庞尚鹏《庞氏家训》：人生福禄自有定分，惟择其理之所当为，力之所能为者。尽其在我，俟命于天。此心知足，虽蔬食菜羹，终身有余乐。

［注］庞尚鹏，明代官员，曾任大理寺右丞、右佥都御史等职。

二十五则

明周怡《谕儿辈》：由俭入奢易，由奢入俭难。饮食衣服，若累得之艰难，不敢轻易费用。酒肉一餐，可办粗饭几日；纱绢一匹，可办粗衣几件。不馋不寒足矣，何必图好吃好看？常将有日思无日，莫待无时思有时，则子子孙孙常享温饱矣。

二十六则

清曹雪芹《好了歌》：世人都晓神仙好，惟有功名忘不了！古今将相在何方？荒冢一堆草没了。世人都晓神仙好，只有金银忘不了！终朝只恨聚无多，及到多时眼闭了。世人都晓神仙好，只有姣妻忘不了！君生日日说恩情，君死又随人去了。

世人都晓神仙好，只有儿孙忘不了！痴心父母古来多，孝顺子孙谁见了？

二十七则

清曹雪芹《好了歌》解注：陋室空堂，当年笏满床；衰草枯杨，曾为歌舞场。蛛丝儿结满雕梁，绿纱今又糊在蓬窗上。说什么脂正浓、粉正香，如何两鬓又成霜？昨日黄土陇头送白骨，今宵红灯帐底卧鸳鸯。金满箱，银满箱，展眼乞丐人皆谤。正叹他人命不长，那知自己归来丧！训有方，保不定日后作强梁。择膏粱，谁承望流落在烟花巷！因嫌纱帽小，致使锁枷扛；昨怜破袄寒，今嫌紫蟒长：乱烘烘你方唱罢我登场，反认他乡是故乡。甚荒唐，到头来都是为他人作嫁衣裳！

二十八则

清郑燮《竹石》：咬定青山不放松，立根原在破岩中；千磨万击还坚劲，任尔东西南北风。

二十九则

清郑燮《题竹》：衙斋卧听萧萧竹，疑是民间疾苦声，些小吾曹州县吏，一枝一叶总关情。又有《题竹》诗曰：乌纱掷去不为官，囊橐萧萧两袖寒。写取一枝清瘦竹，秋风江上作渔竿。

三十则

清陈宏谋《与四侄钟杰书》：京中浮华，须立定主意，不为所染。盖天下惟诚朴为可久耳！吾家世守寒素，岂可忘本。读书见客，事事检点，即学问也。……来京途中，有一刻闲，便当看书，古人游处皆学，不过为收放心耳。骄傲奢侈，一点不能沾染。即会客说话，固须周旋，然不可套语太多，多则涉于油滑而不真矣。

[注] 陈宏谋，清代大臣，雍正、乾隆时期历任巡抚、总督、东阁大学士兼工部尚书等职。

三十一则

清陆耳山督学福建，官署楹联曰：“尔无文字休言命，我有儿孙要读书。”彭芝楣督学江南，官署楹联曰：“一卷不阅，两目即枯。”窦东皋督学浙江，官署楹联曰：“文章千古留其是，夙夜一心惟不欺。”朱石君督学浙江，官署楹联曰：“铁面无情，凡涉科场，戚谊年家须谅我；镜心普照，但凭文字，平奇浓淡不冤渠。”吴稷堂督学浙江，官署楹联曰：“畏简书尤畏人言，常以无欺盟夙夜；正文风先正士习，惟将有耻勖胶庠。”

三十二则

清纪晓岚的《训大儿》：尔初入世途，择交宜慎，友直友谅友多闻，益矣。误交真小人，其害犹浅；误交伪君子，其祸为烈矣。盖伪君子之心，百无一同：有拗捩者，有偏倚者，有黑如漆者，有曲如钩者，有如荆棘者，有如月剑者，有如蜂虫者，有如狼虎者，有现冠盖形者，有现金银气者，业镜高悬，亦难照彻。缘其包藏不测，起灭无端，而回顾其形，则皆岸然道貌，非若真小人之一望可知也。并且此等外貌麟鸾中藏鬼蜮之人，最喜与人结交，儿其慎之。

三十三则

清蔡信芳《墨郡》：罢郡轻舟回江南，不带关中一点棉。回看群黎终有愧，长亭一别心黯然。

三十四则

清倭仁《示曜云两侄》：汝辈身列胶庠，非毫无知识者，须念物力之艰，力求俭约，勿习浮华，勿学放纵，将平日爱华靡、喜疏散种种积习全行改变，作一个醇谨朴实子弟，较之鲜衣肥马为有识所窃笑者，不相去万万耶？

［注］倭仁，晚清大臣、理学家。

三十五则

清林则徐《赴戍登程口占示家人》：力微任重久神疲，再竭衰庸定不支。苟利国家生死以，岂因祸福避趋之。谪居正是君恩厚，养拙刚于戍卒宜。戏与山妻谈故事，试吟断送老头皮。

三十六则

清曾国藩《字谕纪鸿儿》：凡仕宦之家，由俭入奢易，由奢返俭难。尔年尚幼，切不可贪爱奢华，不可惯习懒惰。无论大家小家、士农工商，勤苦俭约，未有不兴，骄奢倦怠，未有不败。尔读书写字不可间断，早晨要早起，莫坠高曾祖考以来相传之家风。吾父吾叔，皆黎明即起，尔之所知也。

三十七则

袁世凯称帝之前，二儿子袁寒云作《感遇》诗讽谏，诗云：“乍著微棉强自胜，古台荒槛一凭陵。波飞太液心无著，云起摩崖梦欲腾。偶向远林闻怨笛，独临明室转明灯。绝怜高处多风雨，莫到琼楼最上层。”当时全国反袁称帝的人士也大多引用诗中的“绝怜高处多风雨，莫到琼楼最上层”。

三十八则

陈毅《冬夜杂咏·青松》：大雪压青松，青松挺且直。要知松高洁，待到雪化时。

三十九则

陈毅《七古·手莫伸》：手莫伸，伸手必被捉。党与人民在监督，万目睽睽难逃脱。汝言惧捉手不伸，他道不伸能自觉，其实想伸不敢伸，人民咫尺手自缩。岂不爱权位，权位高高耸山岳。岂不爱粉黛，爱河饮尽犹饥渴。岂不爱推戴，颂歌盈耳神仙乐。第一想到不忘本，来自人民莫作恶。第二想到党培养，无党岂能有所作？第三想到衣食住，若无人民岂能活？第四想到虽有功，岂无过失应惭怍。吁嗟乎，九牛一毫莫自夸，骄傲自满必翻车。历览古今多少事，成由谦逊败由奢。

四十则

聂绀弩《钓台》：五月羊裘一钓竿，扁舟容与下江滩。昔时朋友今时帝，你占朝廷我占山。有客才眠天象动，无人不羡御床宽。台前学种先生柳，却以纤腰傲世间。

四十一则

陶铸《赠曾志》：重上战场我亦难，感君情厚逼云端。无情白发催寒暑，蒙垢余生抑苦酸。病马也知嘶枥晚，枯葵更觉怯霜残。无烟往事俱忘却，心底无私天地宽。

第十三辑

用人之道

一　则

齐景公讨伐宋国，站在高处，放眼四望，叹息着说："过去我们的国君桓公，只有战车八百辆，但是称霸于诸侯，今天我们有战车三千辆，却不敢在此久留，难道是没有管仲吗？"弦章回答："我听说过：水面宽广鱼就大，国君英明臣就忠。过去因为有桓公，所以才有管仲。如果今天桓公在这儿，那么车边的大臣都是管仲。"

二　则

管仲被囚，从鲁国被送往齐国，在路上又饿又渴，绮乌的一位小官非常恭敬地跪着敬献饮食，并问管仲："如果你到齐国没被处死，反而获得重用，将如何报答我？"管仲说："如果如你所说，我在齐国掌了权，我将任用有道德的人，任用有才能的人，按功劳确定赏罚。"

三　则

齐宣王向孟子请教如何识别人才。孟子说："国君左右亲近之人都说某人好，不可轻信；众位大夫都说某人好也不可轻信；要全国的人都说某人好，然后去了解，发现他有真才干，才可任用他。反之，要罢免一个人，左右亲近都说某人不好，不要轻信；众位大夫都说某人不好，也不要听信；要全国的人都说某人不好，然后去了解，发现他真不好，再罢免他。”

四　则

春秋时期，晋国大夫祁黄羊向国君晋平公推荐仇人解狐担任南阳县县令，解狐很称职。过了一段时间，祁黄羊又推荐自己的儿子祁午担任国尉，祁午干得也很出色。孔子听到这件事后说：外举不避仇，内举不避子，祁黄羊可以说是个公正无私的人啊！

五　则

东汉清官黄霸在担任地方官时注意长期培养稳定的官员队伍。有一位姓许的官员年龄大了，负责监察的督邮要求换掉他。黄霸却说此人年龄虽大，还能做一些接待工作，不宜更换。有人询问缘故，黄霸说，更换官员，迎新送旧会有新的费用，一些奸诈的官员交接时在账簿上做手脚也会产生耗费。再说，新任命的官员未必比原先的贤良，不如维持现状。

六　则

晋代陶侃曾征调竹篙，有一位官员把毛竹连根取用，用竹根代替竹篙的铁足，陶侃就把他提升两级使用。

七　则

唐太宗拟定了“官不在多，唯在得人”的用人原则，把中央官员从原来的两千多人精简到六百多人。

八　则

狄仁杰以知人著称，所荐如张柬之、桓彦范、敬晖、姚崇等，均是忠贞廉洁、精明干练的官员，一时朝中出现刚正之气。这些人后来皆成为中兴名臣。时人有谓：“天下桃李，悉在公门矣。”狄仁杰回答得非常好：“荐贤为国，非为私人也。”

九　则

唐代选拔监察官员的标准，主要有六条：一要清要，即清正廉明，刚直不阿；二要敢言，即指陈得失，无所回避；三要嫉恶，即痛恨贪赃枉法等腐败现象，不与贪官污吏同流合污；四要实才，即精明强干，善于断疑决案；五要在基层州县有过任职经历；六要有进士、举人等正途出身。

十　则

唐代名相宋璟负责选拔人才。候选的官员宋元超在吏部自称宋璟的叔父，希望因此得到关照。得知此事后，宋璟发文书给吏部说："宋元超是我同高祖的叔父，由于他定居在洛城，因而未能经常前去参见。我既不敢因为他是长辈就为之隐瞒，又不愿以私害公。以往他没有提出这层关系，吏部自然可以照章办事，现在他既然已把我们的关系声张出去，那么就必须矫枉过正了，请不要录用他。"

十一则

宋代王旦为宰相，推荐别人为官，从来不让人知道。王旦平时发现有才干的人选，就密记其姓名。其人再来拜谒，不予相见。到了官员补缺的时候，王旦就从记录的名单中给朝廷推荐人选。

十二则

康熙初年，负责监察的给事中阿什坦闲居在家，鳌拜掌权时想见他一面，他始终没有去。他因为有气节后来得到康熙的重用。康熙曾经询问他节用爱人的要旨，他答道：“节用，最重要的是节制欲望；爱人，最重要的是重用贤人。”康熙大为佩服，对左右大臣说：“此人不愧为我朝大儒。”

十三则

康熙不喜饮酒，尤其厌恶吸烟。史文靖、陈文简两位大臣都有烟瘾，平时烟不离手。康熙南巡时，曾经在德州停留，了解二人的嗜好后，特赐给他们水晶烟管。每一呼吸，火焰上升，火星爆到嘴唇，于是二人都不敢用。此后康熙下旨在全国禁烟。

十四则

清朝对监察官员人选要求较严。一是三品以上京官和外任督抚以上子弟不得充任科道官。二是年龄过轻或在六十五岁以上者不得充任科道官。三是由科道官降任他职者不得再充选科道官。四是曾被保举充任科道官而未邀准者不得再选充科道官。五是纳捐的各部郎中、员外郎，或正途出身的郎中、员外郎凡任职不满三年者亦不得选充科道官。

十五则

林则徐任江苏巡抚时，曾经对幕僚说：“我最遗憾的是没有从县令、州官做起，每件事都能够亲自实践。”曾国藩任两江总督时，也曾经说：“做官要从州县一级做起，才站得住脚。”

十六则

清末的孝廉方正选拔流于形式，有不少品德极差的人通过这一途径走上仕途。有人嘲笑道：“何谓孝，逼得母亲上了吊。何谓廉，每月常放二分钱。何谓方，浑身都是杨梅疮。何谓正，丫头老妈没干净。”

十七则

胡林翼对自己要求很严，对待家人从不徇私。他在黄州时，有位同族来拜访，在官署中逗留了几个月。某天，此人说要奔赴前线。胡林翼询问缘故，族人说是某营官让他到军中管理钱粮。胡林翼大怒，当面训斥营官说：“我的亲戚，我来招待。你们风气一开，军务必将败坏，直至不可收拾！这一次要给你记过一次以示惩戒。”于是，胡林翼给了族人路费，让他回家，并告诫下属，用人要唯公，不得徇私，如有违规，一经查实，立即处罚。

［注］胡林翼，晚清名臣，湘军重要首领，曾任湖北巡抚，与曾国藩并称“曾胡”。

十八则

众神仙一起去朝拜天帝，天帝传命：“赐给他们酒喝！”为天帝管理酒器和酒的官吏拿来簿子登记众神仙的姓名，三千年也没登记完。天帝问是什么原因，官吏说：“都有抬轿的轿夫。”天帝说：“轿夫也登记上。”又过了七千年，还是没登记完。天帝又问是什么原因，管酒的官吏说：“那些为神仙抬轿的轿夫也都有轿夫呀！”天帝一听，沉默了半天，叹了一口气，酒也没有赐成。

十九则

毛泽东特别强调反对任人唯亲。一进北京他就对秘书说：“我们决不能像蒋介石他们一样搞裙带关系，一个人当了官，沾亲带故的人都可以升官发财。如果那样就会脱离群众，就会像蒋介石一样早晚要垮台。”毛主席交代秘书处理亲友提出的此类问题坚持“五不”原则：不接见、不介绍、不推荐、不说话、不写信。

二十则

新中国成立后，唐亮将军任南京市委书记，其二舅闻知前来谋职。将军问：“你想干什么？”二舅说：“要参军。”将军道：“你都40多岁了，怎能当兵？”二舅说：“当兵不行，当官还不行吗？”将军道：“你既无专长，又没贡献，能当什么官？”二舅说：“你先放我个团长干干吧。”将军拍案大怒，驱走之。

第十四辑

国运人心

一　则

魏文侯同掌管山泽的小官约定去打猎。这天，魏文侯与百官饮酒，非常高兴，突然天下起雨来。魏文侯要出去赴约，随从的侍臣说：“今天饮酒这么快乐，天又下雨了，您要去哪里呢？”魏文侯说：“我与别人约好了去打猎，虽然在这里很快乐，但是怎么能不去赴约呢？”于是前往约定地点。国君取信于民，魏国日渐强大起来。

二　则

唐朝到了肃宗、代宗两朝以后，官场风气十分腐败。陆贽是当时有名的“清慎太守”，被官场中人视为另类。他的廉洁品行受到攻击，有人说他沽名钓誉，影响了上下之间的关系。唐德宗特下密旨，责备他太过清慎，造成下情不通，谕其“如不接受贵重财物，细小物品受些亦无妨”。陆贽立即上奏，严加驳斥，并大声疾呼：“伤风害理，莫大于私。暴物残民，莫大于贿。”陆贽一人未能改变当时的风气，大唐国势也终究在腐败中日渐衰落。

三　则

唐僖宗时有一位富豪非常讲究吃穿，极尽奢侈，富豪曾对人说：“用木炭煮饭，先要把木炭烧着，这叫作烧炼木炭，之后才能用来煮饭。不这样做，煮成的饭有烟火味，难以下口。”后来天下大乱，他同家人四处逃窜，经常好多天没有粮食吃。当动乱结束回到老家时，富豪走到小店中买了一碗粗米饭，用土碗盛着，比吃美食佳肴还要香。

四　则

《明太祖实录》：昔在民间时，见州县官多不恤民，往往贪财好色，饮酒废事，凡民之疾苦，视之漠然，心实怒之。故今严法禁，但遇官吏贪污，蠹害吾民者，罪之不恕。

五　则

顺治《入关即位诏》：国之安危，全系官僚之贪廉。官若忠廉则贤才向用，功绩获彰，庶务皆得其理。天下何患不治？官若奸贪则贿赂肆行，庸恶幸进，无功冒赏，巨憝得以漏网，良善必至蒙冤，吏胥舞文，小民被害，政之紊乱，实由于此。

六　则

康熙《论贪鄙》：凡别项人犯，尚可宽恕，贪官之罪，断不可宽。此等人藐视法纪，怙恶不悛者，只以缓决故耳。今若法不加严，不肖之徒何以知警？

七　则

同治六年（1867年），时任两江总督的曾国藩与幕僚赵烈文聊天时谈道：京城社会治安混乱，明火执仗的大案经常发生，街面上乞丐成群。百姓生活贫苦，国家财政用尽，不久恐有动乱，如何化解？赵烈文答道：合久必分是历史大趋势，但是高层还没有完全腐烂，朝廷还有一定的控制力，所以暂时不会出现分崩离析的局面。但他预言，不久的将来，朝廷必先垮台，然后出现各自为政、割据分裂的局面，并进一步判断，大概不出五十年就会发生这种灾祸。清王朝在1911年土崩瓦解，距赵烈文发此预言时的1867年是44年，果然没出50年。

八 则

光绪一直以为鸡蛋是奢侈品。一日他拿着鸡蛋问翁同龢：此种贵物，翁师傅可曾吃过？翁同龢不敢说实话：“老臣在祭祀时才偶尔吃一次，否则不敢食也。”四枚鸡蛋，御膳房开出的价是三四十两银子，其实市场价不过十二三个铜钱。可怕的不是皇帝被蒙蔽，而是翁同龢作为光绪的老师都不敢拆穿。

［注］翁同龢（hé），清末大臣，光绪帝的老师，曾任军机大臣、协办大学士。

九 则

晚清阎敬铭出任军机大臣时，听说内务府买皮箱每只报销六十两银子，就对慈禧太后说市面上同样的箱子只要六两银子，要求查一查内务府的腐败。慈禧太后要求阎敬铭先拿六两银子买只箱子回来，然后再查。阎敬铭出宫后，拿着银子直奔市场，发现所有的皮箱店都关门了。原来在他之前已有太监逐家通知关门停业，否则要砸烂店面。阎敬铭无奈之下，只好派手下亲信去天津买箱子。没想到此人被内务府的太监收买，拿了一笔钱远走高飞，根本没去天津。吏治腐败至此，贵为军机大臣的阎敬铭也只能徒然兴叹。

十　则

1909年张之洞谏言载沣：如若不顾舆情，恐要激起民变。载沣不屑地回应道：我大清国养兵百万，何惧民变？张之洞愤言：国家养兵，岂能用来对付黎民百姓？两人不欢而散。事后张之洞叹道：不意闻亡国之言。一个月后，张之洞逝世，临终前仰天长叹：国运尽矣。

[注] 载沣（fēng），即爱新觉罗・载沣，光绪帝爱新觉罗・载湉之同父异母弟，宣统帝爱新觉罗・溥仪之父，光绪十六年袭醇亲王爵位。

十一则

清朝七品官员李钟岳奉命拘捕、监杀秋瑾。在秋瑾就义前，李钟岳前往狱中看望，并流泪对她说："余位卑言轻，愧无力成全，然死汝非我意，幸谅之也。"监斩完毕，李钟岳痛哭而归，在秋瑾死后百天，1907年10月29日，李钟岳在家悬梁自尽。

十二则

庆亲王奕劻是清末军机处首辅重臣。此人凭借巧言令色本领和与慈禧的关系位极人臣，却生性极贪。武昌起义后，奕劻收受三百万两贿款，去宫中说服隆裕皇太后和溥仪退位。大清亡国之际，庆亲王受贿聚敛的家产折合白银一亿两以上，而大清当时年财政收入不过八千多万两。

十三则

清代尹继善任两江总督时，颁布赈灾通告，其中有这样的话：“假如有人在赈灾中损公肥私，一经发现，一定严加惩处。即使我发现不了，老天爷也会报应，贪官的子孙必将饿死野外。”

十四则

1921年12月5日，张作霖与哥伦比亚大学教授孟禄交谈，内容涉及国际形势、东北政治、外交等问题。张作霖谈到中国问题时说：中国之坏，就是坏在官吏、办公事的人只贪图私利。外国人说中国穷，其实中国何尝穷，只不过钱都饱入官吏的私囊了。

十五则

1940年，毛泽东对访问延安的著名爱国华侨领袖陈嘉庚描绘未来的国家：一是没有贪官污吏，二是没有土豪劣绅，三是没有赌博，四是没有娼妓，五是没小老婆，六是没有乞丐，七是没有结党营私之徒，八是没有萎靡不振之风，九是没有人吃摩擦饭，十是没有人发国难财。

十六则

抗战期间，身为西南联大政治学教授的张奚若被聘为国民参议员。一次开会，他当着蒋介石的面批评国民党的腐败独裁。蒋介石打断他的发言插话：“欢迎提意见，但别太刻薄。”张奚若一怒之下拂袖而去。等到下一次参政会开会，当局寄来路费和通知，他当即回电一封：“无政可参，路费退回。”

十七则

1945年，黄炎培对毛泽东说：“我生六十多年，耳闻的不说，所亲眼看到的，真所谓‘其兴也勃焉，其亡也忽焉’，一人，一家，一团体，一地方乃至一国，不少单位都没有能够跳出这周期律的支配力。”毛泽东答：“我们已经找到新路，我们能跳出这周期律。这条新路，就是民主。只有让人民来监督政府，政府才不敢松懈。只有人人起来负责，才不会人亡政息。”

十八则

刘伯承的子女曾问父亲，淮海战役打得那么漂亮，怎么从未听您在我们面前提起过呢？刘伯承说：那场战役结束后，他梦见千百万年轻寡妇找他要丈夫，无数白发老人找他要孩子，他心里很不安。

十九则

1949年，党中央从西柏坡迁往北平时，行政部门建议给书记处的同志每人做一套新衣服，穿着参加阅兵式。他们请示任弼时，任弼时不同意，说：“我们是穿着这身衣服打天下的，也能穿着这身衣服进北平。”

二十则

当中央决定董必武担任中华人民共和国代主席时，他赋诗表达当时的心境：“新功未建惭高位，老本无多早啃完。”董必武一生孜孜不倦，却还嫌自己不够勤奋。他如此谦逊，令人非常敬佩。

二十一则

于右任分析清朝必亡的三恶因：民穷财尽，社会破产，国家破产。国有金，吝不与人，为他人藏。此其一。善不能举，恶不能退，得不能兴，害不能除。化善而作贪，使学而为盗。此其二。官中府中梦中，此哭中，彼笑中，外人窥伺中，宵小拨弄中，国际侦探金钱运动中，一举一动，一黜一陟，堕其术中。此其三。

二十二则

“王八蛋”是民间的一句骂人话。实际上，这个词语原来是“忘八端”。古代“八端”是指“孝、悌、忠、信、礼、义、廉、耻”，此八端指的是做人之根本，忘记了这“八端”也就是忘了基本的做人原则。长而久之，以讹传讹，传成了“王八蛋”。

二十三则

作家冯骥才：如果每一个纯真的人都变得油滑、老练而且精明了，那么整个社会就坏了。纯洁的人心里爱比较多，他不防备这个社会。人变得精熟之后，人和人之间全是算计、提防、怀疑，独独没有信任和真情，那么人回不去了，整个社会也就回不去了，我觉得“文革”最大的破坏就在这儿。

第十五辑

寓言警世

一　则

从前，有一只猴子手里拿了一把豆子，它不小心掉了一颗在地上。于是猴子扔下手里那些豆子，要去找丢掉的那一颗。丢的那颗还没有找到，原先扔下来的那些豆已经被鸡鸭吃光了。

二　则

从前，有只狮子在深山里捕到一只豺，将要吃掉它。豺见状急中生智，对狮子说："大王，你如能饶恕我，我给你送两头鹿来赎身，而且以后经常送来。"狮子很高兴。满一年以后，豺再无东西可以奉献，狮子对豺说："你害死的动物太多了，今天该轮到你死了。你还有什么想说的？"豺默不作声。狮子扑上前去就把豺吃了。

三　则

大月氏国人有个习惯，即用酥油煎麦子喂猪。马驹对母马说："我们为国王卖力，吃的却是草，喝的却是水。"母马答道："你是羡慕那些猪吃酥油煎麦子吗？要不了多久，你就会知道是怎么回事了。”过年了，家家户户杀年猪。人们把猪捆起来宰了，而后放入开水中褪毛剥皮。这时，母马对马驹说：“你还想吃酥油煎麦子吗？”马驹明白以前的想法错了，庆幸自己没有和猪一样。从此，即使马驹吃草时遇见了麦子，也自觉让开不吃麦子。

四 则

动物们召开大会，猴子因擅长跳舞被选为兽中之王。狐狸十分眼红，有一天它看见一只捕兽夹子里有一块肉，便把猴子带到夹子跟前说，它发现了这个宝物，但是自己没拿，把这当作体面的礼物留给兽王。猴子轻信了狐狸的话，被夹子夹住了。它责骂狐狸卑鄙无耻，可是狐狸却说：“唉，猴子，凭你这点儿智慧今后还想在众兽面前称王称霸？”

五 则

狗嘴里叼着一块肉渡河，它在水中看到了自己的倒影。狗断定这是另一条狗叼着一块更大的肉，于是它扔掉自己嘴里的肉，扑过去抢夺另一条狗的肉。结果它既失去了这块肉，也没得到另一块肉。

六　则

海上有座宝山，许许多多的宝贝错落地分布在其中，发出的白光非常明亮。有人得到一颗直径一寸的宝珠，坐着船回家。途中，狂风大作，巨浪滔天，船夫告诉他：“蛟龙想得到那颗宝珠，你得赶快扔到水里，不要连累船上的人。”那个得到宝珠的人舍不得丢弃，于是剖开大腿，把宝珠藏进去，这才风平浪静。此人回家后，把宝珠取了出来，但他大腿的肉已经溃烂了，不久即死去。

七　则

皇帝因为猫捕鼠有功，想封给它一个官，报答它的功劳。猫极力推辞，不肯上任。皇帝觉得奇怪。猫说：“臣如今还能做猫，但是一旦做了官，那么便连猫都不能做了。”皇帝不同意，一定要猫去上任。猫说：“臣发誓不能改变原来的品德，如果要我上任做官，非改变原来的品德不行。不然，同僚们都不得安宁。所以我不敢接受您的命令。”皇帝问是什么缘故，猫说：“老鼠向来怕猫，但如今天下做官的都是一帮鼠辈，如果臣上任做了官，一班同僚怎么能够心安呢？”

八　则

孽摇山上有一种鸟，一个身子九个头，一个头得到食物，其余八个头都来抢着吃，张着嘴互相争啄，弄得鲜血淋漓，羽毛飞落，吃到嘴里也不能下咽，结果九个头都受伤。野鸭看到后就讥笑说：“你们怎么不想一想，九个嘴吃下的食物不是都归到一个肚子里吗？为什么还要拼命争抢呢？”

九　则

一只狐狸发现一个结满果实的葡萄园，可是它太胖了钻不进栅栏。于是它饿了三天让自己瘦下来。狐狸终于进来了，尽情享受美味的果实。可是，一顿饱餐之后，它发现自己又出不去了，只好又三天三夜不饮不食。

十　则

母猫生了一只小猫，小猫很快长大了。一天，小猫问妈妈什么东西可以吃。母猫回答：“人自然会教你的。”天黑了，小猫来到一户人家，躲藏在瓦罐之间。主人见小猫来到屋里，告诫家人说："把酥油、奶酪和肉食全部盖好，把小鸡放在高处。别让那馋猫偷吃了。"小猫听见人们的对话，便知道小鸡、酥油、奶酪和肉食都是自己的食物。

十一则

一只鹦鹉飞落到某山，飞禽走兽们都对它敬重友善。鹦鹉虽然过得非常安乐，但是依然不愿久居，于是离开了。不久，山中发生了大火灾。鹦鹉在远处看到，急忙飞入河中沾湿羽毛，飞到山的上空，将羽毛上的水滴落去救火。天神对鹦鹉说："你虽然有这份心意，但这么微不足道的几滴水，怎能浇得灭那熊熊山火呢？"鹦鹉回答："我也知道杯水车薪，无济于事，但我毕竟曾经侨居此山，山中的禽兽善待我犹如亲人，我怎么能忍心看着它们葬身火海呢！"天神为之感动，立即扑灭了山火。

十二则

有一个仓库里流出许多蜂蜜，引来了一群苍蝇。它们嗅到蜂蜜香甜的气味，便一拥而上，争先恐后地抢食蜂蜜。可是当它们的脚被蜂蜜粘住后，便无法再飞起来。它们无可奈何地跺着脚说："咱们真倒霉！为了一时的满足竟断送了自己的一生。"

十三则

有愚人得到一棵隐身草，拿着它到集市上偷人家的钱，被人痛打。愚人说："任你打，反正你看不见我。"

十四则

郁离子住在山里，夜里有只野猫偷他的鸡，郁离子连忙追赶它，没有追上。第二天，仆人在野猫钻进屋里的地方安放了捕捉野兽的木笼，并用鸡做诱饵。野猫又来偷鸡，被困在木笼里，但它的嘴还死死地咬着鸡，爪子也紧抓着鸡不放，仆人一边打它一边抢鸡，可野猫至死都没有放开鸡。郁离子感叹地说："为利禄而死的人，大概也像这只野猫啊！"

十五则

在香桃木林里生活着一只百舌鸟，甜美的浆果常常把它的肚子撑得鼓鼓的。捕鸟人发现了它，暗中守候，把它抓到了鸟笼里。

临终之前，百舌鸟说：“我真倒霉！追求美食，却丢了性命。”

十六则

有一种叫猱的野兽，个子小善于爬树，爪子很锋利。老虎头上痒的时候，就常常让猱爬到它头上搔痒。时间长了老虎的头被搔出一个洞。老虎只图止痒舒服痛快，一点儿也不觉得危险。猱就悄悄地吸取老虎的脑浆，还剩下一点儿差的，把它奉献给老虎说：“我偶然得到一点儿荤腥，不敢独自享用，献给您吧。”老虎称赞说：“猱真是忠心耿耿啊，竟然连好不容易得到的荤腥都拿来献给我。”老虎吃完了还没感觉到是自己的脑浆。时间长了，老虎的脑子被吃空了，疼痛发作，要找猱算账，已找不到它的踪影了。老虎翻腾蹦跳，大声吼叫着死去了。

十七则

有个寡妇养了一只母鸡，母鸡每天都下一个蛋。寡妇心想，要是给母鸡多喂点儿食物，它就会每天下两个蛋。于是，她这么做了。可是这样一来，母鸡身体发胖，完全停止了下蛋。这则寓言说明，贪心不足、老想多吃多占的人往往会把已经拥有的也失去。

十八则

有个人特别崇敬赫耳墨斯，为此赫耳墨斯送给他一只会下金蛋的母鹅，但是这个人等不及慢慢发财。他断定鹅的肚子里全是金子做的东西，于是他毫不犹豫地把鹅宰了。结果他大失所望，而且从此以后他连金蛋也得不到了，因为他在鹅的肚子里只找到了它的内脏。贪财的人往往都是这样，贪图大利，最后却丢失了已经拥有的东西。

第十六辑

物喻象征

一　则

梅花是中国十大名花之首，与兰花、竹子、菊花一起列为“花中四君子”，与松、竹并称为“岁寒三友”。中国传统文化以“梅能傲雪”来隐喻不畏强权，象征坚持原则。“宝剑锋从磨砺出，梅花香自苦寒来”，这句话体现出梅花在艰苦的生存环境下顽强的生命力，面对苦寒的环境仍抱有坚毅刚正、傲骨不屈的品性。毛泽东一生钟爱梅花，他在《卜算子·咏梅》中写道：“俏也不争春，只把春来报。”写出了梅花与世无争、修身自持的高洁操守。

二　则

兰花是君子人格的象征，具有高洁、典雅的特点，与梅花、竹子、菊花并列，合称“花中四君子”。孔子十分钟爱兰花，《孔子家语》中记载：“芝兰生于深谷，不以无人而自芳。”兰花不择地而生，无论深山穷谷，还是堂前庭阶，都能出现兰花的身影。孔子从卫国返回鲁国的时候，在一个幽谷之中看到兰花在杂草中独自盛开，于是写下“夫兰当为王者香，今乃独茂，与众草为伍”，后来人们把兰花的香气称为“国香”“王者香”，就与此有关。康熙写下《咏幽兰》："婀娜花姿碧叶长，风来难隐谷中香。不因纫取堪为佩，纵使无人亦自芳。"兰香优雅，甘于寂寞，与君子不为时移、不为世易的操守相契合。

三 则

竹是虚心坚贞的美德象征。竹子中空外直、宁弯不折，蕴藏着虚心向上的韧性和智慧；生而有节、竹节必露则是高风亮节的象征。《诗经》开创了以竹喻人的先河，里面写道："瞻彼淇奥，绿竹猗猗。有匪君子，如切如磋，如琢如磨。"这说明古人早在春秋时期就将竹子视作君子的象征。到了唐朝以后，竹子清正有节、虚怀若谷的品格更加被强调，并引入社会伦理范畴，最终成为君子贤人的化身。清代郑燮《竹石》诗最为有名："咬定青山不放松，立根原在破岩中。千磨万击还坚劲，任尔东西南北风。"作者歌颂扎根乱石、破土而出的竹子精神，以此教育人们直面挫折和挑战。

四 则

菊花清亮悠闲，颇有隐逸清高的君子之风。菊花作为人格象征始于屈原，他在《离骚》中以菊花言志，“朝饮木兰以坠露兮，夕餐秋菊之落英”，表明自己宁愿遭受放逐，也不愿意与恶势力同流合污的高洁品行。陶渊明在《饮酒·其五》中写下“采菊东篱下，悠然见南山”，表明自己的淡泊名利之心，在他的笔下，菊花有了隐逸的寓意。南宋崔与之酷爱菊花，号“菊坡先生”。他在朝为官几十年，从不以权谋私。辞官回乡后，就在凤凰山边的住所种下了很多菊花。后来一些官员带着礼品登门拜访，崔与之便会带他们欣赏菊花，以菊花表明清廉之志。皇帝知道后，就派人将题有“菊坡”二字的牌匾赐予崔与之。

五 则

莲花代表积极入世、勇敢面对污浊的人生态度。“莲”与“廉”谐音，又曰“青莲”，与“清廉”同音。因此荷花被赋予了廉洁的寓意。《群芳谱》记载：“百节疏通，万窍玲珑，亭亭物表，出淤泥而不染，花中之君子也。”莲花中心通透，枝蔓笔直，在儒家思想里有“中正”的意思。“中正”是君子在红尘之中追求的人生境界，诗人屈原在《离骚》中写下“制芰荷以为衣兮，集芙蓉以为裳”，就是用荷花表达自己对美好人格的向往。周敦颐在《爱莲说》里夸赞莲花：“予独爱莲之出淤泥而不染，濯清涟而不妖。”莲花含蓄内敛而不张扬，在污浊环境之中洁身自好，寓意古代知识分子对于人格境界的坚守。

六　则

在中国传统文化中，松树是高洁的象征。在众多植物当中，松树的地位很高，被人们称为“百木之长”。孔子曾赞叹道：“岁寒，然后知松柏之后凋也。”松柏抗寒耐冷，体现了其坚韧不拔的高洁品格。由于松树对土壤、气温等环境因素的要求并不高，能够在不同时节的环境下生存，因此松树在霜威之下依然长青。南朝诗人范云在《咏寒松诗》中写道：“凌风知劲节，负雪见贞心。”陈毅元帅有诗句“大雪压青松，青松挺且直”。这些诗句歌颂松柏坚贞不移的高尚节操，启示人们要保持初心，砥砺人品。

七　则

白菜是老百姓家里常吃的蔬菜，具有平凡朴素、清淡寡欲的象征意义。明代万历年间的江西铅山县县衙里，曾经立过一块石碑，上面画了一颗大白菜，旁边还刻着两行字：“为民父母，不可不知此味；为吾赤子，不可令有此色。”意思是当官的人要多吃白菜，过与普通百姓一样的生活；老百姓不能面呈菜色，要过上温饱的生活。这是当时的县令笪继良特意立在衙门里的，旨在告诫自己要时刻关心百姓疾苦。他在铅山任县令期间，两袖清风，勤于政务，当地的百姓都很喜欢他。清末画家吴昌硕也非常喜欢白菜，他曾画过一颗大白菜，题字：“咬得菜根，定天下事，何不可为？”以咬白菜根比喻坚守自持，升华出始终如一的人生操守。

八　则

豆腐象征清白正直的品格，民间有歇后语“小葱拌豆腐——一清二白”。豆腐是西汉淮南王刘安发明的。由于口感清淡不腻，豆腐曾经长期被道士和僧人作为主要食品。清代诗人胡济苍曾经写下这样的诗句：“信知磨砺出精神，宵旰勤劳泄我真。最是清廉方正客，一生知己属贫人。”在文人眼里豆腐诞生于磨盘的磨砺之下，制作豆腐需要起早贪黑十分辛苦。在经受泡发、磨浆、滤渣、烧制、挤水等一系列繁杂的程序之后，成型的豆腐颜色白嫩、方方正正、口感清淡，犹如一个清白正直、刚正不阿的君子。因此，豆腐也被视为清廉的象征，受到了许多文人雅士和官员的喜爱。

九 则

獬豸（xièzhì）是古代中国神话中的一种独角兽，又称“直辨兽”“触邪”。体型最大的接近牛，最小的也有羊一般大小。相貌类似麒麟，两只眼睛明亮有神，额头上有一个角。在人们产生矛盾和争执的时候，獬豸能用角指向无理的一方，甚至将罪该万死的人用角抵死，令犯法者不寒而栗。据说帝尧的刑官皋陶就饲养过这种神兽，只要遇到难以判断的案件，就放出獬豸进行辨别，每次都能作出公正的裁决。在传统文化中，獬豸是执法公正的化身。

十 则

鹓鸲（yuānchú）是《山海经》中记载的一种神鸟，常被用来比喻德才兼备、声望较好的人。庄子就曾经用鹓鸲来自喻。有一次，庄子去看望魏国的相国惠施，有好事的小人跑到惠施面前说：“庄子来到我们魏国，其实是想取代您相国的位置。”惠施听后十分害怕，便命人在国都搜捕了三天三夜。庄子对惠施说：“南方有一种叫鹓鸲的鸟，你听说过吗？这种鸟从南海起飞，能够一直飞到北海。他只挑选梧桐树作为栖息的地方，不是竹子的果实不吃，不是甘甜的泉水不喝。这时候，鹓鸰正从一只鸥鹰面前飞过，鸥鹰衔着充满臭味的死老鼠，看到鹓鸰后发出‘喝’的怒斥声，唯恐鹓鸰抢它嘴里的死老鼠。魏国相国之位对于我来说，不过是一只死老鼠罢了，你怎么拿它来“喝”我呢？”庄子自比鹓鸰，将惠子比作鸥鹰，把功名利禄比作腐鼠，表明淡泊名利的立场态度和对权力的蔑视，借此讽刺追逐名利的行为。

十一则

饕餮（tāotiè）在《山海经》里被称作“狍鸮（páoxiāo）”。它长着羊的身体，人的面孔，眼睛长在胳肢窝里，还有老虎的牙齿和人手一样的爪子，叫的声音如同婴儿。按照《左传》等书的记载，饕餮是缙云氏不成器的孩子，暴饮暴食又贪婪。他跟帝鸿氏家的浑敦、少昊氏家的穷奇、颛顼氏家的梼杌都是有名的坏人，合起来被称为“四凶”。舜执政的时候，把“四凶”流放到边缘地带，让他们抵御各个方位的鬼族。在历史典籍中，饕餮的形象很不好。它在饮食方面不知道节制，还特别贪财，欲望从来不会满足。仓库里堆积的财物无穷无尽，它却从不拿出来救济贫苦百姓。不少出土的殷商青铜器上有饕餮纹，以此来提醒王公贵族警惕和控制自己的欲望。

十二则

凤凰在中国古代神话中是百鸟之王。凤凰作为一种神鸟，有雌雄之分。雄鸟为凤，雌鸟为凰。据《山海经》记载，凤、凰二鸟的形状类似于鸡，全身散发着五彩光芒。凤凰身上的羽毛显示五种花纹，象征着“仁、义、礼、智、信”。这些内容既是君子为人处世的行为标准，也是社会和谐稳定的道德基石。《异物志》记载：“鸣曰天下太平，王者见则天下安宁。”因此，凤凰也被认为是河清海晏、天下太平的祥瑞之兆。民间传说，凤凰栖息在高高的梧桐树上，喝着干净的泉水，吃着精美的练实（竹子开花后结的果实），具有完美的品格。

十三则

鹤的外形飘逸清雅，鸣声嘹亮不俗，在古代是德才兼备、圣洁高尚的象征。《诗经》对鹤进行了最早的描写：“鹤鸣于九皋，声闻于野。”这首诗表达了君主求贤纳才的愿望，同时将那些品行高洁的有识之士比作“九皋之鹤”。后世“鹤鸣之士”就被用来形容那些才富五车、声望极高但还没有出仕的人。宋代名臣赵抃为官期间勤于政事，为人清正廉洁。他最喜爱的动物便是鹤，他在走马上任之时，除一琴一鹤外，别无其他行装，被后世传为佳话。由人及物，鹤逐渐成为清廉高雅的官场符号。清代，一品文官的官服上就绣着白鹤的图案，因此鹤也被人们称为“一品鸟”，作为高官的标志，鹤也被赋予了“忠诚廉洁”“人格崇高”的内涵。

十四则

牛在十二生肖中代表勤奋正直、无私奉献，牛对人们的影响不仅表现在生产、习俗方面，更体现在对中华民族内在精神的塑造上。陆游曾作一首《饮牛歌》：“门外一溪清见底，老翁牵牛饮溪水。溪清喜不污牛腹，岂畏践霜寒堕趾。”表达不愿意为世俗所玷污的志气，展现了正直清高的人生态度。鲁迅先生的《自嘲》也用牛自比：“横眉冷对千夫指，俯首甘为孺子牛。躲进小楼成一统，管他冬夏与春秋。”以此抒发自己的家国情怀和奉献精神，表明不论身处的环境有多么肮脏恶劣，自己的立场和志向都不会改变。

十五则

蜻蜓的“蜻”与“清”字读音相同，寓意着清正廉洁。蜻蜓喜欢在潮湿的地方生活，在野外的水塘或者河边比较多见，在飞行的过程中时常会用尾部在水面或污泥上轻点，但是本身却不被污泥所沾染。因此，人们认为它能够保持自己的纯洁，是为官清廉的象征。另外，蜻蜓属于益虫，主要以蚊子、苍蝇等各类害虫为食，延伸到官场文化中，蜻蜓就有为民除害的含义。蜻蜓不惧风浪、悠然自得的精神很早就受到人们的赞誉。传统社会的官员常佩戴玉石雕刻的蜻蜓，以此警醒自己要为民除害。

十六则

蝉生活在高高的树上，人们认为它具有风餐露宿、品性高洁的气质。《史记·屈原贾生列传》中说："蝉蜕于浊秽，以浮游尘埃之外。"蝉在从幼虫生长到成虫的过程中，始终生活在污泥败叶之中，直到脱壳化成蝉时，才爬上树木枝头栖息。在古人眼里，它只饮露水树汁而不食人间烟火，因此常用其来比喻人之高洁的品德。唐代诗人虞世南写下一首《蝉》："垂緌饮清露，流响出疏桐。居高声自远，非是藉秋风。"他以蝉自比，暗喻自己立身高洁，不需要凭借外在势力，也能够美名远扬。蝉能栖高饮露水，人也应该坚守远大理想，不攀附权贵。

十七则

蜜蜂具有无私奉献的精神和品格。蜜蜂每天早出晚归，采花酿蜜，乐于奉献。同时，蜜蜂洁身自好，它们时刻保持警惕，蜂巢里一旦进入了不干净的异物，蜜蜂总能及时将它们清理出去。唐代诗人罗隐写过一首《蜂》：“不论平地与山尖，无限风光尽被占。采得百花成蜜后，为谁辛苦为谁甜？”这首诗讽刺当时黑暗腐朽的社会，贪官污吏不劳而获、坐享其成，压榨底层的劳动人民。宋代学者姚勉也写过《咏蜂》：“百花头上选群芳，收拾香腴入洞房。但得蜜成甘众口，一身虽苦又何妨。”“蜜蜂精神”象征着中华民族注重躬身实践、强调慷慨奉献的民族精神，强调以无私奉献为荣，以无止境地索取为耻。

十八则

甘草作为一种辅药、调和药，象征着团结互助、不计名利的绿叶精神。《本草纲目》中记载了甘草的效用：“协和群品，有元老之功；普治百邪，得王道之化。赞帝力而人不知，敛神功而己不与，可谓药中之良相也。”唐代医家甄权曾说：“诸药中甘草为君，治七十二种乳石毒，解一千二百般草木毒，调和众药有功，故有国老之号。”甘草被赞誉为药中“元老”和“国老”，可见甘草地位之高。甘草因其可调和各种草药的药性，而又有着解毒的功效，于是在药语里有调和百味、守正清廉之意。甘草象征着和谐、团结奉献，引申到工作、生活中，则是提醒我们要树立功成不必在我、成功必定有我的价值观，做到勇担重任而不沽名钓誉，甘于平凡却不碌碌无为。

十九则

朱砂有清心镇惊、安神防腐的功效，具有清心寡欲、防腐拒变的内涵。民间传说朱砂可以驱邪避邪，道家用朱砂来画符咒，将其当成驱除妖魔鬼怪的制胜法宝。驱邪本是一种封建迷信的说法，但从黄帝内经的五行六气理论及传统的阴阳五行观点来看，心主神明，心含君火，心阳旺盛则神明宣畅，君火明亮。朱砂是至阳之物，用它来驱除体内的阴邪之气，可以达到消除燥热、心神安宁的效果。朱砂药性可镇静安神，使自己冷静下来，有克己修身的意义，因此传统拜师礼仪中就有“正衣冠、点朱砂”的习俗，寓意学生能够尊师重道，认真学习。古人讲：“近朱者赤，近墨者黑。”朱砂以清正的品格影响他人，达到正己化人的目的。朱砂承载了清心寡欲、防腐拒变的文化内涵，与坚守信仰、保持廉洁的品行有相通之处。

二十则

玉象征着廉洁清高，洁身自好，不染俗世。古之君子佩玉，不光是简单的装饰展示外在美，更重要的是，表现君子的精神境界和自我修养。佩玉的初衷，就是提醒自己用玉的清白品质来要求自己，从而规范人的道德，约束人的行为。南北朝时期，东魏的大将军高洋，篡夺了元氏宗室的天下，建立了北齐政权，他害怕皇位被夺走，准备将元氏族人赶尽杀绝。消息传出后，元氏族人都非常害怕。有人说："我们要想保住性命，以后就不能再姓元了。"族里有个叫元景皓的人很有骨气，宁死不改姓。他说："岂得弃本宗，逐他姓？大丈夫宁可玉碎，不为瓦全。"高洋听说后，立即将元景皓斩首。元景皓坚贞的品格受到了时人的钦佩。后来"宁为玉碎，不为瓦全"变成了成语，用来比喻宁愿为正义的事业而死，决不苟且偷生，保持自己的清白和本心。

二十一则

在中国传统文化中，天是公正无私、惩恶扬善的象征。古代对于天的理解有多重含义：既有自然之天的意思，也有对神明的敬畏，还有用青天来比喻清官的说法。盘古开天辟地的神话传说，对“天”的产生进行过阐述：“清气上升为天，浊气下降为地。”自生成之时，天就代表了清明之气的凝聚。孔子道：“天无私覆，地无私载，日月无私照。奉斯三者以劳天下，此之谓三无私。”古人认为上天有好生之德，天地能够公平对待一切人，能够善待一切生命。天道循环，报应不爽，上天在因果轮回之中实现抑恶扬善。后来，老百姓将为民除恶、主持正义的清官比作“青天”，将清官好官称为“青天大老爷”。历史上著名的清官，如宋代包拯和明代海瑞，在百姓心目中威望很高，都有“青天”之称。

二十二则

古人抬眼仰望皎洁明月，月光纯净清亮、不媚不俗正是清正廉洁的象征。月亮在我国有多种雅号和美称，如“冰轮”“婵娟”“玉桂”“玉盘”“广寒宫”等。宋代张孝祥的《念奴娇·过洞庭》中写道：“素月分辉，明河共影，表里俱澄澈。悠然心会，妙处难与君说。应念岭海经年，孤光自照，肝胆皆冰雪。”词人用孤独且明亮的月光比喻自己高洁的人品。清代郑燮因为得罪权贵而被迫离任时，“一肩明月，两袖清风”，仅有一个书童为他挑着两箱子书同行。在传统文化中，月亮代表对崇高理想的追求，人们应该从月亮的万里清辉中汲取廉洁养分，常常警醒自己，干干净净做人，清清白白做事。

二十三则

铜镜的创造和使用始于黄帝，据《轩辕黄帝传》记载，“帝因铸镜以像之，为十五面，神镜宝镜也”。古人认为，铜镜之光来源于日月光辉，能够镇压邪恶的东西，于是道家将其作为“照妖镜”，成为驱邪避魔的重要法器。有的铜镜外表华丽，深受皇家帝王喜爱，还被当作礼物送给群臣。唐玄宗曾作《千秋节赐群臣镜》，言：“铸得千秋镜，光生百炼金，分将赐群后，遇象见清心。”他铸造铜镜赐给群臣，告诫大臣要为政清廉，公正做事。成语“明镜高悬”，多用于称赞为官清廉、办案公正。“以铜为镜可以正衣冠”，我们心中也应该有一面“铜镜”，时刻给自己照照镜子，“正其衣冠，尊其瞻视”，警醒自己要知敬畏、守底线，构筑起不敢腐、不能腐、不想腐的思想堤坝。

二十四则

玉壶又称“冰壶”，“冰心玉壶”在古代常被用来比喻人的品行高洁。玉壶的象征意义最早产生于南北朝时期，鲍照在《代白头吟》中写道：“直如朱丝绳，清如玉壶冰。”鲍照借玉壶表明自己正直、高洁的品行。从此，玉壶便有清正廉洁的含义。唐代名相姚崇曾写过一篇《冰壶诫》，告诫官员要清廉自守、修身养德。文中写道：“冰壶者，清洁之至也，君子对之，示不忘乎清也。夫洞澈无瑕，澄空见底，当官明白者，有类是乎？故内怀冰清，外涵玉润，此君子冰壶之德也。”大诗人王昌龄也曾写下一首家喻户晓的送别诗：“寒雨连江夜入吴，平明送客楚山孤。洛阳亲友如相问，一片冰心在玉壶。”他当时正遭受谤议，在送别挚友之际，以冰心玉壶自明心迹。不论做人还是为官，我们都要学习冰壶之德，内心澄澈，外表洁白，做到表里如一。

二十五则

鞭是中国古代的一种短兵器，起源于春秋战国时期。到了唐宋时期，打王鞭成为由皇帝授予大臣的一种特权象征，先皇死后，为防止皇位继承人昏庸无道，肱骨老臣可用其上打昏君，下打奸臣。殷商太师闻仲手里就有一个打王金鞭。闻仲是殷商的太师，作为三朝元老，为王国立下了汗马功劳。纣王的父亲帝乙临终前赐给闻仲打王鞭，有托孤之意，纣王虽任性妄为，但对闻仲手中的打王鞭却十分忌惮。据《说唐后传》记载，李世民曾授予尉迟恭一个打王鞭，打王鞭上刻有“上打昏君无道，下打文武不忠，神人万不能回避，神尧高祖亲封”的字样。尉迟恭戎马一生，屡立战功，为人一身正气，纯朴忠厚，后来与秦叔宝在民间被尊为驱鬼避邪、祈福求安的“门神”。打王鞭就成了正义的象征，对贪官污吏、昏君奸臣可以起到震慑作用。

二十六则

龙头拐杖是皇帝赐给战功赫赫的大臣的一种兵器，一般由女性来执掌，当作仪仗来使用，是地位的象征。在封建社会中，龙的图案和装饰是皇族的专属特权，其他人如果使用，便会被视同谋反。如果能被皇帝赐予一根龙头拐杖，其在朝廷的地位不言而喻，上到天子下到群臣，都要对其持有者格外尊重。在杨家将的故事里，天波府的佘太君因为杨家战功赫赫、满门忠烈，开国皇帝赵匡胤便赐予了她一根龙头拐杖。有了龙头拐杖，佘太君在朝堂之上便可以不对皇帝行跪拜之礼，甚至可以坐在皇帝面前，在注重君臣之礼的宋代，这是巨大的荣誉。赐杖时，宋太祖就授予佘太君“上打昏君，下打奸佞”的权力，意在对朝廷的官员们起到警示和劝诫的作用。

二十七则

尚方，是古代掌管御用器物的官署，尚方宝剑原意是指皇帝收藏在尚方的剑。尚方宝剑在汉代被称为“尚方斩马剑”，到了明代被简称为“尚方剑”。皇帝将尚方宝剑赐给信任的大臣，赋予了他们先斩后奏等代表皇权的至高权力。据《前汉书·朱云传》记载，朱云曾上书皇帝：“臣愿赐尚方斩马剑，断佞臣一人以厉其余。”明代开国大臣刘伯温也曾说：“先封尚方剑，按法诛奸佞。”实际上，皇帝赐给钦差大臣尚方宝剑，让其代表皇帝到地方巡察，官员见此宝剑如面见天子，这体现了一种皇权至上的治国观念。钦差大臣完成任务后，往往要交回尚方宝剑。在民间话本、戏剧和传说中，每当皇帝昏庸，忠奸相斗于朝堂之上时，忠臣总会拿出尚方宝剑除暴安良，惩治贪官污吏。于是，尚方宝剑就成了百姓对公平和正义的寄托。

二十八则

北宋包拯为官清廉，办案如神，百姓们称他为“包青天”。据说在开封府里放着三把铡刀，这三把铡刀犹如尚方宝剑一般，具有先斩后奏的权力。龙头铡，敢斩皇亲国戚；虎头铡，专斩贪官污吏；狗头铡，能斩恶霸乡绅。三把铡刀锋利程度是不一样的，其中狗头铡最锋利，龙头铡最差，虎头铡介于两者之间。龙头铡是专门为王公贵族准备的，他们享受荣华富贵，本应该遵守法纪，若犯法则应受到严惩。因此，龙头铡最不锋利，一刀斩不死，更加痛苦折磨人，以起到警示作用。虎头铡是惩治贪官污吏的，也不能太锋利，他们欺压百姓、知法犯法，必须予以警示。狗头铡惩治地痞恶霸，最为锋利，他们横行乡里，一刀下去人头落地，大快人心。这三把铡刀是刚正不阿的象征，对官吏起到了警示和惩戒作用。

二十九则

河南省伊川县半坡镇孙村保存着一块历经沧桑的石头，它被叫作“清廉石”。每当村民们看到这块石头，便会肃然起敬。据说在道光年间，村里有位秀才名叫孙克贤，他刻苦读书，最后考取功名，在外地做了官。在二十多年的官宦生涯中，他始终兢兢业业，清廉自守，坚决不拿百姓一分一厘。孙克贤卸任回乡之时，只见他用牛车拉回来一个沉重的木箱。乡亲们都以为他藏了满箱的金银珠宝，结果当打开箱子里的红布包裹时，却发现里面只有一块普普通通的上水石。除此之外，别无他物。村民们顿时对他肃然起敬，十里八乡的村民们听说了，都纷纷前来观看。后来，这块石头被村民称为“清廉石”，被摆在村里的供桌上，以告诫孙家村的后人，为官一任，当清正廉洁，为民谋福。

后　记

本书名为《廉洁文化微阅读》。所谓“微”，一是“精微”。凡是浓缩的都是精华，现代人习惯于阅读短小精悍的小片段，所以在编写过程中尽量追求简约，每段文字量控制在150字左右。二是“见微知著”。本书所选，或思想或制度或故事或诗词，都是人类廉洁文化集体记忆中的一鳞半爪，但其背后是冰山一角下面的全部。古人云“一叶知秋”“窥一斑而知全豹”，一册在手，随便翻翻，即可以对廉洁文化的历史知其大略。三是“微言大义”。这些小片段，言微而旨深，包含历代清官廉吏的嘉言懿行以及前贤追求善政、廉政的忧国忧民情怀，既感人至深，又发人深省。篇幅虽小，力图提供的正能量却大。

近年来，党风廉政建设和反腐败斗争成为全社会关注的热点，学术界也有诸多有心人从各个学科进行了卓有成效的研究，其艰巨性、复杂性、长期性越来越成为共识。我于2009年初，在杨礼宾教授的带领下进入南通廉政文化研究所从事相关研究。南通廉政文化研究所是国内成立较早的廉政文化研究机构，现更名为南通廉政研究中心，它的学术委员会集中了李成言、包心鉴、任建明等一批该领域研究的顶尖学者，我在他们的影响下逐渐从中国哲学史的研究转向传统廉洁文化的研究。在近15年的研究过程中，我阅读了大量文献，深感廉洁文化是人类政治文化的重要组成部分，感到如何向广大党员干部、青少年学生乃至社会各界群众普及优秀的廉洁文化，有很多事情可以做。我一直想给喜欢廉洁文化的读者编写一本小册子，让他们茶余饭后或工作间隙随便翻到任何一页，都能津津有味地读下去，希望这本书能够达到这个要求。

本书虽然是一本编著，但花的功夫却称得上披沙拣金，从纸质文本到电子文本，在浩如烟海的古今中外各类著述中寻找熠熠生辉的某个片段，难度确实很大。有时候，一本书里能找到一两条满意的素材就很不错了，而且越往后越难找，我常常为找到一条新的资料而欢呼雀跃不已。

本书主要从古代典籍中截取素材，再编写成富有阅读趣味的小短文，也有借鉴参考时贤著述之处，限于体例，没有一一注明，在此表示感谢。

成云雷

2024年5月

目　录

第一章　创造性思维的训练

第一节　逻辑思维法

在人类社会发展的长河中，为了更好地适应环境的发展和变化，人们不断改变自己的生存方式。在这个过程中，人类的思维方式和思维方法也在不断的发展变化中逐渐成熟。在日常学习、工作和生活中，如果能够掌握一些关于思维方法的基本知识和常用方法，就能够用这些思维方法去思考和解决问题。使用不同的思维方法对同一事物的理解会不同，事情的结果也就不同。因此，可以说，思维方法是一把万能的金钥匙，它能够开动人们的智慧和想象，能对生活中出现的各种具体而繁杂的工作给予指导，用与以往不同的思维方式解决实践中遇到的各种问题。所以，学习并掌握这些方法会影响每个人的思维方式，提高工作效率，这就是学习思维方法的现实意义。

一、逻辑思维的概念

有人认为，所谓思维方法，就是指人们围绕思维目标对各种问题进行思考的方法，是人们实现工作目标的桥梁，也是人们进行经济和一切社会活动必不可少的工具和手段。也有人认为，思维方法是指帮助人们完成一定目标和任务的思维。2005 年4 月，时任国家主席胡锦涛在参加雅加达亚非峰会时提出，亚非国家应“推动不同文明友好相处、平等对话、发展繁荣，共同构建一个和谐世界”。胡锦涛提出的和谐世界理念，就是他对这个时期亚非国家应该关注和完成的具体目标的概括，是他在这个时期处理外交关系的理念和思维方法。同年9月，胡锦涛在联合国成立60周年首脑会议第二次全体会议上，发表了题为《努力建设持久和平、共同繁荣的和谐世界》的重要讲话，全面阐述了“和谐世界”的深刻内涵。2006年8月，胡锦涛指出：“推动建设和谐世界，是我们坚持走和平发展道路的必然要求，也是我们实现和平发展的重要条件……”这种提法带有鲜明的中国特色，是他对中国外交之路的思维方式的体现，是对世界的贡献。

运用逻辑思维的人，遵循传统形式的逻辑规则，并拥有适合自己思维习惯的思维方式。通常所说的逻辑思维，符合某种思维规则和思维形式，所以，也常被称为“抽象思维”或“闭上眼睛的思维”。人们围绕特定思维目标进行思考时要经历不同的阶段，一般先经历感性阶段，后经历理性阶段。感性思维阶段是人脑思维的初级认识阶段，主要是感知周围的环境和事物，是人脑的一种感性活动，对世界的认识也处在无法定义和理解的信息搜集阶段。而当思维主体把感性认识阶段获得的关于事物的认知信息材料整理抽象成概念，就进入了理性的逻辑整理阶段。此时思维主体运用概念进行判断，并按一定的逻辑关系进行推理，从而产生新的认识，这个阶段就是人们进行思考的理性活动阶段，是具有规范、严密、确定等特点的逻辑思维过程。

创新性过程中运用的逻辑思维方法，是思维主体在认识过程中借助文化创意的各种知识元素、文化元素和相关的学科知识，并运用概念、判断、推理的逻辑方法能动地反映客观现实和创造出新的文化现象的思维过程和方法。

在文化创意逻辑思维这一过程中，思维主体借助于各学科概念的相互联系和转化构成概念系统进行判断和推理，达到对文化现象本质的把握，实现人们满意的结果。这个结果就是文化产业的创意产品，通过对文化创意产品的展示，人们利用逻辑思维方法的整个过程便实现了文化创意产品化的转换。

在文化创意的过程中，思维主体所运用的逻辑思维方法不是一成不变的，有时会受到一定的环境影响，甚至周围的环境变化会直接给文化创意思维主体带来灵感。因此，文化创意思维主体也是在不断学习与实践的过程中，实现文化创意的思维过程的。创意过程中，思维主体借助周围的环境变化不断产生新的想法，不断变化并运用新的思维方法。

2008 年 10 月 28 日，国外媒体报道中提及的一份研究报告令世人震惊：互联网正在改变人类的思维方式，同时也在提高人类做出果断判断与大量资讯过滤的能力，且人脑在使用网络搜索时的活跃度要显著胜于从书本中获取。http://www.techweb.com.cn/world/2008-10-28/372977.shtml. 美国加利福尼亚大学记忆与年龄研究中心（Memory and Ageing Research Centre）负责人加力·斯茂（Gary Small）选取 24 名志愿者做了一项相关实验，实验结果显示，浏览网页可以有效地刺激志愿者的前脑、太阳穴、大脑扣带脑皮层等部位，且测试者中年轻人比年长者效果更加明显。斯茂认为，虽然电脑能显著地刺激大脑组织，但也应避免对其的过度使用。随着数码科技的飞速发展，青少年在电脑、手机和游戏机的陪伴下成长起来，他们的大脑要比年长者更加具有可塑性和延展性。正因如此，下一代将更能适应生活环境，也将真正意义地掌握科学技术并将其变成一项生存本能，他们将有较高的经济成功率，且其后代的境况也将胜于现在。同时，斯茂表示，数码科技的普及将在一定程度上左右人类漫长的进化进程。虽然斯茂发表在《美国老年精神病学》杂志上的研究成果遭到不少反对者的质疑，但新科技已经深入我们的生活中并影响着人们的思维方式已是事实。特别是在文化创意产业发展迅速的今天，人们的思维方式在网络等新科技产品的影响下发生了深刻的变化。

在文化创意过程中，思维主体所运用的逻辑思维方法，与一个人长期形成的思维习惯有关，但也可以通过经常性的锻炼来改变和提高原有的逻辑思维模式，达到培养和训练逻辑思维的目的。逻辑思维能力的训练是一种有目的、有计划、有系统的活动。人的天性影响思维能力，但后天的开发与训练对思维能力的影响更大。许多研究成果证明，后天环境能够对一个人的思维能力和思维方法产生深远的影响，甚至在很大程度上可以颠覆一个人已经形成的思维模式。由此可见，思维训练对于人们后天思维的影响是巨大的。

文化创意产业从业者要拥有独特的逻辑思维方法，并通过经常性的思维能力训练改善思维品质，提高思维能力。在文化创意过程中，思维主体通过不断训练，在实际中把握住思维品质，进行有的放矢的努力，便能够创造出新的文化创意产品。文化创意过程中运用的逻辑思维虽然看不见，摸不着，但它却实实在在地存在于文化创意主体的整个思维过程中，是人脑对文化创意间接概括与反映的重要工具。

二、文化创意中逻辑思维的基本要求

在文化创意的过程中，思维主体所运用的逻辑思维方法是在实践的基础上提炼出来的，所以，要求文化创意从业者在实践中不断提升和不断适应新的环境，并将新的创意元素融合到文化创意产品中去，从而创造出令人满意的文化创意产品。因为文化创意过程中所运用的逻辑思维是建立在文化基础上的创新思维，所以，创意过程中要依靠思维主体的智慧、技能和天赋，并借助于高科技手段来对文化资源进行创造与提升，通过对知识产权的开发和知识资源的利用，生产出高附加值的创意产品。这是一个复杂的思维过程，因此也对文化创意从业者提出了以下几点要求。

1. 文化创意从业者要拥有丰富的科学文化知识

文化创意产业作为一种特殊的文化形态和特殊的经济形态，打的是文化牌，文化是该产业存在和发展的基础。文化创意产品以文化、创意理念为核心，体现的是文化的底蕴，是一个国家和地区文化的集中体现。我们知道，任何一种文化创意活动都必须在一定的文化背景下进行，这种创意并不是对传统文化的简单复制，而是依靠人的知识、灵感和想象力，借助于高科技对传统文化资源的再提升。因此，丰富的科学文化知识对文化创意思维主体的思维方式会产生非常大的影响。

2. 文化创意从业者要有更为活跃的思维，具备创新能力

文化创意产品是在一定的时代背景下产生的，它具

有与时代紧密联系的特征，因此，文化创意思维主体要有更为活跃的思维，能够结合时代的特点，融合时代的元素，运用知识和理论，在实践活动中不断创新，创造出具有时代特征的文化创意产品。正是这些思维意识的综合作用，才能将文化创意逻辑思维的结果物化为看得见、摸得着的文化创意产品。

3. 文化创意从业者要有较强的理解能力和集体协作的意识

在文化创意过程中，思维主体运用的逻辑思维是一个复杂的思维现象，它不仅需要思维主体拥有丰富的科学文化知识，还需要将对相关的信息技术、传播技术和自动化技术等方面知识的理解在碰撞与融合中升华，创造出高知识性、智能化的文化创意产品。例如，广播、电视、电影等产品的创作过程，正是文化创意逻辑思维主体在大脑中的一个复杂的思维过程，是用文字、声音、图片、视频等形式将逻辑思维与形象思维结合而产生的高附加值产品，其中更是融合了光电技术、计算机仿真技术等科技知识。

在文化创意过程中，思维主体运用的逻辑思维法与通常所说的逻辑思维方法有着很多的相似之处，但它也有自己独特的特点。一般性的逻辑思维具有归纳、判断和演绎推理的特征，主要着重于揭示事物的本质。演绎推理的逻辑特征需要建立在一定的前提下，如果前提是真的，那么在按部就班地推理后，结论一定是真的，是必然性推理。非演绎推理的逻辑特征为如果前提是真的，推理后得到的结论却不能保证是真的，是或然性推理。

在文化创意过程中，思维主体运用的逻辑思维法是在文化和创意两个方面的基础上进行的复杂的思维过程，所以这就对文化创意从业者提出了更高的要求，要求文化创意从业者掌握更多的科学文化知识，有更为活跃的思维，并结合时代特征，融合各种知识和技术的信息，创造出具有影响力和实用性的文化创意产品。文化创意从业者需要不断地在实践中训练自己，同时调整自己的逻辑思维方式，并结合新知识、新技术的协同影响，努力在该领域有所作为，创造出有价值的文化创意产品。

1997 年夏季，在亚洲爆发了一场罕见的金融危机。与其他亚洲国家一样，韩国也出现了经济衰退，失业人口增多，有人甚至买一张《星际争霸》的光盘就可以得到娱乐消遣。此时韩国政府发现了一个机会，就是在经济危机的大环境下，人们由于压力过大更需要快乐，而优秀的作品加上廉价的产品价格更能吸引消费者的目光，并且可以给危机中的民众带来快乐。所以，韩国政府抓住这一契机，大力发展动漫游戏产业，这就是后来人们看到的韩国电子游戏产业在危机中另类崛起。

又如，好莱坞电影也是在 20 世纪三四十年代经济大萧条中发展起来的。在经济困难面前，人们饱受危机带来的压力，急需精神的慰藉和文化的滋养，所以一些带有无厘头的搞笑片、歌剧片等充满幻想的作品备受人们喜爱，好莱坞影片也因此成为人们释放压力的精神武器。

现今，世界性金融危机的阴云笼罩着人们的视线，生活在危机阴影下的人们需要精神上的一点刺激和安慰来缓解巨大的心理压力。也正因为如此，文化创意产业能够把握时代的脉搏找到它发展的新机会，为公众创造缓解现实生活压力的欢乐时光，来满足人们的精神需要。文化创意产业从业者可以发挥创意思维的作用，把技术、文化、市场、产品四个方面有机地结合起来，努力创造出有内在精神、有活的灵魂的文化创意产品。

三、文化创意中逻辑思维的常用方法

1. 归纳推理法

在文化创意过程中，思维主体将已有的思维要素集中起来，遵循传统的逻辑形式，按照一定的思维方向归纳推理，进行思维创新，最后得到新颖结果的过程，就是归纳推理法。

2. 演绎推理法

演绎推理法就是由一般到个别、普通到特殊的推理方法。运用演绎推理的思维方法，需要按照一定的目标，将每一个思维对象的属性和发生作用的条件进行逻辑判断和筛选，推理得出某一项特性，其结论具有新颖性。

3. 类比法

类比法是指在进行文化创意逻辑推理时，依据某一类事物发展的基本规律，由思维对象具有的某种属性，推理出与其类似的事物也具有这种属性的思维方法。

4. 分析法和综合法

在文化创意的逻辑思维运用中，分析法和综合法是一对辨证统一体，两者既是对立的，又是统一的。分析法是指对研究对象内部促使事物发展的各种因素、属性以及各个因素、属性之间的关系进行周密分析，从而找出其规律性和必然性的思维过程。综合法是指从已知条件出发，把思维对象内部的各个因素按照事物发展的普遍规律，联系成一个辨证的统一体的创新思维过程。

5. 抽象法和具体法

从某种意义上说，文化创意中的抽象法和具体法之间是感性和理性的关系。抽象法是指在运用文化创意逻辑思维时，将研究对象的本质属性一一判定下来，把复杂现象转化成简单模型的过程；具体法是指将已确定下来的研究对象的本质属性进行逻辑掌握，然后按照一定的逻辑关系进行推理，从而形成相应的思维体系的过程。

第二节　形象思维法

我国著名科学家钱学森认为，人类认识客观世界首先要用形象思维，人类思维的发散方向是从具体到抽象，形象思维研究是当前思维科学研究的一项最重要的任务。他的学生戴汝为提出，要从根本上解决问题，就要研究思维科学，尤其是形象思维科学。形象思维能力对于艺术家、文学家的创作以及科学家、工程技术人员的发明创造都具有独特的作用。

一、形象思维的概念

形象思维是人们在认识世界的过程中，对客观事物表象进行取舍而形成的，是用直观形象和表象来解决问题的思维方法。如小说中人物形象的塑造、文学作品中的插图、服装设计师的手稿等，这些都是形象思维的结果，是思维主体对形象信息传递的客观形象体系进行感受、体验和储存，结合主观的认识、感情态度、思想倾向进行识别（包括审美判断和科学判断等），并借助一定的形式、手段和工具（包括文学语言、音乐语言及工具材料等）创造和描述形象（包括文学形象、艺术形象和科学形象）的一种基本的思维方法。

形象思维作为一种反映和认识世界的重要思维形式，是人才教育的一项重要内容。当我们遇到问题又无法说清的时候，如果利用形象思维进行思考，打一个比方或画图进行说明，对方往往会豁然开朗。例如，一个人要外出办事，他首先会考虑环境、气候、交通工具、住宿等情况，分析目的地的天气如何、需要带什么衣物、应该乘坐什么交通工具等，这种利用表象进行思考的方法就是形象思维法。

传统观点认为，科学家们一般通过概念进行抽象思维，而艺术家们则运用形象思维进行思考，两者的思维方式是完全不同的。但大量的实验证明，形象思维并不是艺术家的专利，科学家、工程师的发明创造同样也离不开形象思维。例如，爱因斯坦的相对论实际上起源于一个自由的想象。那天，爱因斯坦正坐在伯尔尼专利局的椅子上，突然灵光一闪，他想，当一个人自由下落时是感觉不到自己的体重的。爱因斯坦认为就是这个简单的理想实验将自己引向了引力理论。因此，形象思维是一种具有可感性、概括性、推理性、创造性、情感性的思维方法，是人们常用的一种基本思维能力，广泛存在于社会的各个领域。

在文化创意过程中，思维主体运用的形象思维是建立在对客观形象进行感受、储存的基础上的，思维主体借助一定的形式、手段或工具对人脑中的形象进行分析、概括、总结，从而找出研究对象的本质和发展规律。文化创意人员具有的形象思维与其行业发展相关，主要有以下特点。

首先，在文化创意过程中，思维主体所运用的形象思维是人类普遍运用的一种基本思维能力。这种形象思维能力的大小往往取决于一个人的审美水平。思维主体运用的形象思维始终伴随着“形象”，整个过程是通过“象”来构成思维流程的，就是所谓的“神与物游”。在进行形象思维活动时始终伴随着感情形象思维，因此整个过程都离不开想象和联想。在创新活动中，如果思维主体善于运用形象思维，往往也能产生创新，这就要求其能够借助想象思维来取得突破，创造出能够满足人们需求的创意产品。

其次，在文化产业的创意与策划中，高度发达的形象思维是从业人员在激烈而又复杂的市场竞争中取胜的重要条件。从业人员如果抛弃了形象信息，离开了形象思维，那么他所得到的信息就可能只是间接的、过时的，甚至是不确切的，因此也就很难创造出新的创意产品或做出正确的决策。

2006年8月7日，北京奥组委发布了35个北京奥运会“篆书之美”体育图标。其中有一个图标从设计之初直到发布，都未进行过任何修改，那就是马术项目的图标。该图标完全从篆书演化而来，马背上的人形就是大篆中的“人”字，而马的形象也是由大篆中的“马”字变形而来的。马术项目图标的设计者王捷最早提出了以篆字为图标基本形式的创意。当谈起图标的灵感来源时，他说：“当时我正在看大篆的碑帖，突然就想到这点。”

北京奥组委文化活动部副部长张明说，北京奥运会体育图标融合了中国古代甲骨文、金文等文字的象形意趣和现代图形的简化特征，强烈的黑白对比效果的巧妙运用，使图标显示出鲜明的运动特征、优雅的运动美感和丰富的文化内涵，达到了形与意的和谐统一。当北京奥组委将这套图标递交到国际奥委会时，有位奥运景观专家评论这套图标“可能是奥运会历史上最好的一次”。这是传统文化与现代设计的结合在文化创意上的历史性创举。

想象、记忆是人类右脑具备的功能，所以人们认为增强形象思维能力可通过开发右脑功能来实现。一般认为，在大脑的左半球主要储存着语言信息，右半球主要储存着形象信息。从大脑两半球的功能特点来看，大脑左右半球分别具有两种不同的功能，即抽象思维功能与形象思维功能；也存在着两种不同的编码系统，即抽象记忆、抽象思维与形象记忆、形象思维。大脑的左半球是抽象思维中枢，右半球是形象思维中枢。因此，积极地开发和科学地运用右脑，对于文化创意产业从业者来说是十分必要的。

对于如何提高想象力，1979年诺贝尔物理学奖获得者谢尔登·格拉肖认为：“涉猎多方面的学问可以开阔思想，像抽时间读读小说，逛逛动物园都有好处，可以帮助提高想象力，这同理解力和记忆力一样重要。假如你从来没有见过大象，你能想象出这种奇形怪状的东西吗？我这样讲，有的人听起来可能会感到奇怪。但是在我们研究物理问题的时候，往往会用到现实世界的各种形式。”我们对世界或人类社会的事物形象掌握得越多，积累的表象材料越多，越有助于形象思维的表达，也就更易于抓住事物发展的新形态，进而促进创意产业在不同领域的扩展。

因此，在文化创意产业中，思维主体要充分利用“象”进行形象思维法，并通过加工进行创新，独立地创造出新的形象，从而创造出新的文化创意产品。在人类的实践活动中，思维主体通过运用形象思维能力，能够促进创造发明，塑造典型形象，同时补充抽象思维的不足，这是十分必要的。

二、文化创意中形象思维的基本要求

文化创意产业在提高自主创新能力，转变经济增长方式，引领产业向高端迈进，实现产业结构升级，为二、三产业融合发展服务等方面具有极其重要的作用。文化产业是一个具有高度创新性的产业，其主要包括技术创新和形象思维创新，如电子手表芯片创新是技术创新，手表外观改变则是形象思维创新，二者缺一不可，它是社会经济、科学技术和人们生活发展到一定水平，追求高品质生活的必然需求。所以在积极提倡文化创意产业的今天，对文化创意产业从业者也提出了一些要求：

第一，累积大量的形象材料。在日常学习、生活和社会实践活动中，从业者要尽量增加对自然和人类活动中事物形象的了解和掌握，有意识地观察、接触大量的事物形象，广泛积累大量的形象材料，丰富表象储备。大脑中积累的形象材料越多，大脑的右半球越活跃，越有利于运用形象思维来思考问题。因此，无论是运用形象思维进行发明创造，还是运用典型化和想象的方法塑造艺术形象，都需要积累丰富的表象。

第二，以表象为基础，积极地开展联想和想象。文化创意产业从业者要经常积极地开展丰富生动的联想和想象活动。不要用知识束缚自己的想象力，要让想象展翅高飞，任其自由飞翔。1932 年，中国著名化学家侯德榜因发明新的制碱法造出纯碱，在万国博览会上荣获金质奖章，其企业称雄国际化工界近一个世纪。侯德榜从小就非常刻苦勤奋，常常严格要求自己，成绩非常优异。他还喜欢想象，喜欢运用形象思维。他在十几岁的时候，经常在课余时间躺在家乡的草坡上，望着滚滚的闽江水，开动大脑，让自己的想象纵情驰骋。正是这种丰富的形象思维激发了侯德榜更多的灵感。

第三，加强具体形象与表象想象的融合。形象思维是以具体形象或表象为材料，借助鲜明生动的语言作为物质外壳来解决问题的思维方法。形象思维可以分为初级形式和高级形式。初级形式也称为具体形象思维，即凭借事物的具体形象或表象的联想来解决问题的思维。高级形式的形象思维就是言语形象思维，指借助鲜明生动的语言表征，以形成具体的形象或表象的思维过程，往往带有强烈的情绪色彩，主要的心理成分包括联想、想象和情感。而文化创意正是以大量的表象为基础材料，进行高度的分析、综合、抽象、概括、融合，形成新形象的过程，最终创造出文化创意产品。

文化创意产业从业者的形象思维与逻辑思维是两种基本的思维形态，过去人们将它们分别划归为不同的类别，认为科学家用逻辑思维来解决问题，而艺术家则用形象思维来思考问题。这是一种曲解，形象思维不像抽象（逻辑）思维那样，对信息按部就班、首尾相接地进行线性加工，而是将许多形象性信息结合在一起形成一个新的形象，或者由一个形象转变到另一个形象。它对信息的加工过程不是系列加工，而是平行地加工，是平面性的或立体性的。当今全球创意产业快速发展，打破旧观念、旧模式的约束，将高科技技术融入已有的形象思维中，是开辟创新产业的一条捷径。在创意产业中，形象思维与高新技术的结合，是经过实践检验的，也是完全符合创新产业的发展要求的。

2010 年，在伊朗德黑兰举行的“第 28 届法加尔国际戏剧节”上，玉溪市花灯团的戏剧节目《典妻》获得金奖。这是由云南省玉溪市花灯团队共同完成的戏剧艺术作品。它吸收了小说原作、电影等众多元素，综合运用传统和高科技手段，把多种艺术表现手法结合起来，将中国传统的、古老的花灯戏剧推向了世界舞台。

在创意产业迅猛发展的大潮中，一些公司也审时度势地抓住了机会。北京有一家专门为客户提供专业包装形象设计、企业宣传概念手册、贺卡、商务用卡、广告创意、平面设计等创造性工作，以及公共空间指示系统设计、展览展示设计等全方位服务来帮助客户进行品牌塑造和推广等工作的公司。他们将自己定位在用创意、设计来提高产品的竞争力。可见，创意产业要发展就必须打破常规，从创新的角度重新看待问题、思考问题才是关键所在。

三、文化创意中形象思维的常用方法

1. 模仿思维法

模仿思维法又称为模式思维法，指以某种模仿原型

为参照，在此基础之上加以变化，从而模仿产生新事物的方法。很多发明创造都是建立在对已知事物的模仿基础上的，如通过模仿人发明了机器人。

2．想象思维法

想象思维法是指在人脑中抛开已知事物的实际情况，重新构成深刻反映该事物本质的简单化、理想化的形象思维方法。直接想象是现代科学研究中进行思想实验的主要方法。

3．移植思维法

移植思维法是指将一个领域中的原理、技术、方法、结构、材料等移植或渗透到另一个领域中去，从而产生新事物的思维方法。

4．组合思维法

组合思维法是指从两种或两种以上的事物中抽取合适的要素进行重新组合，从而构成新事物的创造技法。常见的组合技法一般有四种：同物组合、异物组合、主体附加组合和重组组合。

第三节　发散思维法

每个事物都有许多不同的方面，不同事物间也总存在着一定的联系。在思考问题时要突破常规、不拘一格、不落俗套，充分挖掘和发挥大脑的想象力，使思维像拧开的水龙头一样源源不断地向四处扩散。

一、发散思维的概念

发散思维又称扩散思维、辐射思维，指大脑根据某一信息源、思维基点或出发点，应用已有的知识和经验，通过观察、实验、分析、推测和想象，进行发散性思考，重组已有的信息，进而产生新信息的方法。

发散思维能力诞生于20世纪中叶，是人们自觉开发出来的一种新型思维能力。发散思维能力又称扩散思维能力、求异思维能力、辐射思维能力，是指以一个问题为思维的出发点或核心，多层面、多方位地探求问题不同的、多方面的、富有特异性的答案的能力。因此，发散思维不仅是多元的、多维度的，而且也是不确定的、没有方向的、没有特定规则与特殊限定的。运用发散思维方式可以摆脱传统习惯和习俗的束缚，突破常规的禁锢，提出新颖独到的点子，创出新路子，从而探求出解决问题的多种方法。

创新性的发散思维是指广泛动用大脑信息库中储存的信息，产生众多的信息组合，把思维发散过程中不断涌现出的一些念头、联想、奇想、灵感以及顿悟等作为新的起点和契机，将思维引向不同的方向、新的对象和内容的过程与方法，是在文化与创意的基础上进行的。

思维主体在文化创意过程中的发散思维方法，是围绕某一个核心问题，沿着不同方向和角度进行多方位思考，从多方面、多角度寻找问题的多种答案的思维方法。在文化创意的过程中，人们常常会涌现出一些念头、奇想和顿悟，这些新想法有可能形成独特的创见，进而通过实践成为文化创意产品，它向人们展示了运用发散思维方法的有效成果。

文化创意产业从业者的发散思维往往会受到传统思维模式的束缚，而一些新的信息也会激发出文化创意思维主体的思想火花。因此，文化创意产业从业者需要克服思维定式，在捕捉新信息的过程中不断发掘新的创意或观念，进而生产出独特的文化创意产品。

2011年，风靡世界的好莱坞大片《冰河世纪》进入中国市场，不仅产生了空前的轰动效应，更是给制片商带来了连锁的经济效应。其收入一部分来自票房，另一部分则来自于影片相关的衍生品的热销。这些衍生品主要包括影片的DVD、角色形象的卡通玩具、书籍等。这些物品随着影片销售到世界各地，不仅获得了青少年的喜爱，也受到了成年人的青睐，成为一种时尚。

发散思维要求思维主体进行空间上的拓展和时间上的延伸，既要从立体角度对思维对象进行多方位、多层次、多侧面、多角度的思考，又要在立足于现实的基础上，面向未来预测各种发展趋势，面对过去回溯历史的渊源。因此，在创新过程中发散思维扮演着极其重要的角色，特别是在世界联系日益密切、社会交往日益频繁的全球化时代。

文化创意产业从业者的发散思维法关系到其能否灵活运用发散思维、能否发挥与显示创造力。该思维方法可以通过相关的锻炼来提高。从启蒙伊始，人们便常常被灌输“每个问题只有一个正确答案，不要标新立异”的思想。诚然，就做人的行为准则而言，理应遵循一定的道德规范和既定规则，但对于创新而言，墨守成规是万万要不得的，它会阻碍发散思维和创新能力的发展。

经常进行发散思维训练，可以强化思维的流畅性，增强思维的变通性，提高思维的独创性，锻炼思维的快捷性。20世纪60年代末，马尔茨曼用“多方应用测验”对部分大学生进行了短期训练测试。该测试要求应试者不仅要说出某一事物的经常性用途，还要说出它在其他方面可能的用途。结果表明，接受过思维训练的学生的创造思维能力明显超过没有进行过思维训练的学生。

二、文化创意中发散思维的基本要求

文化创意产业从业者的发散思维法能使思维主体不受传统观念的束缚，思维趋于广阔、灵活，能积极运用各种创新思维方法，在思维过程中形成新的思维方式。发散思维与分析思维不同，分析思维是利用概念、推理等各种逻辑形式对思考对象进行分析和考察，以认识它的基本性质和基本结构，要求实事求是，不允许想象、联想和夸张。发散思维虽然以分析思维为基础，但不等同于分析思维。发散思维还包括想象、联想、顿悟、直觉等思维活动。分析思维的宗旨是认识、获得真理，而发散思维的宗旨是创新、获得新思路，是一个从实践中寻求创新和超越的过程。因此，发散思维的运用对于文化创意产业从业者来说有如下要求：

1. 摆脱固有观念的束缚

传统观念具有双重性，既是孕育新构想的源泉，又是阻碍新构想产生的绊脚石。思维定式好比有色眼镜，一旦戴上它，看到的整个世界都是同一种颜色。而发散思维就好比是一副颜色会随观察角度和视角而发生变化的五颜六色的眼镜，人们戴上它，可以通过改变不同的视角看到丰富多彩的世界。这时，观察那些平时视线没有达到的角度，往往会看到意想不到的奇观，犹如红色与黄色相互配合能调出新色彩一样。因此，摆脱传统观念的束缚，对于文化创意产业从业者的思维方式会产生很大的影响。

2．突破垂直思维的限制

垂直思维指按照一定的思维路线或逻辑推理进行的或向上或向下的垂直式思考方法。它对事物发展的每一阶段和整个过程，都加以严格的逻辑分析和综合，对揭示事物的本质和规律是完全必要和十分重要的，但却是激发创造性思维的一大障碍。发散思维不要求时时正确、步步无误，只求最后结果是正确的。只有突破了垂直思维的控制，发散思维才能最终转化为富有新颖性和创造性的文化创意产品。

3．寻求多角度地观察事物

文化创意过程中的发散思维是一个创新的、独特的思维过程，不仅需要突破垂直思维的限制、摆脱旧观念的束缚和捆绑，还需要寻求对事物的多种看法，多方面、多角度地观察事物。例如，半瓶酒在乐观者看来是“有了一半”，而在悲观者看来却是“空了一半”，皆因观察者心态的不同而不同。又如，当“山重水复疑无路”，找不到解决问题的方法时，调整一下观察问题的角度，改变一下思考的方式，往往又能“柳暗花明又一村”，豁然开朗，使问题得到解决。创造性思维是一个激发创意的综合思维过程。人们在进行创造发明时，往往采用各种思维形式和思路，其间彼此交叉和重叠，并与外界各种信息进行交流，在此过程中，便会有机遇产生，人们往往借此实现对事物的顿悟。因此，我们要善于多角度地观察事物，把握产生新思维的机遇。

文化创意产业从业者的发散思维法同日常所说的发散思维方法在很多方面有相似之处，但同时也有自己的特点。一般性的发散思维属于创造思维能力的较低层次，具有从多层面、全方位探求问题的特点，着重于对事物从尽可能多的视角观察，不受任何限制。然而，演绎后的发散思维则是在求新求异、追求卓越的过程中更进一步地进行变通。创意越多获得理想方案的机会越大，所以对文化创意产业从业者提出了更高的要求。文化创意产业从业者要通过与有关人员的交流和沟通，通过外部刺激摆脱思维定式的束缚，结合新科学技术创造出具有实用性的文化创意产品。

拉链设计的初衷是用来代替鞋带的，后来人们将它运用到钱包和衣服上。再后来，一位比利时的外科医生利用拉链能连接两个物体的性能，将它应用到需要多次开刀剖腹的胰腺病人的肚皮上，大大提高了胰腺病的治愈率。这说明通过新知识、新观念、新思想的重新组合，往往能产生更多、更新的答案以及解决问题的新方法。

当前我们正处在一个全球交往日益密切、社会交往日益频繁的时代，新科学、新学说、新思维的成果在发散思维中大量涌现，“解放思想”“改革开放”等政策与策略无一不闪耀着发散思维的智慧。文化创意产业也正是在这样的环境下，紧紧跟随着时代前进的脚步，与时俱进，寻求新发展和新突破，创造出新的产品。

三、文化创意中发散思维的常用方法

1. 标新立异开放法

标新立异开放法是指提出新的主张、看法或创造出新奇的样式，指以新颖、独特的思维活动揭示客观事物的本质和规律，拒绝谨小慎微、畏葸不前、懒惰滞后，

强调标新立异、反其道而行之，这往往会促成思维奇迹的发生。不要担心在思维创新的过程中会犯错，思维创新的大敌是停滞不前，受困于思维定式。

2．侧向扩散法

侧向扩散法是指不从正面直接着手，而是另辟蹊径，从侧面寻找突破口，从而化难为易，变被动为主动，使问题轻而易举地得到解决。当思维过程中遇到难以解决的困难时，可以采取侧向扩散方法。

3．立体扩散法

立体扩散法是指思维主体对认知对象进行多角度、多方位、多层次、多学科地考察研究，力图真实地反映认识对象的整体和全貌，以及该对象和周围其他事物构成立体画面的思维方式，也叫整体扩散法或空间扩散法。例如，行人在天桥上行走，地铁在地下飞速行驶，都是创意的产物。

4．普遍联系法

普遍联系法是指在创新性过程中冲破思维定式的捆绑和桎梏，以普遍联系的思维思考问题、分析问题和解决问题。任何事物之间都是彼此联系和相互作用的，当致力于某个事物时，必然会和其他事物或多或少地产生联系。

5．强制转换视角法

强制转换视角法是指强制性地转换视角，把思维方向和注意力投向信息场上的盲点和空白点，把研究对象与不具有类似属性的事物联系起来，然后思索二者之间的关系，从而找出新的思维视点的方法。

第四节 聚合思维法

任何事物都是由两个或两个以上的技术因素组合在一起的。理论工作者依据许多现有的资料归纳出一种理论的过程就是在运用聚合思维法来思考问题。

一、聚合思维法的概念

聚合思维法是把广阔的思路凝聚成一个焦点的方法，是一种有方向、有范围、有条理的收敛性的思维方式。与发散思维相对应，该法又称为求同思维法、集中思维法、同一思维法等。聚合思维也是从不同来源、不同资料、不同角度、不同层次探求出一个正确答案的思维方法。因此，从众多的可能性结果中迅速做出判断、得出结论是最重要的。例如，从多个员工中选出一个主管，从多种方案中选取一种最佳方案等。

聚合思维是创造性思维的基本要素之一，它以某种研究对象为思维中心，把发散开来的不同方面、不同维度、不同部分、不同角度、不同来源的思路和信息汇聚在一起，通过分析、整合和归纳，得出在现有条件下解决问题的最佳方法。聚合思维的特点是以迥然不同的事物的特性为基础，从事物的边界出发向中心集合。聚合思维以一个问题为中心，围绕中心收集、组织信息，从不同方向向中心汇合，以达到解决问题的目的。聚合思维好比足球比赛，以足球有效地射入对方的球门为最终目的和结果。所以说，聚合思维是一种目标明确、有规律可循的思维，它是以寻找正确答案，有时甚至是寻求唯一答案为目的的思维方法。

文化创意产业从业者的聚合思维法是指按一定的技术原理、功能和目的，将两个或两个以上的技术因素通过巧妙地结合或重组，获得具有统一整体的新功能、新产品、新材料、新设计、新工艺等新技术的创造发明方法。运用这种思维进行创造发明的技法的组合方式可分为成对组合、内插式组合、辐射式组合、模块组合、系统组合、焦点组合等。

文化创意产业从业者的聚合思维是一个以若干不同事物的组合为主导的创意方法，其特点是把看起来不相关的事物有机地合为一体，并产生新思想。我们要敢于去尝试各种各样的组合方式，当它们出现时，即时记下来。从不同的出发点和组合方式尝试，随意选择任何东西——一种颜色、一种材料、一个国家、一个行业，试着把它们与所要解决的问题和答案联系起来。如带电子表的圆珠笔、录音机、留声机等等，这些物品中就蕴藏着一种聚合的思想。把这种思想应用于实践、转化为实物就成为文化创意的产品。

文化创意产业从业者的聚合思维不能仅仅拘泥于局部或一隅，而是要追求系统整体的最佳效果。聚合思维不是要求局部或部分最佳，因为各组成部分功能的简单相加不等同于系统整体功能，系统整体功能要大于各个组成部分的简单相加。因此，文化创意产业从业者必须从事物的整体功能出发，选择最佳组合，突破常规，提出解决问题的新思路、新理论、新方法。

根据《经济日报》的相关报道，北京市近年来着力扶持、推进软件技术和软件产业发展机制的创新，支持培育企业联盟，聚合产业资源，整合产业链，坚持联合创业发展，促进软件产业的结构优化和升级改造。目前，一批以长风联盟、闪联联盟等为代表的新型企业联盟已经形成，成为软件企业协同创新、优势互补、做大做强的重要平台。北京软件与信息服务业促进中心主任胡青华认为，这种“联盟牵引，强强联合，以大带小”的发展模式可以促进不同类型的软件企业形成专注化的核心能力，企业之间建立产业链和技术链，进行联合协作，变恶性的同质化竞争关系为良性的“竞合”关系。举例来说，长风联盟是由北京重点基础软件企业和重大行业解决方案企业组成的软件产业联盟，该联盟建立了统一的技术战略、标准的产品配套关系、市场化的商务合作关系及实体化的联盟组织形式，其主张的技术架构、技术标准、电子政务和行业应用解决方案已在世界范围内产生了重大的影响，并帮助联盟成员的年销售收入增加了近10亿元，成为我国软件企业机制创新和技术创新的重要载体和成功典范。

当前，我国的软件企业大多比较弱小，只有将各家软件企业联合起来才有望在技术和市场上取得突破。北京软件产业快速发展的重要因素也在于此。人们正是因为准确地把握住了聚合思维的一些特性，并在实践中加以运用，才得以在经济全球化、国际竞争日益激烈、文化产业迅速发展的当今社会拥有一席之地。

文化创意产业从业者的聚合思维是在创意主体不断积累各种信息和经验的基础上，通过比较、论证，创造性地将其组合为一个整体的复杂过程。进行一些有效的聚合思维训练对于创意主体更好地发挥思维能力是十分有益的。在一定程度上，聚合思维有助于准确地判断有用的信息，删除多余的信息，使思路逐渐集中于一点，因而进行聚合思维的训练是大有益处的。

1960年，为节约开支，英国某农场主购进了一批发霉的花生喂养农场里的十万只火鸡和小鸭，结果这批火鸡和小鸭大都得癌症死了，农场损失惨重。此后不久，在我国某研究单位和一些农村也出现了用发霉的花生长期喂养鸡和猪等家畜的做法，也产生了上述结果。1963年又有澳大利亚人用发霉的花生喂养动物，结果被喂养的动物也同样大多患癌症死了。在这些资料的基础上，研究人员得出一个结论：不同地区、不同种类的动物在被喂养了发霉的花生后都患了癌症。由此可知，发霉的花生是致癌物。后来，进一步的化验研究显示，发霉的花生内含有黄曲霉素，而黄曲霉素正是导致动物大量死亡的致癌物质。这就是聚合思维法的运用。

顺着这个发现，如果有兴趣再进一步进行发散思考的话，还可以继续向下发问：既然黄曲霉素是致癌物质，那么凡是含有黄曲霉素的食物也都可能是致癌物，除了发霉的花生外，还有哪些食物含有黄曲霉素呢？人们可以继续深入研究下去。这个案例说明人们在不断实践的过程中，一旦把握住思维的特性，就有可能突破现有的经验结果和习惯定式，创造出新的文化创意产品。

二、文化创意中聚合思维的基本要求

文化创意产业从业者的聚合思维是在连续地收集信息、归纳综合、深入研究，以便找出最佳组合和最优效果的过程中不断运用得以提升的。所以文化创意产业从业者在发挥聚合思维的同时，也需要注意随时收集并掌握各种与文化创意产业相关的信息，通过对信息的筛选、重新组合、优化整合，达到最佳的效果，从而得到最佳创意产品。因此，文化创意产业从业者需要努力满足如下要求。

1．及时收集了解各种相关信息

有效地采取和运用各种方法和途径，收集和掌握大量与思维目标有关的资料信息，这是选用聚合思维的前提。在此前提的基础上，人们才有可能得出正确的结论，创造出适合整个市场大环境需要的新的文化创意产品，为企业赢得更多的利润。从这个角度来讲，及时收集和掌握各种相关的信息是文化创意产业从业者发展文化创意产业的坚实基础。

2．对掌握的各种信息进行清理和筛选

在大量收集信息的基础上，文化创意产业从业者要发挥聚合思维的分析方法，通过对所收集到的各种资料进行分析，区分出它们与思维目标的相关程度，去粗取精、去伪存真，把重要的信息保留下来，把无关的或关系不大的冗余信息剔除掉。经过清理和选择后，还要对各种相关信息进行抽象、概括、比较、整合、归纳，从而找出它们的共同特性和本质。这是聚合思维的关键步骤，也是创意主体在文化创意过程中生产出创意产品的关键。

3．实事求是地得出科学结论，获得理想的思维目标

同一性、程序性和比较性是文化创意产业从业者的聚合思维所具有的三个特点。所谓同一性即求同性，是指把发散后得到的信息再组合起来，选择最佳组合，揭示出问题的实质，找到问题的解决办法或答案。所谓程序性是指在解决问题的过程中，按照严格的先后顺序，

使问题的解决有章可循。所谓比较性是指通过比较，在寻求到的几种解决途径、方案、措施中，找出较佳的途径、方案、措施。寻求实现目标的正确途径、确定最佳行动方案是非常重要的，否则就难以达到目标，创造出符合时代气息的文化创意产品。例如，乐扣水杯的设计集合了密封、不烫手、携带方便等多种优点功能，即使装满了水也可随意装入包中，不易洒出，于是很快赢得了广大消费者的信任和喜爱。

文化创意产业从业者的聚合思维与通常所说的聚合思维存在很多的相似之处，但也有很多独有的鲜明特点。文化创意产业从业者的聚合思维具有聚焦性、整体性、可行性等特性。聚焦性是指思维的发展不再是任意的组合，而是有目的地选择最佳组合，通过定向、定点、定位的思考，使思维达到一定的深度，从而揭示事物的本质。整体性是指将发散的思路再集中在一起，着眼于整体的状态和功能而不拘泥于局部，追求整体的最佳效果，而不要求各个组成部分最佳。可行性是指创新思维提出的方法和方案在现实中可以实现。聚合思维以可行性为标准选择解决方案，要克服思维定式，不局限于常规，提出解决问题的新思路。

例如，随身听是索尼公司把耳机与一架收音机组合起来的发明；尼龙与紧身短衬裤结合产生了连裤袜；沃尔特·迪斯尼把卡通动漫与旅游结合起来，创立了迪斯尼乐园。

综上所述，不难看出，在文化创意产业中聚合思维的作用不容小觑，它对于加速文化产业的发展起到了有效的促进作用。因此，创意产业的思维主体只有积极发挥聚合思维的作用，才能开创文化创意产业的新局面。

三、文化创意中聚合思维的常用方法

1．求同除异法

求同除异法就是剔除不相干的因素，找出共同因素的方法。例如，多处发生恶性中毒事件，人们调查发现中毒者吃的食物是不同的，但饮用水来自同一水源，找到了这个共同的因素，便可以得出饮水中毒的结论。

2．差异法

差异法就是排除相同的条件，找出不同因素的方法。例如，某小区有一“怪洞”：小动物入洞则死，人马入洞则无事。实验者将猫、狗抱进去无事，而一旦猫狗自己进入则死亡。研究发现，猫、狗身体较矮小，自己进洞会导致死亡；而人与马均较高，且人把猫狗抱进去等于增加了它们的高度，不会导致死亡。具体的原因是该洞地表近处有某种致命的物质——该洞的地下冒出大量的二氧化碳气体，其密度比空气大，滞留在洞底使得浓度很高，矮小动物进入就会导致死亡。

3．共变法

当某种因素发生变化时，另一因素也随之同时发生变化，这两种因素之间便存在一种共变关系。例如，温度计就是这种共变思维的产物，它与外界温度有一种共变的因果关系，水银柱的高低反映了外界温度的高低。

4．剩余法

剩余法是指把不相干的因素逐一排除，重点研究剩余因素之间是怎样一种因果关系。通常，公安人员会使用这种方法来逐步缩小犯罪嫌疑人的范围。如科学确定发案时间后，将没有作案时间的嫌疑人逐一排除，剩余的人就与案件产生了可能的因果关系。

上面列举的几种方法各有优劣，何时何地使用何种方法，要看事物的具体情况而定。一般来说，人们会将这几种方法综合运用。如果想使用好这些方法，就要在实际中有意识地不断加强自身的思维训练。

第五节 灵感思维法

在日常生活中，当人们对一个问题的思考陷入死胡同时，虽然绞尽脑汁、费尽心思，研究了很长时间，但仍旧一筹莫展。这时人们不得不暂时停止思考。可能忽然某一天，做别的事（如吃饭、散步）时，头脑中会突然划过一道“闪电”，大脑豁然开朗，一个想法在毫无思想准备的情况下突然降临。于是，就在一瞬间，闭塞许久的思路顿时融会贯通，缠绕多日而未能解决的问题便迎刃而解了。这种突如其来的新概念或新意向就是所谓的灵感。

一、灵感思维的概念

灵感思维是一种顿悟型的潜意识思维活动，也称作顿悟，是思维发展到高级阶段的产物。它是人们长期思考的问题在受到某些事物的直觉启发时突然间迸发的一种领悟或理解的思维形式，是使问题得到解决的心理过程，是对事物特性倏忽而至的认识或突然闪现的解决问题的开创性设想。

灵感是大脑的特殊技能，是人们思维过程中认识飞跃的状态，这种状态能导致艺术、科学的新构思和新观念。简而言之，灵感就是人类大脑中产生的新想法和新意向。

灵感是人脑的一种高级感知能力和思维形式，这一点已经为现代科学研究所证明。我国著名科学家钱学森说：“如果把非逻辑思维视为形象思维，那么灵感思维就是顿悟，实际上是形象思维的特例。灵感的出现常常带给人们渴求已久的智慧之光。”也就是说，灵感是逻辑思维和形象思维之外的第三种思维方式。

灵感是人们在进行科学和文艺创作的高潮过程中突然出现的、转瞬即逝的短暂思维过程，它既非逻辑思维，又非形象思维，因为这两种思维持续的时间都很长，而灵感产生的时间常常非常短暂，有时候甚至只有几秒钟。总之，灵感是一种人们可以控制的大脑思维方式，它是有规律的。在日常生活和工作中，我们应该努力掌握这种规律，去抓住这转瞬即逝的灵感。

文化创意产业从业者运用的灵感思维法是指借助文化创意中多元的知识元素、文化元素和相关的学科知识，在潜意识下受到某种外来信息的刺激或诱导，忽然想出解决问题的办法，形成新概念、新形象、新发明、新思路、新发现的思维过程和方法。

灵感思维是在人们无意识和无准备的情况下产生的一种突发性的创造性思维活动，与其他思维方式相比，具有突发性、偶然性、模糊性三方面的特征。这些特征要求我们在文化创意的过程中，要把灵感思维和文化产品紧密结合在一起，当灵感思维突然而至时，结合实际情况，把灵感思维转化为文化产品。文化创意产业依靠创意主体的智慧和灵感，才创造了巨大的、不同凡响的成就。

巍巍八百里的沂蒙好似一座“文化富矿”，这片热土上生长出硕果累累的文化创意产品。勤劳的临沂人运用创新思维，不断产生和引发“灵感”，生产出“谁不说俺家乡好”的“沂蒙老乡酒”，一经投向市场，便实现企业产值、利润的成倍增长。另外，民间艺人刘宝林将当地特有的徐公砚、天下第一行书《兰亭序》、羲之酒串联在一起，设计出“文房四宝羲之酒”，形象地展示出“羲之聚贤饮美酒，曲水流觞书兰亭”的文化内涵，成为市场宠儿，供不应求。

文化创意产业中灵感思维结合文化创意的多种知识元素，促使更多、更丰富的文化产品不断出现，创造出了巨大的社会财富，满足了人们物质和精神各个方面的需求。灵感思维是顿悟，虽然是突然、偶然出现的，但人们还是能够把握和拥有这种思维方式的。文化创意产业从业者该怎样捕获灵感思维呢？

首先，灵感不是从天而降的，是人脑进行创造性思维活动的产物。对某些问题进行长期探讨是捕获灵感的最基本的条件。其次，珍惜和把握最佳时机和环境。再次，捕捉灵感的一个重要途径是原型启示，因此要有充分的准备。

此外，还要摆脱习惯性思维定式的束缚、随时带纸和笔记下闪现的思想火花、保持乐观和镇静的心态。在文化创意中，创意主体需要对其文化产品有深刻的了解，并进行长期调查，做到心中有数。同时，要在现实生活和工作中寻求方案，掌握最佳时间，同时保持开阔的心胸和乐观的情绪，增强创造性思维的活跃性，这时灵感往往会不期而至。由于跃入脑海的新思想、新概念、新形象是突发的，因此要时刻准备将之记录下来，以免遗忘，然后把这一灵感转化为具体的物象，成为研发新文化产品的基本条件。

二、文化创意中灵感思维的基本要求

文化创意产业从业者的灵感思维法是人类社会活动过程中实践经验作用于人脑的产物。文化产业是一个民族进步的灵魂和动力，而民族的灵魂则是国家、民族、社会发展的血脉。人的心智、技术、知识、灵感是文化产业的主要资源。国民的知识智慧、受教育水平、创新思维、创业精神和灵活求变的灵感思维是文化产业发展的良好基础，是民族生存与发展的重大历史课题。因此，对于文化创意产业从业者这一灵感思维主体有以下要求。

1. 渊博的知识是产生灵感思维的前提

灵感思维是一个知识和能力长期存储和积淀的过程，其产生的深厚底蕴和广阔背景是博大精深的知识结构和学识背景。因此，灵感思维的主体需要广泛地汲取各门类的知识，积极地参与社会实践活动，深入地思考问题，敏锐地观察事物，以积累历史知识和社会生活经验，并将之存储在大脑中。当显意识和潜意识发生摩擦和碰撞时，就可以在储存知识的基础上形成灵感，产生顿悟，迸发创造的思维火星。

2. 开动脑筋、独立思考是产生灵感思维的条件

具有丰富的知识储备，而没有勤于思考的习惯是不能产生灵感的。灵感不是灵机一动、招之即来、心血来潮的产物，而是通过勤奋思考来达到的歪打正着、瓜熟蒂落、水到渠成的境界。美国著名的发明家爱迪生曾经

说过:“天才就是百分之一的灵感加上百分之九十九的汗水。”爱迪生提到的这百分之九十九的汗水指的就是勤奋思考,百分之一的灵感则是刻苦努力进行思考的产物。如果说百分之九十九的汗水是量的积累,那么百分之一的灵感则是质的飞跃。只有对问题进行长时间的连续思考,才能够受到某种事物的启发和联想,产生出灵感。

3. 多元的思路是灵感思维的动力

灵感源自人脑的潜意识,潜意识的触发需要悟性和灵气,而多元化的思路如八面来风,能吹开人们的心灵之窗,形成创造性的认识。我们要在多元化的思路中,迅速地、敏锐地捕捉灵感,产生顿悟。创意的主体应会用脑、多思考、勤感悟、常交流、多体验,破除思维定式,从而激活自身的创新意识。只有在“山重水复疑无路”之际,才能顿生“柳暗花明又一村”的新感悟。

文化创意产业从业者的灵感思维法与通常所说的灵感思维法虽然有许多相似之处,但也有其自己的鲜明特点。由于灵感具有偶然性和突发性的特征,所以具有某种奇妙的神秘感,有时不可捉摸、难以把握,有时并不能产生成果。而文化创意的灵感思维更加要求灵感思维与文化和创意结合起来,创造出新的文化产品,而且这种产品是有益于社会、有益于人类的,具有不可估量的社会价值和人文价值。

西安临潼华清池旅游风景区以发展文化产业为突破口,积极顺应文化创意产业快速崛起的趋势,依托华清池深厚的历史文化资源和国家5A级旅游景区的品牌优势,精心打造了一部历史性、艺术性、民族性、观赏性和强震撼力兼备的中国首部大型实景历史舞剧——《长恨歌》。该剧随即成为最具吸引力的旅游文化品牌，成为带动陕西省文化旅游产业发展的品牌产品，促进了华清池景区文化旅游产品和消费结构的升级，使传统旅游景区焕发出了新的生命力。

这种“旅游资源+文化创意”的模式带动了文化旅游产业的发展，不仅使临潼华清池国家5A级景区和西安“世界旅游目的地”城市的地位和影响力得到强化，也为传统旅游景区如何实现资源保护与开发利用并举、旅游业的结构调整、经济与文化发展并重、经济效益和社会效益共赢提供了有益借鉴，为西安、陕西乃至全国文化创意产业的发展提供了新的范式和榜样。

《长恨歌》的成功得益于策划投资方的创新意识和创新实践。该剧以一种创新性、开放性、多元性的思维，实现了文化、资本、科技、旅游的对接和整合，实现了文化创意产业与旅游产业的融合。积淀了长达千余年的历史文化资源得到深层次的利用，使人们从长期以来满足于对历史文化遗产浅层利用的禁锢中走出来，探索出了一条对历史文化进行深度挖掘、让“真山真水真历史”为我所用的新路。《长恨歌》不是简单地叙述传统文化，而是对传统文化做了创造性的全新转化，这才是文化创意的本质。

文化产业是一个“娱乐为王”的产业，文化创意产业更需要体现其以娱乐为主的核心，注意投合消费者的喜好。只有把文化创意产品的创意灵感和消费者的娱乐需要紧密结合起来，着重增强文化创意产品本身的趣味性、观赏性、体验性、娱乐性，最大限度地满足消费者的文化心理诉求和感官体验，才能使文化创意产品成为市场的卖点，被消费者广泛接受和认同。

三、文化创意中常用的灵感思维方法

1. 观察分析法

在创意活动中，每一步都离不开认真的观察和分析。观察，不同于一般的观看，是有目标、有计划、有步骤、有选择地去观看和考察所要了解的事物和要解决的问题。观察分析法是指通过深入地观察，从习以为常的现象中发现不平常的东西，从看似无关的东西中发现相似点，并在观察的基础上展开分析、激发灵感，形成创造性的认识的方法。

2. 启发联想法

新认识是在已有认识和知识储备的基础上发展起来的。启发联想法就是在旧与新、已知与未知的连接基础上，从相关事物的联想中受到启发，产生灵感以及新认识的方法。因此，联想是创造的源泉，要创新，就需要启发联想。

3. 实践诱发法

灵感来源于实践，实践是创造灵感的阵地。实践诱发既包括当前实践的激发又包括过去实践体会的升华。各项创新成果的获得，都需要实践的推动。在实践中，出于解决问题的迫切需要，人们要积极地开动脑筋，努力钻研探索。问题是灵感思维的逻辑起点，因此，在实践中思考问题、提出问题、解决问题是促使灵感诞生的一种好方法。

4. 激情刺激法

激情刺激法就是在激情的作用下调动人的潜力，自觉地按照事物的客观规律行事，使问题得到创造性地解决的方法。这种方法可以增强人的注意力，丰富想象力，提高记忆力，强化推理力，加深理解力。激情刺激可以使人产生出一股强烈的、不可遏止的创造冲动，从而引发灵感。

5．判断推理法

判断与推理两者间存在着十分密切的联系。推理由判断组成，是从现有判断中获得新判断的过程，而判断的形成又依赖于推理。因此，在文化创意过程中的判断推理法就是通过推理和判断而引发灵感、形成创造性认识的方法。

第六节　直觉思维法

在日常生活中，我们都有这样的经历，在和某人初次见面时，因为对这个人并不了解，往往凭借直觉或者说是凭借“第六感”来判断此人。这种觉察和评价往往说不出理由和根据，但却左右着我们对某人第一印象的好坏，其实这就是直觉思维的运用。

一、直觉思维的概念

直觉思维是指对某一个问题未经逐步分析，仅依据内心的感知迅速地对问题作出判断，不受固定的逻辑规则和思维定式约束而直接领悟事物本质的一种思维形式。

直觉的概念有广义和狭义之分：广义上的直觉不仅是一个认知过程、思维方式，还是一种情感和意志的活动，是指包括直接的认知、情感和意志活动在内的一种心理现象；狭义上的直觉是一种不受人类意志控制的特殊思维方式，是基于人类的职业、阅历、知识和本能存在的一种思维形式。当我们把直觉作为一种认知过程和思维方式时，便称之为直觉思维。

狭义的直觉或直觉思维，就是人脑对于突然出现的新事物、新现象、新问题及其关系的一种快速识别，是直接的本质理解和综合的整体判断。简言之，直觉就是人类直接的本能知觉之一，具有迅捷性、跳跃性、直接性、个体性、或然性等特征。直觉作为一种心理现象贯穿于日常生活之中，也贯穿于文化创意的过程之中。

直觉思维是思维程序的高度精简和压缩，是未经推论而越过了许多中间环节，直接将答案呈现在眼前，随后再经过推理和证明，从而提出假说的思维方法。爱因斯坦曾说过："真正可贵的因素是直觉。"他多次指出，直觉思维是导向解决问题的指路标，科学创造原理可以表示为这样一个模式：经验—直觉—概念。直觉是在人类无意识状态下，从整体上迅速发现事物的本质属性，越过了严格的、精细的逻辑推理，是一种思维的断层和跳跃，是新念头、新判断产生的基础。

文化创意产业从业者的直觉思维，是其运用有限的知识经验，直接组合问题结论的思维方法，是意识的本能反应。一般认为，直觉思维能力是文化创意产业从业者基于有限的信息或事实，调动已有的知识经验，持续对客观事物的本质及其规律做出迅速的识别、快速的反应、敏锐的洞察、直接的理解以及整体的判断的思维能力。

在文化创意过程中，直觉思维的运用并不是一帆风顺的，也会受到一定的阻碍，有时甚至会导向歧途或走进思维的死胡同。要克服直觉的这些缺陷，除了进行必要的逻辑论证和推理，把握多种创造性思维形式，提高直觉思维的正确率和有效性外，最根本的就是要接受历史的检验。直觉思维的成果经实践检验后如与原来的意图和目的相一致，就证明它是正确的，反之就是错误的或是不完善的，需要及时更正。

欧几里得几何学的五个公设都是基于直觉建立起来的；哈密顿在散步的路上脑海中迸发了构造四元数的火花；阿基米德在浴室里找到了辨别王冠真假的方法；凯库勒发现苯分子环状结构更是一个直觉思维的成功典范。在人类的发明创造史上，这样的例子不胜枚举。直觉在发明创造中显示出巨大而独特的作用，展现出逻辑思维可望而不可即的能动性作用。

培养直觉思维，首先需要扩大知识面和完善知识结构，积累大量的知识和丰富的经验。其次，要积极主动地思考，大胆地进行设想和猜测。此外还要注意，在文化创意过程中通过直觉得到的结论一定要经过严格的逻辑论证或试验验证之后才可付诸行动，绝对不能把直觉思维和逻辑思维截然分开。

二、文化创意中直觉思维的基本要求

在创新思维中，直觉思维有着不可否认和不可估量的重要意义，然而它又不可避免地带着某种或然性、猜测性和不准确性。因而，直觉思维只是将科学发展推到了一个崭新的阶段，还需要进一步向前推进。由于灵感、顿悟、直觉只是给予新观念、新思想以开始或是片段，是间断的、零散的，甚至是杂乱无章的，所以，必

须要对其进行加工、归纳、整理和论证才能创造出适合文化产业要求的文化创意产品。因此对文化创意产业从业者提出如下要求。

1. 扩大知识积累

直觉产生的前提条件是积累大量的知识和丰富的经验，这些知识和经验都是前人理性思维的成果，有助于形成深层次的直觉，有助于在文化创意中减少不必要的推理过程，提高产业的生产效率。

2. 积极主动地思考、大胆地设想和猜测

在文化创意过程中，依靠直觉思维获得的认识成果往往是零碎的、模糊的，有待逻辑思维的进一步加工和整理。M. 邦戈指出："荒谬的是有人认为，对于发明者来说，直觉超越逻辑之上。如果事先不具有知识，事后不做逻辑加工，那么不可能有任何科学发现或技术发明。"因而，通过直觉得到的认知成果只有进行理性思维的加工和整理后，才能成为严谨的科学认识，从而转化为文化创意产品。

3. 反复运用理性思维

正确的直觉在文化创意中往往能起到不可估量的作用，因而，我们要经常做做"头脑体操"，锻炼大脑的反应速度，提升自己的直觉思维。只要坚持不断地进行锻炼，思维就会越发敏锐起来，遇到问题时就能迅速做出反应。在实践过程中，当人们对理性分析方法进行反复运用，达到轻车熟路的程度时，在遇到相似的问题后，几乎无须再做有意识的选择，即能"本能"地采用适宜的方法和可行的方案，同时将判断推理过程压缩到最低程度，从而达到理想的效果。

直觉作为一种创造性的思维方式，并不依靠明确的分析活动和严密的逻辑推理，也不按事先规定好的步骤前进，而是从整体出发，用猜想、跳跃、假设、压缩等思维方式，直接而迅速地做出推论和判断。

直觉在创新过程中的作用是巨大的，但需要指出，并不是所有的直觉都能引起新的创意。美国化学家普拉特和贝克对直觉的专项调查显示：33%的创新者认为自己经常得益于直觉，50%的科学家认为自己取得新突破的过程中偶尔得益于直觉，17%的人认为自己的创造与直觉无关。

在文化创意产业中，文化创意产业从业者的直觉思维方式与逻辑思维是相对应的。有了直觉后再发挥逻辑思维，不仅能使创造性思维定形，而且还能以此为出发点，扩展和推出新的文化创意产品。因此，在文化产业中，直觉思维离不开逻辑思维，只有将二者有机结合，才能创造出新的文化创意产品来回馈社会。

三、文化创意中直觉思维的常用方法

1．松弛法

直觉通常产生于对创意的百思不得其解、紧张思维和强烈追求以后。松弛法是指人们在散步、娱乐或转向其他工作时，放松思维，使大脑得到充分休息后，往往会获得直觉的启发而顿时有了创意的思维方法。当然，在“松弛”中，并不一定会产生直觉，因为它本来就是偶然出现的。这时，不妨再重新全身心投入，待紧张思索一段时间后再“轻松”一下，如此反复，直觉终会光临。

2．知识互补法

对于文化创意产业来说，文化创意产业从业人员熟

悉各自的研究对象和研究领域是十分必要的，但如果从业人员的知识仅局限于各自的研究领域，会造成“隔行如隔山”的状态。知识互补法就是从不同的方面、不同的场合、不同的角度出发，相互交流，由此获取广博的知识和丰富的生活经验，从而形成独特的创造性思维形式的方法。

3. 随记法

直觉通常会没有预兆地到来，是随时都可能消失的一种思维灵感的闪现。随记法就是在日常工作生活中及时捕捉灵感思维迸发出的火花并将其记录下来以备后用的方法。据说，爱迪生会随时记下自己每一个想法和念头，不管这些想法是多么微不足道，甚至毫无根据、荒唐可笑。

第七节 联想思维法

有一种说法：“如果大风吹起来，木桶店就会赚钱。”大风和木桶二者有什么关系呢，人们为什么会将两者结合起来进行联想呢？有人解释说，当大风吹起来的时候，沙石会满天飞舞，易导致瞎子增加，随之，琵琶师父也会增多。同时，越来越多的人以猫的毛替代琵琶弦，这样猫必然会减少，同样就导致老鼠的数量相对增加。老鼠多了，就会咬破木桶，所以做木桶的店就会赚钱。以上每一段联想看起来都很合理，而且获得的结论也颇有意外的趣味性。当然，这个例子只是西方故事中的一个比喻，而在创造活动中当人的思维突然不畅通时，联想方法便可能给出有效的解决方案。

一、联想思维的概念

联想思维是指人脑记忆表象系统中将一事物联系到另一事物的思维过程。如由当前事件想到过去发生的事件，或由当前事物预计到以后将要发生的事物，这些都属于联想。联想思维法是根据事物之间具有的接近、相似、相关或相对的联系和特点，进行由此及彼、由近及远、由表及里的一种思考问题的思维方法。它通过对两种或两种以上事物之间存在的关联性与可比性，去扩展人脑中固有的、既定的思维，使其由旧见新，见微知著，由已知推未知，从而获得更多的设想、预见和推测。现代科学证明，世界不仅存在着纵向联系，而且存在着横向联系，两者交织在一起，构成了普遍联系的整体性。

联想思维以事物的普遍联系为基础。人们面对的是一个普遍联系的世界，联想会将令人意想不到的事物联系起来，从而产生奇特的设想和推测。

文化创意产业从业者的联想思维法就是通过思路的连接，把看似“毫不相干”的事件或事项联系起来，从而得到新想法的思维过程。联想思维是发散思维的重要表现形式之一，是创造性思维的重要组成部分，其成果就是创造性的发现或发明。

因此，联想思维有着广泛的基础，可以为我们提供无限广阔的新天地。一个人如果不会运用联想思维，仅满足于学到的一点东西，那么他的知识是零碎的、孤立的片段，派不上大的用场；可如果他善于运用联想思维，就会由此及彼地扩展下去，做到举一反三，闻一知十，触类旁通地同化性迁移，从而使思维跳出现有的狭小圈子，突破思维定式而获得创新的构想。

创新性过程中的联想思维法是在创新思考过程中使用较多的一种思维方法。在人类社会中，各类事物是普遍联系的整体，任何事物都是整体发展链条上的环节。其中，每一个因素既受到周围其他因素的影响，又反过来影响周围其他因素。把通常看来似乎没有关联的事物联系起来，往往会有重大发现。如把三角形与圆形联系起来，就有了三角理论；把粒子与波动性联系起来，就创立了量子力学；把生物有机体与环境联系起来，就建立了生态学。因此，在文化创意产业中，只有通过一定的思维训练，提高创意实施主体的联想思维能力，才能够熟练地运用联想思维做出创新。

人造牛黄的诞生就是联想思维的产物。过去只能从宰牛场偶然得到天然牛黄，这远远满足不了医药事业的大量需求。一次，药品公司派人到珍珠制造场参观并见证了人造珍珠的制造过程：把碎粒嵌入河蚌体内，使河蚌分泌出黏液，将碎粒包住直到形成珍珠。这一制造过程使他们联想到天然牛黄的形成过程：牛胆囊里混进了异物，然后以它为核心，周围凝聚了许多胆素的分泌物，就逐渐形成牛胆结石——牛黄。两者的过程十分类似。于是，药品公司联合养牛场尝试对牛施行外科手术，在其胆囊里放入异物，经过一年的试验，他们果然从牛胆里取出了“人造牛黄”。

从以上的案例中可以看出，药品公司的联想思维过程是：已知牛黄和珍珠都是动物体内混进异物后，在自身的分泌作用下形成的结石；又知珍珠可以通过在河蚌体内进行人工插片培育出来，那么，给牛胆囊接种异物，也应该能培育出牛黄。联想思维就是在头脑中将一种事物的形象与另一种事物的形象联系起来，探索它们之间共同的或类似的规律的思维方法。药品公司正是抓住了这一思维方法的核心和要领，才研究出“人工牛黄”这一独创性的创意产品。由此可知，要获得对事物的新看法和新发明，就要不断使自己的思维从已存在的事实出发，或从已知事物的相似点、相关点、相近点或相反点出发，由此世界才会得以前进和发展。

所以，在进行文化创意的过程中，有时文化创意产业从业者对某个有待解决的问题经过长时间反复思考后仍一筹莫展，但却会在某个偶然的外界事件的触发下，引起联想，从而跳出现有圈子进而产生新设想和新发现。很多新创意、新观念、新假说和新方法的产生和出现都与进行联想思维的创造性思考有关。

二、文化创意中联想思维的基本要求

任何事物都是普遍联系的。社会生活的各个方面，从经济、政治到思想、文化，无一不处在普遍联系之中。文化创意产业从业者正是在这多种多样的复杂联系中，以相似或相近的关系为线索，经过实践的检验，巧妙地把新科技、新技术运用到文化创意产业中，生产出创意产品。联想的种类多种多样，如空间上的联想、时间上的联想、直接的联想、间接的联想、相似的联想、相反的联想、内部的联想、外部的联想等等。熟练地运用联想思维可以从以下几个方面入手。

1. 随时随地运用各种联想

人们面对着一个普遍联系的社会，无论是人类社会还是自然界都是相互联系的，因此，文化创意产业从业者的联想思维有着广泛的基础，它为我们提供了无限广阔的创意天地，善于运用联想思维，就可以由此及彼地扩展下去。人类社会生活的各个方面、国民经济中的各个部门和各个环节，都是相互联系、相互制约的。当文化创意产业从业者把通常看起来似乎没有联系的事物联系起来，往往会有重大的发现，从而产生独特的文化创意产品。

2．善于发现问题并找到原因

世界上任何一个事物和现象的产生都有一定的原因，也就是说，任何一个事物或现象都是由一定的原因而产生的结果。无论是自然界还是人类社会，两个现象之间只要具有决定和被决定、引起和被引起的关系，那么这两个现象之间就存在着某种因果关系。人们在探寻问题的原因的过程中往往会有惊喜出现，这就要求文化创意产业从业者抓住问题的关键，运用先进的技术，把握时代的特征，创造出具有创新性的文化创意产品。

3．善于把记忆和联想融合起来

文化创意中的联想是人的头脑中记忆和想象联系的纽带，由人对客观事物的记忆而引发思维的联想和想象，将记忆的许多片段通过联想形式进行衔接，从而产生新的想法。在现有的产品上，通过技术改造和新内容拓展，使其成为崭新的文化创意产品从而占领市场，这也是创意产业蓬勃发展的大好机会。

一位伟人说过："联想是创造的根源，不会联想的人是永远造不出新的东西的。"那些看起来好像"得来全不费功夫"的发明创造，其实都付出了"踏破铁鞋无觅处”的巨大艰辛。联想思维依赖于丰富的知识底蕴，只有“厚积”，才能“薄发”。由此可见，联想作为探索未知事物的一种创造性思维活动，是“事物之间存在普遍联系”原理的具体体现和实际运用。没有存在于事物之间的客观的普遍联系，联想就很难发生，离开了事物之间客观联系的联想便没有了根据而只是幻想。所以，在文化创意过程中，创意主体要想提高联想思维的能力，获取丰富的联想，就要广泛地参加实践，不断地接触和了解事物，然后把这些实际经验、知识信息储存在大脑里，使大脑建立起许多暂时的联系。一旦需要联想时，大脑就会把各种信息迅速调动起来，建立起各种各样的联系，由此而产生丰富的联想，进行创造性思维活动。

澳大利亚种植甘蔗的农民在收获时，发现有一批甘蔗地的产量意外地提高了50%。后来经过反复研究发现：种甘蔗的前一个月有一些水泥洒落在甘蔗地里，正是水泥中的硅酸钙使这片酸性土地得到改良，从而提高了甘蔗产量。之后，人们据此创造出了水泥化肥。

爆破技术能将一栋高层建筑炸成粉末，同时又不波及旁边的其他建筑物。医学家们由此联想到了将爆破技术应用于医治病人的肾结石。他们经过精确的计算，把炸药的分量控制在恰好能炸碎病人肾脏里的结石，而又不影响肾脏本身的范围内。这种在医学上被称为“爆破技术”的治疗手段，为众多肾结石患者解除了病痛，带来了福音。

在第二次世界大战期间，德国的侦察兵发现法军阵地后方的一片坟地上常出现一只有规律活动的家猫。每天早晨八九点钟时，那只猫便在坟地上晒太阳，而坟地周围既没有村庄的房舍，也看不到有人活动。这位善于联想的侦察兵从空间位置的接近上，联想到坟地下面可能是个掩蔽部，而且还可能是个高级机关。侦察兵向上级报告后，德国用6个炮兵营集中攻击这片坟地。事后查明，这里的确是法军的一个高级指挥部，掩蔽在里面的人员几乎全部丧生。

在文化创意产业中，联想是一种常用的思维方式。我们每天都会根据身边发生的不同事情，或是受身边事物的影响在脑中进行联想。可以说，联想为人们创造了发展的桥梁，联想思维变成的创造性成果就是文化创意产品。在科学技术不断发展的今天，文化创意产业从业者通过把看起来似乎不相干的事物联系起来，寻找新的发展机会，往往会有重大的发现，经过实践的验证，得到创新结果来实现文化创意产业的价值。

三、文化创意中联想思维的常用方法

1. 接近联想法

接近联想法是由一个事物或现象的刺激想到与它在时间上和空间上相互接近的事物或现象从而引发新创意的方法。空间联想和时间联想交织在一起，共同引发联想。例如，一提起火烧赤壁，人们自然会联想到《三国演义》里的周瑜、诸葛亮、曹操等人物。这正是因为这些人物与事物具有空间和时间上的接近因素。又如由教室想到黑板（空间联想）、由冬天想到下雪（时间联想）都是接近联想的例子。

2. 相似联想法

相似联想法就是指由一个事物或现象想到与它在外形、颜色、声音、结构、功能和原理等方面有相似之处

的其他事物与现象的方法。比如，曹植著名的《七步诗》:“煮豆燃豆萁，豆在釜中泣，本是同根生，相煎何太急。”将兄弟和豆萁都是同根生的相似性联系在一起，寥寥数语，把兄弟之间的残杀刻画得形象逼真。又如，英国工程师乔治从狩猎时身上沾满的野草种子出发，运用相似联想，发明了尼龙拉链。

3. 对比联想法

对比联想法就是指由一个事物、现象的刺激而想到与它在时间、空间或各种属性相反的事物与现象的联想方法。例如，由黑暗想到光明，由冷想到热，由慢想到快。

4. 因果联想法

因果联想法是对逻辑上具有因果关系的事物产生联想的方法。如由海水污染联想到海洋生物的死亡；由机动车辆增多联想到全球变暖；由乌云密布联想到即将要下雨。

第八节 求异思维法

恩格斯曾说：“辩证法不知道什么绝对分明和固定不变的界限，不知道什么无条件的普遍有效的‘非此即彼’，它使固定的形而上学的差异互相过渡，除了‘非此即彼’，又在适当的地方承认‘亦此亦彼’，并且使对立互为中介；辩证法是唯一的、最高度地适合于自然观的这一发展阶段的思维方法。”一个事物可能有多种表现形态，一个问题可能有多种解决方法。在思考问题的过程中，可以假设一因多果，一果多因，以及多种结果或多种原因错综交织，这往往能得到令人意想不到的结果。

一、求异思维的概念

所谓求异思维，是指一种富有创见性的思维，即在思维中自觉地打破已有的思维定式、思维习惯或已取得的思维成果，在事物的各种巨大差异之间建立联系的“中介”，通过创造性的思维活动，突破经验思维的桎梏，创造出新颖、独特的产品和成果的思维方法。求异思维就是要突破消极的思维定式的束缚，不断变换角度思考问题。

朝着不同方向、顺着不同角度、沿着不同途径思考和分析问题的方法就是求异思维法。求异思维的关键在于“独创性”，这与一般的思维方式不相同。在整个过程中，求异思维不仅需要更精细的观察、准确的记忆以及创造性的联想和想象，更需要对已掌握的知识和经验进行合理、灵活、巧妙地归纳和组合。作为一种逆向性的创造思维，求异思维以突破常规的角度和方法去观察和分析客观事物，得出新颖的思维成果。求异思维具有开拓创新性和迁延性，能够克服凝固化和呆板化的弊病，冲破陈旧的思维模式的禁锢，把思维从狭窄、封闭、单向、趋同的体系中解放出来。总而言之，求异思维是一种高水平的思维，是人类智力水平高度发展的表现。

创新是文化创意的灵魂，这就需要文化创意从业者具备求异思维能力，在一般人习以为常的事物、工具、方法中标新立异，创出新品。求异思维的关键在于不受任何框架、任何模式、任何世俗偏见的约束，能够突破传统观念和思维定式的禁锢，从新的角度和视角认识问题，以新的思路、新的方法创造出更美好的东西。

文化创意中的求异思维不受思维定式的局限，综合考虑创作的主题、内容、对象等多方面的因素，将之作为思维空间中的一个个中心点，并向外发散，吸收诸如艺术风格、民族习俗、社会潮流等一切可资借鉴的要素，将其运用在自己的创作思维之中。因此，文化创意主体要通过不断的努力，及时捕捉创意灵感，不断进行新的文化创意活动。

文化创意产业从业者的求异思维现已经被成功地运用于商业领域。可口可乐受到各个国家、各个层次人们的喜欢，其成功的秘诀之一就是针对不同的消费者使用不同的个性产品包装。可口可乐公司改变以往不便携带、容易破碎的玻璃瓶包装形式，针对低收入者阶层采用成本低、耐储存、易运输的塑料瓶包装；对高收入者采用携带方便、时尚快捷的易拉罐包装；此外，还为零散消费者准备了散装的可口可乐。同时，针对男女消费者不同的口味和爱好，公司还推出了雪碧、芬达等饮料。最难能可贵的是，可乐的红色、雪碧的绿色、芬达的橙色给人以极佳的视觉效果和感官愉悦。该公司丰富多彩的包装形式满足了不同消费群体的需要，使可口可乐品牌深得广大消费群体的喜爱，从而迅速占领了饮料市场的有利地位。在文化产业飞速发展的今天，越来越多的创意主体开始把求异思维应用到更多的文化创意活动中去。

文化创意产业从业者的求异思维法与习惯性思维的思维角度不同，它往往表现为对司空见惯的现象和已有的权威性理论持怀疑的、批判的、审慎的态度。1981年，英国王子查尔斯和王妃戴安娜在伦敦举办耗资高达10亿英镑的世纪婚典。商家以此为商机，在包装盒上印上王子和王妃的照片，在各类产品上设计印制了许多纪念图案，并在报纸杂志上大做宣传广告等大发横财。其中值得一提的成功者是一家经营望远镜的公司。盛典之际，人山人海，趁后排的人们正为无法看到王妃风采而着急时，该公司及时运来一车车“观礼望远镜”，人们立马蜂拥而上，望远镜很快就被抢购一空。婚礼与望远镜之间貌似没有什么直接联系，但精明的商人却敏锐地从中找到了两者之间的内在联系，从而获取了丰厚的利润，这就是“求异”带来的成果。

如果人们想改变自己的世界和生活，首先要改变自己的思维方式。如果把人的大脑比喻为一棵大树，那么人的思维、感受、想象、推理等活动能促使“树枝”衍生。“树枝”越茂密，与别的“树枝”接触的机会越多，产生的交叉点（突触）也就相应增多，并继续衍生新的“树枝”，产生新的突触。如此循环往复，每一个突触都可以促发新变化，新的想法、构思也就层出不穷。

在文化创意活动中，不但要求思维主体透过事物的表面看其本质和规律，更要从中求异，另辟蹊径，通过不断的实践研究，努力创造出新颖的文化创意产品。在实践中，要注意把握事物的本质，持续进行有目的的训练，真正把求异思维融入文化创意产品中。

二、文化创意中求异思维的基本要求

文化创意产业从业者在长期的生产实践经历中，通过深入思考和研究实验，把新鲜的知识、工艺、技术元素融入文化创意产品中，并不断提升产品的使用价值。我们知道，成功之士之所以区别于普通大众，并不全因为“真理掌握在少数人手里”，关键在于他们敢于抛开思维定式进行逆向思考，并在精心策划下迅速把创意思想变成行动。求异思维就是打破思维定式，拓展思维空间，不受条条框框的限制，如开放、多角度地思考，这也就是我们通常所说的“不按常理出牌”。因此，对文化创意产业从业者提出了如下要求。

1. 养成怀疑的习惯

创意主体要用审慎的眼光、怀疑的精神看待一切现成的结论，并对之进行鉴别、探索、深化、联想以产生新创见，决不盲从。任何事物都有两面性，从对立、相反的角度去思考问题，有时会有意想不到的效果。运用求异思维，需要自我否定、自我怀疑的精神，更需要毅力和勇气。

2. 破除定式心理

求异思维是创造发明的动力，它突破一定的思维定向，另辟蹊径，大胆假设，积极思考，提出不同的看法，是一种标新立异的思维活动。因此，我们要摒弃唯命是从、人云亦云的思维态度，应有意识地、积极地进行创新。求异思维是一把创新的利剑，在解决问题时经常剑走偏锋，往往会起到意想不到的效果。

3. 探索发散辐射式思考方式

发散辐射式思考指从已有的知识中去思考与之类似、相关的问题的一种思考方式，连续进行发散辐射式思考，可以帮助拓宽知识面，“举一反三”“闻一知十”

“触类旁通”，培养思维的灵活性。广博的知识和丰富的经验只是形成创造性思维能力的必要条件，而将知识和经验转化为创造性思维能力是一个复杂的过程，它常常需要多种思维形式的综合运用，发散辐射式求异思维就是其中一种重要的思维形式。发散辐射式求异思维指的是从多个不同的方向，甚至相反的方向，探求问题的不同答案的思维过程和方法。任何发明、创造，任何科学理论的创立，首先是建立在求异思维的基础上，无“求异”，无“创新”。

客观世界是相似性与差异性的统一，同中有异，异中有同。在文化创意活动中，创意主体千万不能被事物的表象所迷惑，要善于观察和揣摩，努力从看起来完全相同的事物或现象中发现特殊的本质和规律。在工业和商业竞争中，这样的例子不胜枚举。例如，当彩电屏幕越来越大，功能越来越强，价位越来越高，按键越来越多，成本越来越高，使用方法越来越复杂时，有些厂家及时推出功能减少、使用方便、能耗降低、价格低廉的大屏幕电视机，销售量大增，这就是求异思维的结果。又如，可当帽子用的伞，分脚趾的袜子，冷冻室在下方的冰箱等，都是文化创意产业从业者在运用求异思维时所取得的丰硕成果。

古时候有“弃茶卖箩”的故事，说的是有一位茶商到南方贩茶叶，可等他到达目的地时，当地的茶叶已被先来的客商定购一空。情急之下，他心生一计，将当地用来盛茶叶的篾箩全部买下，使得想运茶叶又没有买到茶叶箩的“先来客”只好求助于这位商人。这正是求异思维的典型运用。

在市场主体多元化、市场需求多样化、市场走势复杂多变的今天，文化创意产业只有在不断提高中才能找到新的发展机会，不能满足于“你有、我有、全都有”的态势，要善于洞察经济风云，独辟蹊径，勇于开拓新领域，才能运筹帷幄，寻求到新的企业利润。因此，文化创意主体要积极发挥求异思维的作用，用创新来迎接市场竞争的挑战。

三、文化创意中求异思维的常用方法

1．多角度思维法

多角度思维就是不受点、线、面的限制，进行上下左右、古今中外的联系，选择富有创造性的思路、方法、程序和模式，以求获得最佳效果的思维方法。它既可以从尽可能多的方面和角度去思考同一个问题，也可以从同一思维起点出发，让思路呈辐射状，发散开来，形成多条思维路线，其最直接的效果是能避免思路闭塞、单一、固化和枯竭。

2．侧向思维法

侧向思维法就是把固有的思考领域与别的领域交叉起来，并运用从别的领域中得到的启示和灵感解决本领域内的问题的思维方法。人们通常所说的“类比”“关联”“联想”就属于侧向思维范畴。

3．变形错位思维法

变形错位思维法是在对问题的思考过程中，将头脑中思维对象的形状加以改变或错位，使大脑得到新的触动和启发，实现认识上的突破的思维方法。常见的变形错位思维方法有放大法和缩小法。放大法是指有意扩大思考对象，将个别变成一般来进行思考；缩小法与此相对应，是有意缩小思考对象，将一般变成个别来进行思考。

4. 反方向思维法

反方向思维法是指从相反的方向去思考同一个问题，它常常要打破习惯思维的定式，以全新的思维方式去认识事物、认识世界，进而表达出自己不同凡响的主张和见解。这样就可以激发灵感，得到新的启示，从而得出观点新颖的结论，其最大特征就是创新。具体来说，这种思维没有固定的方向和范围，不墨守成规，不囿于传统方法。

第九节 逆向思维法

鲁迅先生曾说："从来如此，从来如此就对吗?"这段话的意思告诉我们，不要认为习以为常的事情就是正确的，便理所应当地接受，而是要敢于质疑，不要盲目随大流。从人类发展的历史上看，由外燃机发明出内燃机，由凸版印刷到凹版印刷，由太阳能取暖到太阳能制冷等发明，都是人们突破已有的思维局限，运用逆向思维获得创新的成果。

一、逆向思维的概念

人的思维具有方向性，存在着正向与逆向的差异，因此产生了正向思维与逆向思维两种形式，两者是相对而言的。一般认为，正向思维是指沿着人们的习惯性思考路线和思维方式去思考，而逆向思维则恰恰相反，指悖逆人们习惯的思考路线去思考。

逆向思维法是一种悖逆常规思维的思维方式，它是对司空见惯的似乎已成定论的事物或观点进行反方向思考的一种思维方式。逆向思维“逆”的是“一般人思考的方向”，想人之所未想。逆向思维不是一种培训或自我培训的技法，而仅仅是一种思维方法或发明方法，然而要挖掘这一能力，有必要先了解这一方法。

客观世界存在着互为逆向的事物，由事物的正反向，产生思维的正反向。正向思维和逆向思维是密切相关的。人们解决问题时，常常按照习惯的、常规的思维路径去思考，即采用正向思维，虽然有时能找到解决问题的方法，收到令人满意的效果，但在分析某些问题时却不易找到正确答案，这时，运用逆向思维常常会取得意想不到的效果。因此，逆向思维是摆脱常规思维羁绊的一种有效的、创造性的思维方式。

作为创造性思维的一种典型形式，逆向思维集中体现了创造性思维的独特性、多样性、灵活性、新颖性、批判性与反常规性。从事物矛盾双方的关联性来讲，逆向思维是指从一种现象的正面想到它的反面，或从一种现象的反面联想到它的正面，通过找准事物的对立面并以此为基点展开构思的方法是逆向思维方法的基本思路；从思维运动的方向上来看，它指的是思维做反向运动，采取与通常思考问题相反的方向和方式，把对事物的思考顺序反过来，不落俗套、突破常规地进行思考。每一个人都有自己的思维方式，在进行创意和设计的思维过程中，我们一般是沿着惯有的思维模式进行思考，而逆向思维就是要打破这种模式，从全新的角度和多个侧面进行思考，将思考推向深层，将头脑中的创意观念充分挖掘出来。

创新性过程中运用的逆向思维方法是逆向思维借助文化创意的多种知识元素、技术元素、文化元素以及相关的学科知识，从不同方面、不同角度、不同的方向来分析研究新事物、解决新问题的思维过程和方法。

近年来，随着文化产品大规模生产的普及，很多人主张产品的真正美感应寓于功能与外形的完美结合之中，因此外形包装显得至关重要。当各个厂商生产的产品的实质内容基本相同时，变化主要表现在产品外观和附加产品上，包装是其中很重要的一项。由于消费者大多是在购买现场做出购买决定的，更多是依靠感觉的判断，而非认知参与和理性思考。因此，若要引起消费者的注意，就要求外观形式新颖，富有创意，外形的逆向思维设计是不可或缺的。在文化产品包装上，逆向思维设计打破惯常的思维定式，出其不意，反其道而行之，往往会得到新颖的、奇妙的设计方案，达到求新、求异、与众不同的创意效果。这样的文化产品在市场上占有优势，这种逆向思维法使得文化产品的附加值增加了。包装作为促销手段给企业带来增值利润的同时，使包装工业得到迅猛发展，当前中国已成为世界第三大包装国。对于毫无新意的产品，逆向思维往往能带来具体的经济利益，并形成新的文化产品。

文化创意产业从业者的逆向思维也是从相反的角度来思考问题，在面临新事物、新问题的时候，创意主体要学会从不同方面和角度来进行分析和研究，以求尽早解决问题。文化创意产业从业者在需要用逆向思维思考问题时，一般要考虑以下几点：第一，不是从“我要怎么做”，而是从“别人要我怎么做”来想，不要固执己见。如以市场中的产品定价为例，顺向思维应按成本定价，而逆向思维则应按消费者的收入水平定价。第二，敢于逆流而上，标新立异，与众不同，从人们有异议的方面考虑或提出问题。第三，想人之所未想，从人们从未想到的方面考虑问题。

二、文化创意中逆向思维的基本要求

文化创意产业从业者的逆向思维法是在实践过程中产生和运用的，因此，要在实践的基础上不断地锻炼这种思维方式，并将之运用到文化创意产品的创造中，从而创造出与众不同、新颖独特的产品。这就对文化创意中的逆向思维主体提出了如下要求。

1. 破除思维定式

思维主体使用逆向思维需要破除思维定式，打破由过往的经验和习惯造成的僵化的认知模式。文化创意产业从业者的逆向思维是文化层面的思维方式，不同于其他层面。文化是创意的基础与平台，处于文化创意产业价值链的上游，文化提供创意所需的素材和灵感，而创意是激发想象创造的能力和力量。因此，要创造出新的文化创意产品必须克服固有的思维定式。

2. 保持独特的思维意识

创新不是无源之水，而是源于创意。创意作为创新之源，动静兼备。就静态而言，创意是富有创造性的想法、想象、构思、意念或主意；从动态上来说，它是综合运用各种天赋能力、知识经验和专业技术，从现有的资源中求得新概念、新做法或新样式的过程。因此，文化创意中逆向思维的主体要敢于与众不同，从相反的方向思考问题，生产出新的文化创意产品。

3．全方位统筹的意识

文化创意中的逆向思维是方向性的思维方式，它是单向的，常常和正向思维方式结合在一起。文化创意产业从业者要把正反两种思维方式有机地结合在一起，并将相关的知识、信息、经验、技术等各个方面统筹起来，才能生产出新颖的、时尚的、独特的文化创意产品，使受众在强烈的视觉冲击中感到震惊和意外，从而引起兴趣并进一步加深印象。

创新性过程中的逆向思维法和一般的逆向思维法有许多共同之处，也有其独特的方面。逆向思维是用与绝大多数人相反的思维方式去思考问题，运用逆向思维去思考和处理问题，往往能以“出奇”达到“制胜”。创新性的逆向思维法是在文化和创意两者的基础上进行的复杂的思维过程，因此，对文化创意主体提出了更高的要求，文化创意主体要掌握更多的相关知识和技能，并结合时代特征、融合各种知识和技术，创造出具有影响力和实用性的文化创意产品。

从古今中外服装艺术的发展历程可以看出，时装流行的风向标常常受到逆向思维的影响。当某一风格盛极一时，与之相反的风格即将兴起。如在某一特定的历史时期或某种环境下，人们追求装饰华丽、繁复、造型夸张的服饰装扮，以豪华绮丽的风格为时尚，满足自己的审美心理。当这种风格充斥大街小巷时，人们则开始对其产生厌恶，而从简约、大方、朴实中体验到一种清新的感受，进而形成新的流行风格和时尚风潮。

“多一只眼睛看世界”，打破常规，向平时所接触的事物的相反方向看一看，遇事倒过来想一想，从逆向与顺向之间多找些原因，多问些为什么，如此反复，就会产生多一些创作思路。在文化创意的过程中，运用逆向思维方法，在人们常规的创意范畴之外反其道而行之，有时能够起到出奇制胜的独特效果。

三、文化创意中逆向思维的常用方法

1. 反转型逆向思维法

反转型逆向思维法是指从已知事物的相反方向进行思考而产生新的发明构思的思维方法。“从事物的相反方向思考”常常指从事物的功能、结构、因果关系三个方面进行反向思考。例如，市场上出售的无烟煎鱼锅就是利用逆向思维把原有煎鱼锅的热源从锅的下面安装到锅的上面，即是对产品结构进行反转型思考的产物。

2. 转换型逆向思维法

转换型逆向思维法是指在研究某一问题时，因解决这一问题的手段受阻而转换成另一种手段，或转换角度思考，以使问题得到顺利解决的思维方法。如在“司马光砸缸”的故事中，常规的思维模式是“救人离水”，而面对紧急险情的司马光运用了逆向思维，果断地用石头把缸砸破，“让水离人”，救了小伙伴性命，进而顺利地解决了问题。

3. 利用缺点进行逆向思维法

利用缺点进行逆向思维法是指利用事物的缺点，将缺点变为可供利用的东西，化被动为主动，化不利为有利的思维方法。该方法并不以克服事物的缺点为目的，而是将缺点化弊为利，找到解决问题的方法。

第十节　创造性思维的培养

一、自我发现五法

（1）从掌握各种知识技能的速度和难易程度上来认识和发现自己的最佳才能。

（2）从中心兴趣指向的对象和取得的成就上来认识和发现自己的最佳才能。

（3）从自己智力活动（包括观察力、记忆力、思考力、想象力、注意力五个基本因素）的效能上来认识和发现自己的最佳才能。

（4）从自己创新意识的优势上来认识和发现自己的最佳才能。

（5）从良师益友的点拨中来认识和发现自己的最佳才能。

二、科学思考四法

（1）求异思考法：是指对现象之间差异的思考。目的在于揭露已知和未知之间的矛盾，揭示现象与本质之间的差别。

（2）倒转思考法：即把问题倒过来想，有时能别开生面、独具一格。

（3）移植思考法：即吸收别的领域发现的新原理或新技术，作为自己专业研究的基本思想的思考方法。

（4）直觉思考法：要求人们对日常生活中发生的现象加以注意和观察，利用原型的启发，唤起自己的联想和想象，从而产生新的创造性的设想，然后再用实验和抽象思维去证明。

三、思维技巧十则

（1）一线带串，自成系统。

（2）两面关照，正反对比。

（3）重新组合，更新现状。

（4）迂回进取，另辟蹊径。

（5）取人之长，补己之短。

（6）置疑设问，启发思维。

（7）联想移植，不断创新。

（8）博采众长，浓缩精取。

（9）综合归纳，百川入海。

（10）吹毛求疵，补充改善。

四、科学思考十点

（1）思考问题时，要力戒紧张。

（2）对一时实在考虑不出答案的问题，先放置一段时间。

（3）思考问题时，不要毫无自制地想起不愉快的事情。

（4）要充分利用大脑的“最佳时间”，并将较为棘手的问题安排在此时。

（5）当思路被别人打断时，不要勉强作徒劳的追思。

（6）将一些短期内不能得出结论的大问题分解成几个小问题，然后按先易后难、先外围后中心的方法去考虑。

（7）不要在思想有压力时烦躁而轻率地思考、处理问题。

（8）思考问题要养成逻辑分析、综合推理的思维习惯。

（9）晚上要适可而止地用脑。

（10）要力戒嫉妒心理。

五、提高思维能力七窍门

（1）要用加、减兴趣法。目的是使人们在思考问题时开阔视野，扩大胸怀，避免成为个人偏激的奴仆。

（2）考虑所有的因素。

（3）考虑后果和结局。对眼前和短期后果的预测可预知未来，帮助我们从中选择最佳方案。

（4）弄清意图、目标、最终目的。弄清意图，则心中有数；明确目标，则可带来创造性，使问题得以解决。

（5）考虑首要因素。帮助你对所设想的各种可能性进行评价、选择，不凭自己的感觉行事。

（6）考虑更替性、可能性、抉择性。为此，要摆脱普通思维的框框，探求其潜在可能性，并提出与正常提法相对立的设想，检查自己的假设情况，也许其中有不必要的极限因素。

（7）寻求另一角度。这一过程中出现的许多新的想法不但会使你吃惊，而且会帮你很快找到解决问题的新方法。

六、学生思维十大方式

（1）形象思维。

（2）辩证思维。

(3) 创造思维。

(4) 求异性思维。

(5) 侧向思维。

(6) 灵感思维。

(7) 类比思维。

(8) 反馈思维。

(9) 全息思维。

(10) 直觉思维。

七、学生思维五个缺陷

(1)“死”：平时死学，考时死答。

(2)“碎”：知识孤立分散，思维零碎不全。

(3)“单”：思维单调，思路单一。

(4)“浅”：思维表面化，缺乏逻辑性。

(5)“慢”：思维迟钝，思路迟缓，思维的节奏慢。

第二章　创造力的训练

第一节　提高发现问题能力

一、常识悖论探明法

即对与常识相悖的论点，一定要探明其究竟，看其是否真有道理。

二、制造问题深研法

即在不成问题的问题上下功夫。

三、已有问题三思法

即对前人或别人已提出的问题进行思考。

四、现有答案再求法

即在已有答案的基础上更深入一层去探求。

五、词语规范具体法

即在限制词、条件状语中找具体的规范。

六、逻辑推理寻疑法

即要善于发现逻辑上的问题。

七、事物中介细探法

即不能满足于缺乏论据的论证，对于事物的“中介”不能越过去。

八、因果关系先后推敲法

即要认真区别因果关系的先后。

第二节　提高提出问题能力

一、询问法

（1）确立思维对象。

（2）将思维对象尽可能具体地分解成细小的思维因素。

（3）对思维因素进行有意识的方向性的询问。

（4）对询问结果进行整理、分析、创新。

二、分项检查法

（1）确立思维对象。

（2）对事物是否具有其他用途和应用于其他领域、能否用其他事物替代、创新后的事物会产生什么效应、增强或增加思维对象的某种性质会产生什么效应、减弱或减小思维对象的某种性质会产生什么效应、改变或颠倒事物内在属性会产生什么效应、与其他事物进行内在或外在的结合会产生什么效应等进行提问。

（3）对照各个思维因素进行积极的考察、设想，从而获得科学化、程序化、系统化的创新成果。

第三节　提高分析问题能力

一、偏差分析法

即问应该是什么？实际是什么？进行“偏差”分析，确定问题之所在。

二、边界分析法

即问问题是什么？不是什么？问题之外还有什么？分析问题边界，进而引出界定问题。

三、因果分析法

即问问题的真正原因与实际效果如何？根据可能原因推论效果如何？主次原因相关效果如何？分析问题的原因，确定问题的因果。

四、目标分析法

即问问题如何认识？如何描述？选定决策的目标。

五、决策分析法

即问解决问题的决策方案是什么？初步选定决策方案。

第四节 提高解决问题能力

一、目标方法得当法

即既要目标明确，也要方法得当。

二、复杂事物简化法

即不要将事情复杂化。

三、知识积累应用法

即要掌握必要的知识。

四、多种途径探索法

即不要局限于一种途径。

五、摒弃经验创新法

即不要被过去的经验所束缚。

六、思路开阔思考法

即要思路开阔，多方面思考问题。

七、清晰通俗提问法

即要善于将你知道的东西讲述得外行也能明白。

八、适当人选合理法

即要善于向合适的人提出合适的问题。

第五节　创造能力九种原则

一、成功的原则

坚持解决问题定会成功的信心。任何事物的发展都有其规律可以遵循，世上没有人类攻克不了的难关。

二、分解的原则

将思维对象分解成若干细小的思维要素加以分析考察，这是创新思维的一项重要原则。

三、自由的原则

尽情发挥自己的思维，不让自己的头脑受限制，不迷信经验和权威，不害怕嘲笑和失败，自由随意地操纵自己的思想。

四、灵活的原则

多角度、多方面地去考察思维对象，做横向和纵向的比较，分析内在和外在的普遍联系，让创新活动不只局限于传统和习惯中。

五、保留判断的原则

珍视每一次创新思维的各项成果，重要的也好，荒谬的也好，微小的也好，可笑的也好，甚至错误的也好。

六、养精蓄锐的原则

当创新活动和思维停滞不前、心绪烦躁、不能集中注意力时，应采取暂时放弃手头工作的方法，调整心态，转换工作项目、工作环境，养精蓄锐，以等待最佳的工作时机。

七、抽象化的原则

将具体的问题一般化。将普遍的问题特殊化，开阔思维视野，轻装上阵。

八、多数量的原则

尽可能多地提出解决问题的方案，以期“量变”导致“质变”。

九、优化的原则

事物是永恒地发展运动的。在发展过程中，解决问题的原本最佳的方案肯定会因为时过境迁而变得落后，所以创新活动本身要不断地更新，让其永葆最优状态。

第六节　提高创造能力

一、头脑风暴法

头脑风暴法是一种集体创新思维方法：一个集体的

每一个成员都充分启动自己的创新思维，通过开会的方式，就某一个思维对象提出创新方案。每个成员在畅所欲言的同时，对别人的言论不带非理性的表现。

二、角色风暴法

角色风暴法是由用集体中的某一成员扮演由头脑风暴法所产生出来的创意中的一个角色，要求这个角色必须和他现在所处的位置迥然不同。扮演者基于角色的立场和个性提出建议，最后成员回归本职，考察提出的所有提议和方案，择出最优。

三、个体思考法

坚持独自思考问题，以自己的个性和已成形的理论、经验、价值观来刺激创造性思维，提出新奇独到的创意。个体思考法与头脑风暴法互补。

四、列举法

根据事物的特性，包括本质属性、动态特性、静态特性，或者是根据头脑中想要创新的各种愿望，包括消除弊端、满足需要甚至是稀奇古怪的愿望，列举直观的表格，一一针对问题要害，发挥创造性思维，提出创新方案。

五、NM 法

分析创新对象内在属性以及创新目的，选出关键短语或者词组，进行逻辑、发散、联想思维。将创新方案与创新目的对照、结合，择出最优方案。

六、卡片法

将思维对象的组成部分制作成卡片，按其基本规律或方法进行分组、排列、组合，激发灵感. 进行创新。

七、戈登法

提出由抽象到具体的创新主题，分层次地进行头脑风暴法的创新活动，随着主题和范围由广泛至具体，所能抽取的思维触点越来越少，创新成果则越来越精湛。

八、综摄法

收集各方面可供参考的思维因素，对创新对象进行由A至B、由我及他、由具体到抽象的类比、替代、分析、考察、综合，进行多方位的创新思维。一般适用于基础的、大型的创新活动。

第七节　创建力的基础

一、创造力的四个阶段

（1）准备阶段，要注意以下几点：①明确观点（创造的目的、目标，存在的问题）；②收集资料并使之概念化；③对概念进行反复设想，使之图表化、图像化和可视觉化。

（2）酝酿阶段，要注意以下几点：①限制时间，给自己以紧迫感；②积极进行暗示和回想；③用组合与排列的方式进行思考，以期新意识的明朗化。

（3）顿悟阶段，这是产生创造性新意识的阶段。

（4）评价阶段，这一阶段是对整个创造过程的反思，是对创造成果的进一步探讨和总结，并寻求更为科学、合理的创造途径。

二、创造力的七个等级

第一等：具有高度的创造性和想象力，经常提出机智的方法解决问题。

第二等：善于用新的首创方法来解决问题，并创意很多好意见。

第三等：比一般人有较多的新意见，能提出一些费思考的问题，并思考用各种不同的方法加以解决。

第四等：能发挥别人的见解，但他自己的见解却大都是陈旧的。

第五等：在搞一项新工作时，经常向同学讨教，并依靠别人的建议。

第六等：无明显的首创性，很少提供新见解，习惯于老一套的工作方法。

第七等：满足让干什么就干什么，当老一套的学习方法和技巧不适宜时也不想修改。

三、创造力的六个特征

（1）有求知欲望，经常会问“为什么”？“否则又会怎样”？

（2）善于接受新鲜的东西，既敏感又不保守。从事创造的人，任何时候都不允许有“我们试过了”“搞不成”的思想。

（3）要有比别人早发现疑难问题的本领，并能清楚地把问题表达出来。

（4）对需求要有高度的敏感性，要比别人发现得早。

（5）要善于用出乎意料的办法把各种不同的情报联

系起来并归纳在一起。

(6) 敢于背离正统向权威挑战，勇于对习惯的通行的观点提出异议。

四、创造力的十个条件

(1) 如果需要的话，能够夜以继日、年复一年地独自学习和工作。

(2) 勇于承担责任。

(3) 有勇气，在关键时刻能坚持不懈。

(4) 能与别人合作，能理解别人是如何工作的。

(5) 有好奇心，特别对于人类和自然界的各种各样的问题有好奇心。

(6) 爱好实验并力求准确。

(7) 有独立性，愿意探索自己特有的研究途径。

(8) 不但能过细地考虑自己的工作，而且有全局观点。

(9) 在为一项科研项目奋斗时，即使暂时得不到什么荣誉、赞扬或报酬，也仍有责任感，坚持不懈。

(10) 富有想象力。

五、创造型人才的十二个特征

(1) 善于吸取和积累知识与经验。

(2) 兴趣广泛，对事物主动、好奇。

(3) 具有敏锐的观察能力。

(4) 思想流畅，有巨大的变通性。

(5) 不迷信权威，有独立性。

(6) 勇往直前，有一定自信心。

(7) 工作锲而不舍，坚持不懈。

（8）善于揭开创造的序幕。

（9）充满活力，朝气蓬勃。

（10）深思熟虑，思想严密。

（11）不怕失败，勇气十足。

（12）具有良好的口才，表达能力强。

第三章　提高智力的训练

第一节　智力开发

一、增进智能四法

（1）增进智能强度。

（2）改进思维方式。

（3）积累专门知识。

（4）了解自己的心路历程。

二、提高情绪智能法

（1）制定目标法。根据自身情况，为自己的理想、事业、抱负制定一个适当的目标，时刻鞭策自己、约束自己、激励自己进步。目标要制定得不过于苛刻，也要和实际情况有距离。

（2）正确认知法。正确认知自身价值，对于所遭遇的事情能够客观衡量和评价。在成功的时候全盘肯定自己，失败的时候又全盘否定自己，这都是无益的。

（3）乐观的态度。对于挫折、失败、打击从不心灰意冷，一蹶不振。用乐观平和的态度面对生活。悲观失望，自暴自弃，只能慢慢摧毁人的一切。

第二节　智力测量法

一、智能商数测量法

智商（IQ）是智力（Intelligence）和商（Quotient）的简写。

儿童的智商值等于他们的心理年龄除以他们的实际

年龄（按出生年月日计算的年龄），即：

$$IQ=\frac{心理年龄}{实际年龄}\times 100$$

成年人的智商不能够用上述公式来测试，因为成年人几乎没有18岁以下的心理发展空间。

二、情绪智能测量法

（1）是否具有反应、表达、辨认情绪的能力。

（2）是否具有认识并使用人所具有的各种情绪。

（3）是否具有利用情绪来辅助思维的能力。

（4）是否能够借调控情绪来促进自己在情绪和智能上的成长。

三、个体智能测量法

一般是由一位主试对一位被试进行面对面的施测。比较著名的有比内量表、韦克斯勒量表。比内量表的鼻祖是比内—西蒙量表，后来又有针对言语、类比推理、理解、记忆、空间关系、数字等进行相对科学化的斯坦福—比内量表。《中国比内测验》在1982年完成。韦克斯勒量表分为韦氏成人智力量表、韦氏儿童智力量表和韦氏幼儿智力量表，其特点是具有科学性、针对性。

四、团体智能测量法

团体智能测量法是由一位主试同时对若干被试进行施测，其中包括陆军测验、瑞文推理测验和认知能力测验。美国陆军测验包括照令行事测验、算术测验、常识测验、异同测验、字句重组测验、填数测验、类比推理测验和理解测验。英国的瑞文推理测验是针对智力高低水平不同的人进行的测验。美国的认知能力测验是针对不同年龄层次进行的基本概念的测量。

第三节　情商的培养

一、激发情感潜能法

培养自信、自强、正直的积极人格。拒绝任何对情绪、事业成长发展有负面影响的垃圾思维，保持愉悦的心情。

正确评估自我，拓展自我，强化优点，减弱缺点。

二、自控法

利用转移注意力、正确发泄情绪等健康的方法，把握与控制个人情绪。宏观地看待自己所遭遇到的痛苦与快乐。遇事多看光明面，与人为善，不拿别人的或自己的缺点惩罚自己。

三、战胜自我法

摒弃企求别人好感的逢迎心理，追求绝对公平的攀比心理，强调禀性难移的自封心理和害怕探索求知的稳妥心理。以上四种心理是限制发挥自己的选择性和自主能力的僵化心理。要想战胜自己，就必须首先反对僵化，追求发展进步。

四、建立良好的人际关系法

严于律己，宽以待人；真诚、热情地帮助别人；勇于承认自己的错误并迅速加以改正；平时注意小节，信守承诺；深入了解他人，在适当的时候为对方提出建设性意见。

五、感人至深的魅力法

运用谈话、演讲的技巧，调动他人积极的情感因素；态度公正、真诚；为人以身作则，表里如一；语言生动幽默，自然流畅。

六、转败为胜的三部曲法

对于失败，要有精神准备。面对已成事实的失败，不抱怨、不躁怒、不沮丧。冷静地分析原因，树立信心，积极地创造条件，抓住机遇，出奇制胜。

第四节　具体智力测量法

一、SAT 法

SAT 的全称是学术能力倾向测验，即 Scholastic Aptitude Test。主要预测学生是否具备大学学习和研究能力，倾向于在哪些专业领域更具优势。SAT 测验的主要内容是语言和数学。

二、DAT 法

DAT 的全称是分辨能力倾向测验，即 Differential Aptitude Test。主要作用是对初中和高中学生的教育咨询及就业指导。主要包括言语推理、数的能力、抽象推理、文书速度与准确性、机械推理、空间关系、拼写、文法这八项测试内容，每项测验单独施测并单独记分。

三、GATB 法

GATB 的全称是一般能力倾向成套测验，即 General Aptitude Tests Battery，是对一般智力、言语能力、数的能力、空间关系理解力、形状知觉能力、文书知觉能力、动作协调能力、手指灵活性、手部灵巧性的测试。GATB的全套测验结果应用于实际的职业指导和人事工作。

第五节　特殊能力测量法

一、音乐能力测量法

测量音乐能力主要是测量各种感觉辨别力，如音调辨别力、音量辨别力、音程长短的辨别力和对音乐题材中比较复杂的音乐关系的理解，如音程关系、曲调类型和音的构成等。

比较著名的有西肖乐音乐测验、戈登的音乐能力测验图。前者主要是对音调辨别力、音量辨别力、叫间音程辨别力、节奏判断力、音色判断力、音调记忆力的测量，具有适用范围广、时间短的特点。后者则主要测量音调形象、节奏形象、音乐感受，具有准确性、完善性的特点。

二、美术能力测量法

美术能力的测量法有梅尔美术判断力测验、格雷福图案判断测验和霍思美术能力问卷。梅尔美术判断力测验主要是对美术作品的鉴赏能力的测量。格雷福图案判断测验是对美术一般的基本原理的认识和反应的测量。霍思美术能力问卷一般可以成功地将美术学生或美术工作者和其他人员区别开来，对于美术学生将来在美术学校所能取得的成就做一个很好的预测。

三、机械能力测量法

机械能力的测量主要是对运动能力、空间知觉能力、机械推理能力、空间关系能力和机械知识理解及推理能力等的测试。

第四章　科学安排时间的训练

第一节　认识生物节律

一、测定生物节律

生物节律又称生物节奏。自从1960年冷泉港国际生物节律座谈会以后，生物节律学作为一门新的学科正式问世了。生物节奏有年节奏周期、月节奏周期和日节奏周期等。下面介绍的是月节奏周期的具体测定方法。

首先计算从你出生的那天开始到你打算了解的那个月的第一天的总天数。注意，要把闰年的天数计算正确。周岁数除以4，所得的整数即是你曾经历过的闰年数。但有时也会有例外。如1964年1月8日出生的人，要了解1981年4月1日的情况，前后共17年，17除以4得到的整数为4，但实际上曾经历过的闰年数为5，即1964年、1968年、1972年、1976年、1980年。要正确计算经历过的闰年数，可以查阅科普出版社出版的《新编万年历》一书。

生物节奏是用阳历推算的，用阴历推算是不行的。如果你只知道自己的阴历出生日期，就需要根据《新编万年历》一书，从阴历出生日期推算出阳历出生日期。

得到总天数后，分别用23，28和33来除以总天数，得到的3个余数就是你3个周期在所想了解的那个月份第一天所处的位置。

例如：假设某人是1951年6月15日出生的，他想了解自己在1980年10月1日的生物节奏情况，那么从1951年到1980年共29年。

29 × 365天 = 10 585（天）

29 ÷ 4 = 7……余 1（余数舍去不要）

所得的 7，即是他曾经历过的闰年数，因此再需加上 7，即：

10585 + 7 = 10 592（天）

从 1980 年 6 月 15 日到 1980 年 10 月 1 日，共 108 天。

10592 + 108 = 10 700（天）

10700 ÷ 23 = 465……余 5

10700 ÷ 28 = 382……余 4

10700 ÷ 33 = 324……余 8

余数 5，4，8 就分别是某人在 1980 年 10 月 1 日 3 个周期所处的位置情况，即体力周期处于第 5 天，情绪周期处于第 4 天，智力周期处于第 8 天，说明 3 个周期都处于高潮期。

人的体力、情绪和智力的周期性的变化都可以用曲线来表示。这三条曲线都是从出生之日算起，此时它们都从零点开始，先进入高潮期，然后逐渐向低潮期过渡，高潮期和低潮期的天数是相等的。在两个时期相互转换的时候又都经历了一个临界期。严格地说，临界期不是零点，而是包括零点前后各一天（2 ~ 3 天时间）的一个时期。零点可以称为“危象日”或“临界日”。其前后各一天可以称为半临界期。在半临界期中，人体内部同样处于不稳定和频繁变化的状态，因而这时比较容易发生差错。按照生物节奏的理论，体力、情绪和智力的周期性变化不是因人而异的，而是所有的人都是如此的。

为了便于测定生物节律，根据有关资料，可制作一套测定工具，共4件（见图4－1）。

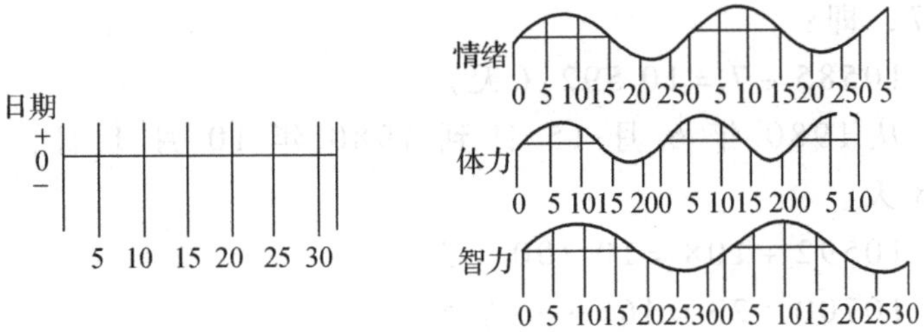

图4－1

3个曲线板分别表示体力、情绪和智力周期；另外一块图板是日期，无论哪个月都适用。须注意的是，3个曲线板下面所注的数字不是日期数，而是不同周期的天数。

在计算出每个周期的余数后，就可用曲线板同日期图板对照出你所处的每个周期的情况。还是以上面的例子来加以说明：1951年6月15日出生的人，在1980年10月1日时，体力周期处于第5天，可以用体力周期曲线板上的数字“5”对准日期图板上的“1”（表示是10月1日），然后使两个图板上的零线重合，这时这个曲线就是这个人在10月份体力周期的全部变化情况。情绪曲线和智力曲线的情况也是如此。

二、利用和调节生物节律

在大自然中，每一种生物都有着自己的“时间表”，作为万物之灵的人类也不例外。人的体温、血压、血糖含量、基础代谢率会发生昼夜性的变化；人体各种器官的机能，人的痛觉、视觉和嗅觉，人对疾病、噪声和药物的敏感性，也都有周期性的变化。今天，利学家们已经坚信不疑，人体中没有哪一种化学变化和物理变化是没有节律的。人的体力、情绪和智力的盛衰变化，就是人体节奏的一个组成部分。

为什么会有各种生物节奏呢？这是因为生物体内存在着多种生物钟，它们调节和控制着生物的行为和活动。研究表明，控制蟑螂昼夜活动节律的生物钟在蟑螂的咽下神经节里；雄鸡报晓使用的生物钟在鸡脑的松果腺细胞中。人体的生物钟在哪里呢？美国的一些解剖学家已经发现，在人的脑干中存在着一个管理时间节奏的神经核，由它控制的节律对人体的生理和病理过程有相当的影响。当然，人体内的生物钟绝非仅此一处，科学家们正对此进行探索和研究。

事实表明，生物钟的活动会受到环境变化的影响。例如，情绪处于高潮期的人，一旦受到意外的打击，如亲人突然死亡等，情绪也会一落千丈；一个情绪处于低潮期的人，如果遇上了正在偷窃的小偷，大脑就会通过内分泌腺分泌肾上腺素等激素，使人变得格外兴奋，奋力前去捉拿小偷。现代神经生理学的知识告诉我们，人的大脑皮层对脑干等部位确实有调节和支配的作用。更何况决定人的行为的因素很多，生物节奏只是其中的一个因素，身体的健康状况、人的精神状态等都会对人的行为有所影响。正如《揭开生物节奏的秘密》一文中所指出的：生物节奏的理论“并不能预测将要发生什么事情，更不能用来求卜、掐算命运，而只是提示，人们在某段日子里可能出现的体力、情绪和智力的倾向而已”。

怎样才能充分利用生物节奏呢？在这里，人的精神状态是十分重要的。就拿体力、情绪和智力的变化来说吧，处于高潮期的时候，就应该充分利用自己良好的“竞技”状态，努力学习，勤奋工作，多做贡献。这时如果盲目乐观，也会给工作和学习带来影响。例如，有的汽车司机就是因为麻痹大意，而在情绪高潮期发生车祸的。

同样，体力、情绪和智力处于低潮期和临界期的人也不必过分紧张。因为紧张的心理状态会影响人的体力和大脑的机能，使工作和学习效率进一步下降。在这一时期，要适当注意休息、锻炼和营养，注意用脑的卫生，如变换大脑活动的方式，轮流学习不同的内容，使大脑的各个区域交替活动、劳逸结合，就可以使大脑仍然有条不紊地工作，有利于提高工作和学习的效率。

“事在人为”。掌握人体生物节奏的规律是为了扬长避短，使人们更好地工作、生活和学习。忧心忡忡是不必要的，盲目乐观也是十分有害的。

在日常生活中，几乎每个人都有这么一种感觉：有时体力充沛，情绪饱满，精神焕发；而另一些时候却又感到浑身疲乏，情绪低落，精神萎靡。迥然不同的两种情况是怎么在同一个人身上发生的呢？我们在此向你揭开这个既神秘而又引人入胜的谜。

1. 希波克拉底的绝招

早在古希腊时代，令人崇敬的医学先驱者希波克拉底就指出：人的健康、情绪是他在降临人世时就决定了的。他嘱咐他的学生们，在医治疾病时要密切注意患者的出生年月与病情的发展日期之间波动的情况。因此，经过他治疗的病人往往能较快地恢复健康。

20世纪初，德国内科医生威尔赫姆·弗里斯和奥地利心理学家赫尔曼·斯瓦波达，通过长期的临床观察，揭开了其中的奥秘。原来，在病人的病症、情感以及行为的起伏中，存在着一个以23天为周期的体力盛衰以及以28天为周期的情绪波动。大约过了20年，奥地利因斯布鲁大学的阿尔弗累特·泰尔其尔教授，在研究了数百名高中和大学学生的考试成绩后，发现人的智力是以33天为波动周期的。于是，体力、情绪与智力盛衰起伏的周期性节奏便开始被揭示了。

2. 优美的三重奏

一些学者根据人体内部周期性的盛衰，认为每个人从他诞生的那时起直至生命的终结，都存在着周期分别为23天、28天和33天的体力、情绪和智力的变化，组成了一首协调、优美而又神秘的三重奏。

科学家们将这个三重奏的“曲子”谱写在同一个坐标谱系内，绘制出了一幅优美的三条波浪形曲线图（如图4-2）。

图中表示的是一个在10月1日出生的人在10月份的“生物节奏”变化的情况。

请看图中的三条曲线和坐标，曲线处于中线以上的日子称为生物节奏的“高潮期”。在这段时期内，此人往往表现为精力旺盛。如体力周期曲线处在“高潮期”，就会感到体力充沛，生机勃勃；当情绪周期曲线处在“高潮期”，就会表现出强烈的创造力，丰富的艺术感染力，心情愉快、乐观；当智力周期曲线也处在“高潮期”，那时人的头脑灵敏，思维敏捷，记忆力强，更具

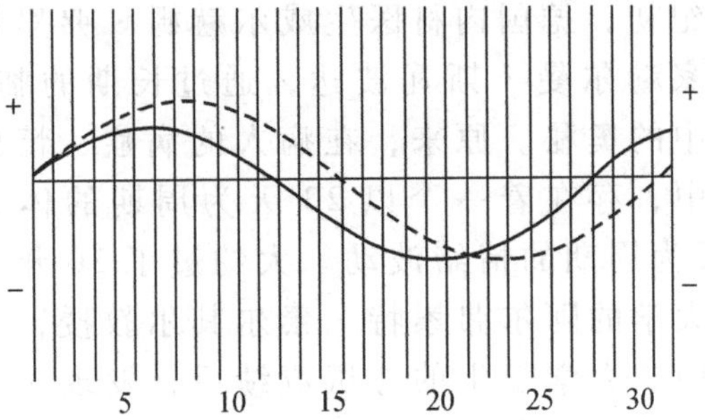

图 4－2

有逻辑性和解决复杂问题的能力。

相反，曲线处于中线以下的那段日子称为生物节奏的“低潮期”。在这些日子里，体力容易疲劳，做事拖拉、畏怯；在情绪方面往往表现为喜怒无常、烦躁、意志沮丧；在智力方面则出现注意力不易集中、健忘、判断率降低等。

在跨越中线的那段日子称为“临界期”，这是一个极不稳定的时期，身体正处于频繁的变化之中，或者说是处在过渡状态。在这段临界期中，极易出现差错，粗枝大叶，容易感染疾病，肌体各方面的协调能力较差，容易发生事故等。

生物节奏是那么有节奏地支配着每个人，但这个理论并不能预测将要发生什么事情，更不能用来求卜、掐算命运，而只是提示人们在某段日子里可能出现的体力、情绪和智力的某种倾向而已。一旦人们能及时而清楚地意识到自己所处的周期变化，那么就可以充分利用它来更有效地工作、生活和学习，即使是处在“临界期”和“低潮期”，通常也完全可以用坚强的意志和毅力去加以克服。

3．调节的基本方法

如用脑的高效时间已形成，但又与生活、学习发生矛盾，就应该有意识地进行调节。关于“大脑的生物日节奏是否可调”这一问题，国内外研究者尚无定论。但许多人的实践证明，大脑的生物日节奏是倾向于可以逐渐调节的。一方面，生物节奏受遗传的制约，有其遗传性；但另一方面它也受环境和时间的影响，有一定的适应性。这一点，表现在大脑活动方面尤为明显。所谓大脑的节奏，无非是以兴奋和抑制这两种状态表现出来，而事实证明这两种生理活动在一般情况下是可以被人控制、受人调节的，并可逐步形成一种定势。

根据这一原理，我们调节大脑生物日节奏的基本方法是：在应该积极用脑的时间内有意识地刺激脑细胞，使之呈兴奋状态；而在不应大量用脑的时间进行自我心理控制。俄国生理学奠基人谢切诺夫的实验证明，人的大脑中有抑制机制。我们在主观上排除消极情绪的影响和外界条件对大脑的干扰，实行自我暗示，即用思想或语言对自己进行意志上的调节，可使大脑细胞转入抑制状态。巴甫洛夫将这种作用称为第二信号系统作用。我国古代也有所谓“入静”的说法，即意守丹田，施行自我控制。除此之外，个别的还可辅以药物调节等其他手段。经过一段时间的适应，“混合型”生物节奏的人可以转变为“猫头鹰型”或“百灵鸟型”，后两者亦可相互转变。

调节生物节奏，不仅要顾及社会活动规律，而且不同年龄的人也应该有所区别。青年学生正处于长身体的时期，不适于长期的夜间大量用脑，但偶尔间断地开几次夜车还是可以的。在校学习的“猫头鹰型”学生如因夜间大脑高度兴奋而失眠，势必影响身体健康和第二天的课堂学习，应该进行调整。中老年人在保证了足够的实际睡眠时间的情况下，长期大量地夜间用脑，问题不大。有必要指出的是，这种用脑活动应该是在情绪高涨、精神愉快、脑细胞兴奋的状态下进行的，如果体乏力尽，脑细胞出现保护性抑制了，还要用“刺股悬梁”的方法刺激脑神经，非但效率不高，而且有损于健康，不宜提倡。当然，大脑疲劳时不一定马上停止读书、写作和思考问题，我们可以调换学习和工作内容，转换大脑的兴奋中心，使大脑的不同兴奋点得到调整、休息。例如，马克思在写作《资本论》感到思路闭塞时就运算数学题，列宁伏案工作累了就靠在沙发上浏览小说，学生在做完一两小时的数学题后可听听音乐等。这样，就可使你保持良好的精神状态，重新投入工作或学习中。

俄罗斯杰出的作曲家柴可夫斯基告诉人们，他成功的全部秘诀在于，每天在规定的时间内做规定的事情，而且保持对于工作的良好的精神状态。由此可以看出，合理安排学习和创造的用脑时间是人才成功的重要因素。只有掌握了自己的大脑活动规律，才能在单位时间内做出较大的成果。如果在脑细胞处于兴奋状态时做事务性的工作，而在脑细胞处于抑制状态叫去记忆、去创新，实在是时间运筹上的一种失策！

当然，一般规律或多数人的情况与个人的实际不一定完全相符，每个人需要根据自己的具体情况进行合理设计，这就是用脑艺术的具体化。例如，有的作家，上午构思迅速，但笔下枯涩；下午文采飞扬，运笔有神。于是他就上午谋局布篇，下午伏案写作。还有的人，在景色秀丽的环境里或节奏舒缓的乐曲中可以提高用脑效率，那么就应该依据这一点进行科学安排，大可不必削足适履，闹出庸人自扰的笑话。

大脑是一个奇妙无比、精巧绝伦的瑰丽世界，虽然智慧的人类已经在仰观茫茫宇宙，俯察点点原子，但对其大脑世界的最高级物质结构和它开出的最美的花朵却所知甚少。只有认识了它，才能够更好地认识世界、改造世界，因此，探索大脑奥秘，研究用脑艺术，富有奇特的魅力。如果人类大脑的潜力能再挖掘出10%，用脑效率再提高一倍，我们的世界将会是怎样的一番景象啊！

三、利用生物节律合理安排学习时间

人体具有生物节律，任何人都有情绪好和情绪不好的时候，这种节律有的是两三天一个周期，有的是一天内出现几次波动，也有的是一年出现一次反复。

这样的生物节律等于大脑活动的节律。生物节律，主要是荷尔蒙和自律神经交替作用的结果，全身的活动都是由荷尔蒙和自律神经交替作用所支配的，大脑当然也不例外。

左脑和右脑都受这种生物节律的影响，既然生理学上已经证明了这种波动的存在，那么我们完全可以利用生物节律来合理地使用大脑。当大脑活动处于波动的低谷时，不论怎样拼命记忆都不会有好效果。相反，如果把记忆活动安排在生物节律的峰巅状态时，就会产生牢固的记忆。

1. 掌握记忆的生物节律高潮时间

大脑的活动具有节律。以大约24小时为周期的高低波动称为昼夜节律，这种生理机制是以太阳的运行为基本条件的。人本来是在有光亮的白天活动，在黑暗的夜间休息，正如植物在白天舒展开叶子一样，在这段时间里人脑处于兴奋状态，而在植物叶子闭合的夜晚，大脑的活动也变得迟钝。本来，任何生物的生命活动都遵循这一基本节律运行，而能够“思考”的人，从某个时期开始变得夜间也进行活动了。

通常人所说的“早晨型”“夜晚型”，即“百灵鸟型”与“猫头鹰型”，是由于要把人脑活动进行分类而创造出的术语。的确每个人大脑的活动时间都有固定的周期，有的人白天兴奋，也有的人晚上兴奋，当你要记忆时，首先应该确认自己属于哪种类型，然后在昼夜节律的峰巅期进行学习，这样就能事半功倍。

人体主要是靠大脑的松果体通过眼睛接受光，然后由交感神经调节荷尔蒙的分泌。既然这种节律是以光的摄取为基础的，那么“早晨型”的人更符合这一节律特点。如果“早晨型”的人熬夜，在电灯下度过夜晚，这一节律就会紊乱。

这种昼夜节律紊乱的典型例子就是“时差反应”。越过子午线后就会出现比之原来生活圈的时间快或慢的“时差”，因此，人的身体连体温、脉搏都会失常，大脑当然也会受到时差的影响，出现一时的“糊涂”状态。在这段时间里，无论你想要记住什么都是徒劳的。为了克服这种紊乱，有的人继续按原来的时间生活，也有的人借助兴奋剂、催眠剂等。

昼夜节律出现紊乱，会给大脑带来很大影响。因此，要想高效率地记忆，必须事先准确地掌握自己的生物节律，在高峰期进行记忆活动效果好。

2．选择最佳时间提取记忆内容

考试的前一天，一直学习到深夜，然后倒头大睡，直到考试的时间马上要到了，才匆匆忙忙闯进教室——不少人有上述经历。以这种姿态迎接考试，尽管拼命用功直到深夜，但成绩往往并不理想。

为了有效地进行记忆，睡眠胜过熬夜。但是，从睡眠中醒来后，大脑并不能立即进入兴奋状态开始工作。刚一醒来就参加考试，成绩当然不会理想，这从脑生理学的角度也是显而易见的。

人的睡眠分为快波睡眠和慢波睡眠，这两种状态在一个晚上交替出现。所谓慢波睡眠，即熟睡状态，此时大脑完全停止了活动；相反，快波睡眠是大脑半睡半醒的状态，睡觉时会出现眼皮眨动等现象。

所谓做梦，是大脑活动引起的，是在快波睡眠状态下发生的。早晨醒来时，人们大多是处于这种状态。人处于半睡半醒状态，大脑要投入正常工作，至少还需两个小时时间。所以，考试时应当早一点儿起床，让大脑从半睡半醒状态中完全清醒过来之后再进入考场。

3．避开“魔鬼时间带”

人在午夜02：00至04：00这段时间里，体温下降，这就是所谓的昼夜节律跌落现象。在这段时间里，人的生理活性减弱。据统计，分娩、脉搏停跳以及各种各样的事故在这一时间带里最容易发生。可以说，昼夜节律低谷对于人来说是“魔鬼时间带”。

在这段时间里，大脑活动当然也很迟钝。翻开书本，只见一行行字从眼前闪过，却根本记不住具体内容。同时，强烈的睡意也会袭扰而来，结果学习毫无收效。

为了不陷入这种困境，即使有许多工作、学习任务，至少也必须在02：00至04：00这段时间睡眠。通过睡眠，避开这段“魔鬼时间带”。尽管睡眠并不能保持记忆，但不睡眠会使记忆不断减退。

4. 积极休息与记忆节奏

美国一位心理学家曾做过一个有趣的实验。他把弥尔顿的著名长诗《失乐园》每50行为一段，分为9段，每段间隔给一定的休息时间，然后调查人们全部背诵这首诗下来要用多长时间。结果，间隔休息1小时，要用140分钟；间隔休息1天，要用60分钟；间隔休息7天，只用46分钟。这个实验结果告诉人们，为了有效地记忆，间隔休息时间越长效果越好。

在记忆活动中插入适当的休息，能够提高记忆的效果。为了从生理学角度对此加以证明，人们还进行了其他实验。例如，从同大脑温度的关联上进行解释，企图证明长时间集中使用大脑会使脑温上升，大脑活动变得迟钝，所以有必要用一定的间隔休息使大脑冷却。

然而，人脑的温度几乎是没有变化的。人们常说“冷静点”，但实际上大脑温度并没有上升。

尽管从生理学的角度并不能证明记忆需要休息，但休息本身不仅可以使大脑得到放松，并且还可以给大脑活动带来有益的节奏。在大脑活动本身并没有节奏的情况下，应当人为地使它具有一种调剂节奏，在繁忙的工作中，哪怕只要休息两三分钟，也都会使紧张的大脑稍稍松弛一下，这对记忆活动大有好处。这种节奏要自己掌握和调节，喝杯茶，吃顿饭，聊聊天，舒展一下身体，这些活动都能起到积极的作用，给记忆带来轻松愉快的感觉。

第二节　科学利用人体24小时

人们的身体在一天24小时内有其自身的生理活动规律，掌握和利用好这个规律．就能科学地利用好时间。

一、人体在24小时内的生理奥秘

01：00：人已处于轻微睡眠状态，此时易感到疾病的存在。

02：00：除肝脏外，大部分器官基本停止工作，肝脏充分利用这段空闲时间紧张地工作，为人体排除毒素，此时千万不能喝咖啡或茶，特别是酒精类饮料，最好喝水和牛奶。

03：00：肌体处于休息状态，体力几乎完全丧失，此时的血压、脉搏和呼吸处于最弱状态。

04：00：呼吸微弱，大脑供血量最少，肌体处于最微弱的循环状态，此时人最容易死亡，但此时人的听力很敏锐。

05：00：肾脏不分泌任何物质，因为已经经历了几次梦的过程，此时起床能很快进入精神饱满状态。

06：00：血压上升，心跳加快，即使我们想睡觉，此时肌体也已经苏醒。

07：00：人体免疫力特别强，此时受到细菌或病毒的感染，人体能够轻易战胜它们。

08：00：肌体休息完毕，肝脏已将身体毒素排出，这时千万不能喝酒。

09：00：兴致高，病痛感弱，心脏全力工作。

10：00：人体处于最佳状态，热情将一直持续到午时，任何工作都能够胜任。

11：00：心脏有节奏地继续工作，并与我们的心理积极保持一致，此时几乎感觉不到大的工作压力。

12：00：人的全部精力被调动起来，此时不应吃大量食物，最好晚一小时吃饭。

13：00：肝脏休息，白天第一阶段的兴奋期已过，此时会感觉有些疲劳，最好适当休息一下。

14：00：精力消退，此时是24小时周期中第二个低潮阶段，反应迟缓。

15：00：感觉器官尤其敏感，特别是嗅觉和味觉，之后，人体重新走入正轨。

16：00：血液中糖的含量上升，一些医生把这一时期称为“饭后糖尿病”，但这不是病，兴奋期过后血糖开始衰退。

17：00：效率仍很高，运动员应加倍努力训练。

18：00：人体疼痛感减弱，想多运动的愿望上升，心理稳定性降到了极点。

19：00：血压上升，兴奋性逐渐下降。

20：00：人体重量最大，反应出奇的敏捷。

21：00：精神状态一般，此时记忆力好。

22：00：血液中充满白细胞，白细胞的数量增加一倍，体温开始下降。

23：00：人体准备休息，细胞修复工作开始。

24：00：如果我们此时休息，那么无论是肌体还是大脑都将排除一切干扰，很快进入梦乡。

二、人体在24小时内的大脑记忆高潮

（1）清早起床。大脑经过一夜的休息，对事物的印象清晰，比较适宜学习一些难记的知识。

（2）08：00～12：00。这段时间精力充沛，大脑思考能力严谨而周密，是攻克难题的好时机。

（3）18：00～20：00。这段时间是用脑较佳时刻。利用这段时间复习一天所学的知识，可以加深印象。

（4）睡前1小时。这时复习一下比较难记的东西，不易遗忘。

第三节 根据思维类型安排学习时间

我国有句俗话，“一日之计在于晨”. 意思是说，清晨是最佳的用脑时间；外国也有句流传较广的谚语，“夜间是作家的天堂”，认为夜间用脑效率高。这两种讲法似乎矛盾，但按实际情况来讲，却是因人而异的。

如果你自己留心过就会发现，在同一天的凌晨、清晨、上午、中午、下午、傍晚、深夜等不同时间里，你的思维效率是不同的：有时精力充沛，才思泉涌；有时昏昏欲睡，思路迟钝。我们不妨将一个人全天的思维状态用曲线来表示（如图4－3）。

把处于曲线波峰的区域称为高效用脑时间，把处于

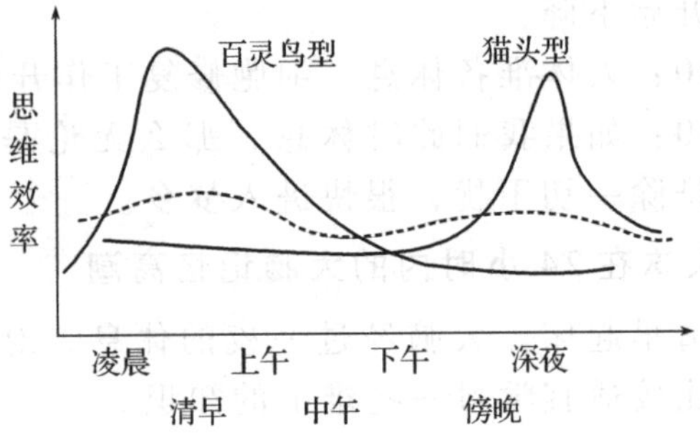

图 4－3

曲线波谷的区域称为低效用脑时间。虽然这两种状态下脑细胞的工作程序是相同的，但在高效用脑时间里，大脑接收、整理、贮存信息以及输出信息的效率比其他时间都高，而且容易导致创造的冲动和灵感的闪现。

在这些思维状态曲线中，你就可以寻找到自己的一条高效用脑时间曲线。为什么在一天的各段时间里人们的思维效率有高有低呢？在生物界里有这样一种现象：公鸡到了黎明就高声啼叫，蝙蝠在夜间却异常活跃，向日葵在阳光下抬起笑脸，夜来香在月色里散发幽香……它们这种不同的活动规律是由其体内的一种特殊的机制所决定的。科学研究证明，在人体内，也有一种特殊的机制在控制、调节着人的生理和病理活动。俄罗斯的脑生理学家和医学家，通过对许多人的脑生理活动的观察和研究，对人们大脑的生理节奏做出如下两种分类："猫头鹰型"和"百灵鸟型"。

一、"猫头鹰型"思维

属"猫头鹰型"生物节奏的人具体表现在：一到夜

间，脑细胞即转入高度兴奋状态，精力集中，思维十分活跃，工作效率极高。这一点，由于特殊的工作性质，作家表现得较为明显。鲁迅先生白天会客、读书、看报，积累创作素材，而在夜间挥笔著文，常常写到翌日深夜一两点；法国著名作家福楼拜习惯通宵写作，他房间里彻夜亮着的灯光竟成了塞纳河上船夫的航标灯；英国作家狄更斯有“夜游”的习惯，他在夜间走街串巷，然后到一个下等公寓或酒馆坐下，掏出纸笔记录自己的思想；巴尔扎克更独特，他傍晚18：00吃完晚餐就上床睡觉，而在午夜24：00起床写作，他的助手终因不堪其苦而告辞。我国著名作家巴金和诗人何其芳也喜欢在夜间写作，常常是一发而不可收，不知东方之既白。

奇思常伴暮色来，一夜灯花风度红。差不多每个作家都有过失眠的痛苦和创造的欢欣。如同世上婴儿夜间出生的居多一样，许多美妙的作品往往产生于月朗星稀之际，有的作者甚至因此而将书名起为《灯下集》《月下集》《书海夜航》《燕山夜话》等。

二、“百灵鸟型”思维

另一种属“百灵鸟型”生物节奏的人则完全相反。他们在清晨和上午精神焕发，朝气蓬勃，记忆和创造效率较高，而晚上到了一定的时候，大脑的工作效率就降低了。像作家姚雪垠、数学家陈景润，习惯在凌晨03：00投入工作；俄国文豪托尔斯泰也习惯于早晨写作；诗人艾青也喜欢在凌晨起床写作，一直工作到早晨八九点钟。他们认为，这个时候头脑最清醒，思路明快，犹如草叶上的露水。英国小说家司格特亦有类似体会，他说：“我的一生证明，睡醒和起床之间的半小时非常有助于发挥我创造性的任何工作。期待的想法，总是在我一睁眼的时候大量涌现。”

三、“混合型”思维

在“猫头鹰型”和“百灵鸟型”之外还有一种情况，即随时都可以创作，全天用脑效率都差不多，无所谓白天、黑夜之别，我们称之为“混合型”。属这一类型的人，主要是恰当地安排好各种活动的时间，如工作、劳动、社会活动等，以便集中精力，发挥大脑的思维效率。

第四节　制订科学的学习计划

中国古代大教育家孔子说过：“凡事预则立，不预则废。”（做任何一件事如果事前有准备，就往往能成功，否则就常常会失败）西方有位哲学家西塞罗也说过：“任何事情开始前都要有个充分的准备。”法国著名文学家雨果则说的更为全面：“有些人每天早晨预定好一天的工作，然后照此实行，他们是有效利用时间的人。而那些平时毫无计划、靠遇事现打主意过日子的人，只有混乱二字。”正像建造楼房先要有图纸、打仗先要有部署一样，成功有效的学习也必须制订好一套切实可行的计划。

一、制订学习计划的益处

（1）能减少学习的盲目性，使学习步入一个有条理的良性循环之中。

（2）能正确地知道所需完成的学习任务的主次轻

重。

(3) 能科学合理地分配各项学习内容所需时间。

(4) 把时间尽可能多地用在有价值、有意义的事情上，减少时间的浪费。

(5) 能培养自己在有限的时间内完成学习任务的能力。

(6) 有利于养成良好的学习习惯。

(7) 有利于培养自己的学习品质和锻炼自己的学习意志。

要充分地利用时间，搞好学习，离不开制订计划和日程表。计划是指对工作的长期打算和安排，而日程表是指处理现在的学习、工作任务较具体的逐日计划。我们这里讲的主要是后者。

二、怎样制订学习计划

计划要全面考虑，统筹兼顾。同学们正处于生理、心理发育时期。而只有在思想、学习和身心几个方面都得到了发展，才是一个合格的接班人，才符合教育方针的要求。因此在制订计划时，要把这几方面放在一起，统筹考虑，不仅要规定学习任务和目标，而且还要安排参加社会活动、为班级集体服务、锻炼身体和娱乐休息时间，不能只有吃、学、睡，那岂不是太单调、太乏味了吗？

分清主次，合理安排。学习生活的各个方面的内容、比重、位置是不一样的，是有主次之分的。那些常规的学习内容（如各门功课的学习和其他课外活动）及学习中的主科和副科，所占用的时间比例是不一样的，应充分看到这些差异，才是科学的合理的计划。

从实际出发。有个性特征，目标不能过多。做什么都要讲求实效，要量力而行。在订计划时，要充分考虑自己的实际能力和水平，突出重点，照顾到自己的实际能力，目标任务不要订得太高. 否则还不如不订。对那些自己感到学起来吃力的学科，就可以多分配一些时间，而对自己感到学起来不太困难的学科，则相对少用些时间。

要和老师的教学同步、协调。计划的目标是为了提高学习效率，是为了帮助自己学习，因此要处处与老师的教学配合，协调、同步，才会促进自己的学习。

要张弛有度，留有余地。计划毕竟是一种设想，并不等于现实，在付诸实施的过程中，还可能出现各种各样的情况，而影响计划的实现，因此要留有适度、灵活机动的时间，做到张弛有度。

要留有适当的休息时间。人的大脑活动是有一定限度的，用长了就会产生厌倦、疲劳，工作效率就会降低，如果在安排时间表时一点儿休息时间也没有，那么连续工作两小时就会出现厌烦、注意力不集中和对学习内容的不满情绪。所以在安排时间时，就应设计出相应的休息时间。小学生一般在学习 25 ~ 35 分钟后、中学生一般在学习 40 ~ 50 分钟后即应休息一会儿。休息时间可确定在 5 分钟左右，太长了也不好，因为它会使学习劲头丧失，不利于继续学习。

需要注意的是，脑力劳动的疲劳不同于体力劳动的疲惫，它主要是对工作厌倦和兴趣不足，而不是真的无法工作学习下去。所以，休息时间不必太长，变换一下活动方式、身体姿势，或散散步、听听音乐、唱唱歌等，都是很好的休息。

在具体订计划前你不妨先回忆一下，你在做下面这些活动时都用了多少时间，并分类列入表4－1中，你也许就会认为我确实需要订一个学习时间表了。

表4－1　各项活动时间表

活动内容	周次				
	一	二	三	四	五
睡觉					
吃饭					
上课					
复习					
作业					
社团活动					
体育活动					
家务劳动					
娱乐					
其他					

三、怎样制订时间表

为了帮助大家制订出一个具体可行的时间表，我们特从沃尔特波克的《创造性的学习方法》中摘出相应内容，供大家参考。

1．时间表的类型

每个人都应当选择与其个人情况最相适应的时间表类型，这点很重要。有些学生如果有份详细的时间表，也能学习得更好。而有些学生把所要做的事列成一张简表，也能学习得更好。一个学生应订哪一个类型的时间表要受他个人情况的影响。学校里有各种各样的学生，有住校生、走读生、勤工俭学生、夜校生以及兼职学生，他们对时间安排有不同的要求，每个学生都应该根据个人的情况安排时间，而不应该采用几乎对任何人都不适合的某种理想的模式。

适合于你的时间表是行之有效的。随着时间的流逝和经验的增加，你会使自己的时间表不断地完善，一直到它能完全适合你的情况为止。

2．总时间表的制订

任何时间安排和活动的计划都必须以一个总时间表为核心——就是说，一份活动的固定时间表，一张总时间表，一学期排一次就行了，除非基本的课程表有所变动。表4－2就是一份总时间表的格式。首先，把所有要参加的学校活动，例如，课程、上课以及实验时间都填上；其次，再填上其他固定的活动，如打零工、路上所花时间、锻炼、例会等；第三，再加上家务杂活、睡眠及进餐时间。把固定活动的时间都填上了，表中的空白部分你就可填入每周及每天的活动规划了。你可以把这份主要活动时间表抄在一张 5 英寸 ×8 英寸的卡片上，贴在桌子上或夹在笔记本里，这样你的脑子就不会一团糟了。更重要的是，你还可以设想表中的空格就是你可以用来做其他必须做的事情的时段。

表 4－2　总时间表

时间	星期一	星期二	星期三	星期四	星期五	星期六	星期日
07：00～08：00	穿衣与早餐						
08：00～09：00	历史		历史		历史	穿衣与早餐	
09：00～10：00		体育		体育		体育	穿衣与早餐
10：00～11：00		化学		化学	化学		
11：00～12：00	外语		外语		外语		
12：00～13：00	午餐						
13：00～14：00	数学	活动	数学	活动	数学		
14：00～15：00				化学实验			
15：00～16：00							
16：00～17：00	外语		外语		外语		
17：00～18：00							
18：00～19：00	晚餐						
19：00～20：00							
20：00～21：00							
21：00～22：00							
22：00～23：00							
23：00～24：00	睡觉						

3．分类时间表的制订

有了一张总时间表作为基础，你就可以设计一份任何类型的时间表，这份时间表能适应你的课程，适应部分时间工作或全日工作，与你独一无二的个性相结合。

星期一/星期二/星期三

09：00~10：00：利用历史课（一门讲课形式的课程）后的课余时间复习讲课笔记。

10：00~11：00：由于外语（11：00）是一门背诵课，你可以利用课前空余时间准备一下。

14：00~15：00：数学课（13：00~14：00）常常要讨论一些题目，并将解法写在黑板上，你可以做一些有关讨论和解题法的笔记。同时因为数学题的解法很快会被忘记，可以利用这段空余时间（14：00~15：00）把上一小时课堂上讲的内容复习一遍。

15：00~16：00：外语课（14：00~15：00）常常是讨论课，利用空余时间提前准备一下。

19：00~20：00：晚自修的时间开始了，先复习外语．这是一天的最后一堂课，这样你就能把写的笔记在遗忘前复习一遍。

20：00~21：00：先复习当天的笔记，做当天指定的作业。

4．周时间表的制订

在总时间表的基础上所做的详细的一周时间表．假定这就是你自己的计划，根据书中的分析来研究下面的时间表（见表4－3）。

5．日时间表的制订

你可能会需要一张能随身携带的每日时间表，一张

表 4－3　周时间表

<table>
<tr><th>时间</th><th>一</th><th>二</th><th>三</th><th>四</th><th>五</th><th>六</th><th>日</th></tr>
<tr><td>07：00～08：00</td><td colspan="7">穿衣与早餐</td></tr>
<tr><td>08：00～09：00</td><td>历史</td><td>学习化学</td><td>历史</td><td>学习化学</td><td>历史</td><td>学习化学</td><td></td></tr>
<tr><td>09：00～10：00</td><td>学习历史</td><td>体育</td><td>学习历史</td><td>体育</td><td>学习历史</td><td>体育</td><td rowspan="3">娱乐，闲谈，娱乐性阅读</td></tr>
<tr><td>10：00～11：00</td><td>学习外语</td><td>化学</td><td>学习外语</td><td>化学</td><td>学习外语</td><td>化学</td></tr>
<tr><td>11：00～12：00</td><td>外语</td><td>学习化学</td><td>外语</td><td>学习化学</td><td>外语</td><td>学习化学</td></tr>
<tr><td>12：00～13：00</td><td colspan="7">午餐</td></tr>
<tr><td>13：00～14：00</td><td>数学</td><td>课外活动</td><td>数学</td><td>课外活动</td><td>数学</td><td colspan="2" rowspan="6">娱乐，闲谈，特别作业，阅读困难科目的额外作业，全面复习</td></tr>
<tr><td>14：00～15：00</td><td>学习数学</td><td>图书馆找资料</td><td>学习数学</td><td>化学试验</td><td>学习外语</td></tr>
<tr><td>15：00～16：00</td><td>学习外语</td><td>图书馆找资料</td><td>学习外语</td><td>化学试验</td><td>学习外语</td></tr>
<tr><td>16：00～17：00</td><td>外语</td><td>图书馆找资料</td><td>外语</td><td></td><td>外语</td></tr>
<tr><td>17：00～18：00</td><td colspan="5">娱乐</td></tr>
<tr><td>18：00～19：00</td><td colspan="5">晚餐</td></tr>
<tr><td>19：00～20：00</td><td>学习英语</td><td>学习数学</td><td>学习英语</td><td>学习数学</td><td>学习英语</td><td rowspan="3">娱乐</td><td>英语作文</td></tr>
<tr><td>20：00～21：00</td><td>学习外语</td><td>学习历史</td><td>学习外语</td><td>学习历史</td><td>学习外语</td><td>英语作文</td></tr>
<tr><td>21：00～22：00</td><td>复习外语</td><td>复习外语</td><td>复习历史</td><td>复习数学</td><td>复习化学</td><td>学习历史</td></tr>
<tr><td>22：00～23：00</td><td colspan="7">闲谈</td></tr>
<tr><td>23：00～24：00</td><td colspan="7">睡觉</td></tr>
</table>

（引者注：基本内容分布可供参考，但晚间休息时间可提前）

3 英寸×5 英寸大小的卡片正合适，你可以将它放在衬衣口袋或手提包里，这样你需要的时候就可随时查看。

每晚离开书桌前你看一下总时间表，了解一下第二天要去上哪些课，并且有多少空闲时间，然后在一张卡片上草草写上第二天的计划：准备学习的科目、要办的事、约会、体育、娱乐以及你想参加的其他活动，给每一项活动规定时间，为此花费的 5 分钟是非常重要的。理由有两个：第一，你把安排记在卡片上随时可查阅，这样可使你的脑子不会一片混乱；第二，你能将未来的一天先在脑子里过一遍，好像这样就开动了一个心理钟，使你能按照预定的时间行动。

注意，在表 4－4 里，每日时间表是以时段为基础组成的，不是由小片时间组成的。给每一个题目或活动规定一段时间将保证你工作的效率最高。

表 4－4　日计划表

课程	作业	估计所需时间	预定完成日期	预定完成时间
化学	第五章，第 32 页，阅读	2 小时	13 日，周一	08：00
英语	写论文	18 小时	20 日，周一	09：00
数学	做第 110 页到第 11 页习题	3 小时	14 日，周二	10：00
物理	做工厂设计	8 小时	17 日，周五	11：00
美术	画电视元件图	6 小时	17 日，周五	01：00
体育	第六章，第 40 页，阅读	$2\frac{1}{2}$小时	22 日，周三	08：00

表 4 – 5 是根据作业情况所做的一周时间表，本表作于 11 月 11 日，星期六，是下星期的安排。

表 4 – 5　周计划表

日期	作业	上午	下午	晚上
日	语文，读第五章 英语 – 找题目		19：00 ~ 21：00 21：30 ~ 22：30	
一	英语 – 找资料 数学 – 习题	14：00 ~ 18：00	19：00 ~ 22：00	
二	英语 – 找资料 自习	08：00 ~ 10：00	15：00 ~ 18：00	19：00 ~ 22：00
三	英语 – 初稿自习	14：00 ~ 18：00	19：00 ~ 22：00	
四	英语作文自习	08：00 ~ 10：00	15：00 ~ 18：00	19：00 ~ 22：00
五	英语 – 定稿活动		14：00 ~ 18：00	19：00 ~ 21：00
六				

需要说明的一点是，我们在科学地安排学习时间时，必须要充分考虑到自己在一天中学习效率的差异。据专家们研究，人在一天中的不同时间里学习效率是不一样的。上午要比下午好，上午中又以 08：00 ~ 10：00 这一段时间学习效率最高，而下午 13：00 左右时效率最低. 在下午 15：00 ~ 17：00 时效率又较平稳，晚上 20：00 ~ 22：00 点最适宜看书（预习最好），而在早饭前和临睡前又较适宜背诵。

当然，落实到每个人身上又稍有差异，但基本如此。如果说上面所引的时间表系外国人制订不太适用的话，下面我们给大家设计一张日学习时间表，供参考。

6. 日学习时间表的制订

日学习时间表参见4－6。

表4－6　日学习时间表

时间		活动内容
起	止	
05：00	05：20	起床，洗漱，杂事
05：20	06：00	背英语（或语文课文）
06：00	06：30	早饭（休息）
06：30	06：50	早自习
11：30	13：30	午饭（午睡）
17：00	18：00	复习当天课程
18：00	18：30	晚饭（休息）
18：40	20：00	作业
20：00	21：00	预习
21：00		背单词（诗）、睡觉

（注：如不是平时上课而是在节假日时，可在上、下午依效率特点自行设计，参见假日时间表）

除此之外，我们还有必要考虑一下假期的时间安排。因为同学们在一年的学习中，有1/4的时间是在寒暑假中度过的。而在这一期间，由于没有学校中那严格的时间约束，大家很容易放任自流，使学习陷于盲目状态，从而会白白地消磨很多宝贵的时间。而实际上，假期正是大家总结以往学习内容和经验、巩固学习的知识、弥补薄弱学科、进行适时有度休整的大好时机，还可以预习下学期将要学习的知识，适当地进行一些拔高式的强化训练，为下学期的学习打下良好的基础。下面我们再提供一份简要的假期时间安排，供参照使用。

7. 假期时间表的制订

假期时间表参见表4－7。

表4－7　假期时间表

时间		内容	备注
起	止		
06：00	06：30	学英语（背单词、课文）	这仅是一天的大致安排，时间学可因人调整，每周可休息1～2天
06：30	08：00	洗漱，吃饭，家务，休息	
08：00	09：00	专攻一门薄弱的学科	
09：00	09：20	休息	
09：20	10：40	做假期作业	
10：40	13：40	午饭，午睡	
13：40	15：00	假期作业	
15：00	15：20	休息	
15：20	16：00	练字，画画，练琴（任选）	
16：00	饭前	自由活动	
睡前		适当记一些名言、单词或公式、定理等	

第五章　提高心理素质的训练

第一节　良好心理素质的培养方法

一、健康心理的标准

（1）正常的智力。

（2）心理特征符合自己的年龄特点。

（3）具有比较完善的人格。

（4）有清楚的自我意识。

（5）有健康的情绪。

（6）适宜的人际交往。

（7）能坚持正常的学习、劳动和工作。

二、健康心理的特征

（1）与大多数人的心理相一致。

（2）在自己所处的环境中有充分的安全感。

（3）能坚持正常的学习、劳动和工作。

（4）能对自己做出适当的评价。

（5）能与他人保持正常的人际关系。

（6）积极的情绪多于消极的情绪。

（7）具有健全的人格。

（8）有正常的行为，做事有目的、有计划。

（9）生活目标切合实际并不断进取。

三、健康性格的表现

（1）有良好的现实生活态度。

（2）有独立性。

（3）有爱别人的能力。

(4) 适当地依靠他人。
(5) 发怒能自控。
(6) 有长远打算。
(7) 善于休息。
(8) 对他人宽容和谅解。
(9) 不断地学习和培养情趣。

四、成熟心智的十五种表现

(1) 忍耐力强。
(2) 勇于负责。
(3) 能独立思考，能做出正确的决定。
(4) 当别人激动时能保持冷静。
(5) 不以节假日为满足，有长远的计划。
(6) 不过分吹嘘、夸耀自己。
(7) 能够接受别人的意见。
(8) 不轻易发怒。
(9) 能够了解并遵守命令。
(10) 不盲目冲动。
(J1) 不虚张声势去争取朋友。
(12) 从现实中找到幸福，知足常乐。
(13) 能接受批评并从批评中得到启示。
(14) 能离开父母而生活，但仍能尊重双亲。
(15) 能够认识自己的能力和周围的环境。

五、造成忧郁的十大原因

(1) 盲从，迷信书本与权威。
(2) 绝对化，遇到挫折就感到前途暗淡。
(3) 带上“有色眼镜”，抓住一点点儿消极念头，翻来覆去地在脑中纠缠。

（4）自卑，认为己不如人。

（5）草率结论，始终认为未来凶多吉少。

（6）万事走向两个极端。

（7）不合情理。总以为自己做错了什么事。

（8）“应当”论者，总是认为：我本来应该这样做的。

（9）乱贴“标签”，一处失误，脑子里总想自己不行了。

（10）强加于己，万事认为错在自己。

六、抑郁症自疗六法

（1）把脑子里的消极思想在纸上写出来。

（2）把这些扭曲了的思想读一遍。

（3）告诉自己荒唐的感觉正是由于这些不正确的思想产生的。

（4）告诉自己能够战胜痛苦，即使是真正的悲伤也大都来自歪曲性的思维。

（5）把对自己的估价建立在成就等固有价值之上，建立在外貌、声望、财富之上的自我价值是虚伪的。

（6）要尊重自己，敢于面对现实。

七、抑郁症的八种表现

（1）时不时有想哭一场的念头。

（2）食欲不振，睡眠失调。

（3）一到傍晚就开始自我感觉不佳。

（4）不想跟人交往，即使该人招人喜欢。

（5）体重下降。

（6）莫名其妙地感到疲劳。

（7）心跳加快。

（8）对未来失去信心，做出某项决定也越来越困难等。

八、产生忧虑的十大根源

（1）爱走极端。

（2）以偏概全。

（3）凡事往坏处想。

（4）妄自菲薄。

（5）妄下结论。

（6）夸大事实。

（7）错估自己。

（8）老爱后悔。

（9）总觉自己笨。

（10）把责任都揽到自己头上。

九、控制发怒六要则

（1）感到易怒之事尽快避开。

（2）找知己倾诉自己的委屈。

（3）致力于事业的上进或爱好，忘却烦恼。

（4）放宽心胸，进行自我安慰。

（5）理智地让步，既对自己有好处，又可取得主动。

（6）遇有纠纷，要正确对待。

十、忌怒五法

（1）生活步调放慢一点儿。

（2）忍耐。

（3）培养幽默感。

（4）增加愉快的生活经验。

（5）学会从光明的一面观察事物。

十一、中学生有害心理十种

（1）偏科心理：喜欢单科，不全面发展。

（2）等待心理：白天等夜晚，今天等明天。

（3）唯我心理：过分相信自己，怀疑一切。

（4）应付心理：作业马虎，做事随便。

（5）得过且过心理：求60分万岁。

（6）随心所欲心理：学习无计划、无目的。

（7）对策心理：不想学，欺骗老师与家长。

（8）无所谓心理：一切不看重，成绩差无所谓。

（9）依赖心理：平时不认真，考前抄复习资料。

（10）片面强调环境心理：不发挥内因作用，片面强调外因。

十二、躁怒的十大恶果

（1）躁而心乱，怒而冒险。

（2）躁而偏信，怒而蔽目。

（3）躁而变愚，怒而失谋。

（4）躁而排才，怒而失贤。

（5）躁而生病，怒而自亡。

（6）躁而远己，怒而变孤。

（7）躁而错断。怒而冤人。

（8）躁而多疑，怒而失机。

（9）躁而害己，怒而利敌。

（10）躁而失信，怒而失民。

十三、虚荣心的十二种表现

（1）喜欢谈论有名气的亲戚和朋友。

（2）热衷于时髦服装，对外国货敏感。

（3）不愿进低档餐馆。

（4）不懂装懂，事后又后悔。

（5）失败时强调客观原因。

（6）对名著、名片只求一知半解以应付谈论。

（7）对表扬沾沾自喜。

（8）交朋友过分注意对方长相和门第。

（9）讲排扬，摆阔气。

（10）爱争论，无论对与错总不认输，谈话中爱打断对方。

（11）当别人强于自己时，内心就感到不悦或不服气。

（12）喜欢夸口、吹牛。

十四、不良心理十二种

（1）无缘无故担心会发生不幸的事情，或为一点儿小事紧张不安。

（2）闷闷不乐，不愿见人，对周围的一切没兴趣，甚至想死。

（3）行为怪异，做怪相及古怪动作。

（4）感到自己的一言一行均被别人所知。

（5）莫名其妙地情绪高昂，声高话多，花钱大方，好管闲事。

（6）总以为某个异性对自己有好感。

（7）无端怀疑有人加害自己。

（8）能力下降。
（9）烦躁不安，坐立不安，搓手顿足，唉声叹气。
（10）认为自己错误严重，罪大恶极。
（11）自以为是个了不起的人物。
（12）总觉得身体某处不舒服。

十五、摆脱孤独的要则

（1）正确对待个性差异，在交际中不要太突出自我。
（2）寻求理解是消灭孤独的天敌。
（3）事业是治愈孤独的灵丹。
（4）友情是抵抗孤独的保镖。

十六、调节情绪四要

（1）要保持理智，遇事冷静些。理智地对待周围的人和事，理智地对待自己所遇到的麻烦，不能头脑发热、义气行事。

（2）凡事要想长远，顾及后果。时刻以大局为重，以友谊为重，把个人的利益、荣辱放在次要地位。

（3）要加强自我修养，通达事理。成熟的人能够通过自己的努力来调节自己的气质。思想修养愈好，自觉调节气质的能力就愈强，遇事就可以站在更高的角度来处理。

（4）要保持良好的心境，排除不良情绪。应防止因身体不适或疾病而影响心情，做到乐观、开朗、豁达。

十七、排除寂寞良方

（1）要了解自己寂寞的原因。
（2）忠于你的事业和爱情。

（3）培养多方兴趣。

（4）可以饲养“情有所托”的宠物。

（5）乐于助人。

十八、增强毅力八法

（1）要有充分的信心。

（2）要下定决心。

（3）要有明确的目标。

（4）相信自己的事业的正确性。

（5）满足自我。

（6）对麻烦要有所预料。

（7）做事忌好高骛远。

（8）要有耐心。

十九、树立信心五法

（1）不要由于你的羞怯心理而拒绝别人对你的盛情邀请。要下决心，勇敢地和他人交流思想。

（2）不要考虑你自认为身上或许有的任何短处，而尽量想自己身上所具有的一切长处。

（3）把自己的长处列表记录下来，时时刻刻提醒自己努力培养自信心。

（4）可以写下你乐于与别人交流、分享的观点、经验和技艺等，事先把想要讲的东西仔细斟酌一番，然后从容地去讲。

（5）如果在社交中你被强烈的自我意识所困扰，可做些深呼吸，把注意力集中到他人身上。

二十、增强自信十则

美国心理学家克列尔·拉依涅尔提出的10条规则帮

助你增强自信心：

（1）每天照3遍镜子。清晨出门时，对镜子整理行装。午饭后，照一遍镜子保持整洁。就寝前洗脸再照镜子。

（2）不要总是想着自己的身体缺陷。

（3）请记住，不要让人察觉你的窘态。

（4）不要过多地指责别人，批评别人是缺乏自信的表现。

（5）记住，大多数人喜欢的是听众，平时要做个好听众。

（6）为人要坦诚，不懂不要装懂。

（7）要在自己的身边找一个能与之分享快乐和承受痛苦的朋友。

（8）不要试图用酒精来壮胆提神。

（9）某人不大理你，不要总觉得自己有错。

（10）避免使自己处于一种不利的环境中。

二十一、心理调适六法

（1）要保持乐观的情绪。

（2）要善于控制自己的情绪。

（3）要合理地节制欲望，学会科学地、客观地面对现实。

（4）主动与人交往，积极参加社会活动。

（5）多参加有益的丰富多彩的文体活动。

（6）要注意劳逸结合。

二十二、克服羞怯心理六技

（1）确立人与人的平等观念。

（2）增强勇气和自信心。

(3) 不要怕失败，要放下思想包袱。

(4) 不拘泥于别人的议论。

(5) 多参加一些社交活动，逐步减少恐惧心理。

(6) 学会意念控制。

二十三、战胜沮丧六法

(1) 运动：它能产生增进精神健康的生理和心理因素，如跑步、跳舞、跳绳等。

(2) 改善营养：食物——特别是维生素和氨基酸，对情绪健康有重要影响。

(3) 想出新法：认识治疗可能比抗沮丧药物更加有效，要运用意识、回答、行动等改变你的认识和看法。

(4) 参加社交：喜欢与别人交往的人比那些我行我素的人更容易保持精神健康，尤其是在变化时期。

(5) 检查你的甲状腺功能，这必须请医生去做。

(6) 检查你服用的药物。许多药物会产生沮丧的副作用，如巴比士酸盐、抗生素、利血平等。

二十四、保持愉快心态七诀

(1) 对简单事物保持兴趣。

(2) 不要老担心生病。

(3) 尽量喜欢工作。

(4) 广交朋友，积极做人。

(5) 养成乐观愉快的习惯。

(6) 对问题当机立断。

(7) 珍惜眼前好时光。

二十五、培养自制七个 C

(1) 控制自己的时间（Clock）。

（2）控制思想（Concept）
（3）控制所接触的对象（Contacts）。
（4）控制沟通的方式（Communication）。
（5）控制承诺（Commitments）。
（6）控制目标（Causes）。
（7）控制忧虑（Concern）。

二十六、战胜忧虑恐惧心理八诀

（1）不要把忧虑和惧怕隐藏在心中。
（2）不要怕困难。
（3）对自己办不到的事最好不要去时时想它。
（4）不要把不喜欢的事情留待明天去做。
（5）不要过多地在别人面前诉苦。
（6）早上醒来后，最好马上起床，不要胡思乱想。
（7）好好地安排生活。
（8）做完一件工作后，即应放开。

二十七、松弛精神紧张八秘方

（1）听听轻音乐。
（2）做点手工艺。
（3）烹饪。
（4）练习书法。
（5）种花草。
（6）到静处去。
（7）简易气功练习。
（8）做点轻微的体育运动。

二十八、克服心理压力八法

（1）知足常乐。

（2）忍让体谅。

（3）畅所欲言。

（4）满怀信心。

（5）有张有弛。

（6）心胸开阔。

（7）正视现实。

（8）坚持原则。

二十九、消除胆怯的十条铁则

（1）径直迎着别人走上去，好像他欠了你的钱。

（2）训练自己盯住对方的鼻梁，让人感到你正在注视他的眼睛。

（3）开口时声音洪亮，结束时也会强有力。相反，开始软弱，那么闭嘴时也就软弱。

（4）为了在喧哗中让别人听见，要轻轻讲话。

（5）学会适时地保持沉默，以迫使对方讲话。

（6）会见一位陌生人之前，先列一个话题单子。

（7）熟记演讲的首尾，那么你从头到尾都会口若悬河。

（8）想方设法接触伟人，和比自己年纪大、比自己强的人交往。

（9）不断给自己出难题，实践克服怯懦的方法。

（10）精通本职工作，有能力才有信心。

三十、消除紧张情绪的十大妙计

（1）有话时畅所欲言。

（2）事情不顺利时暂时避开。

（3）改掉乱发脾气的习惯。

（4）消除固执，学会谦让。

（5）为他人做些事情。

（6）一次只做一件事。

（7）避开“超人”的冲动，对自己的期望不要太大。

（8）对他人的批评需从宽。

（9）给别人可以超前的机会。

（10）使自己变得有能力、有价值。

三十一、心理平衡十一条

（1）不对自己过分苛求。

（2）对他人期望不要过高。

（3）疏导排泄自己的愤怒情绪。

（4）偶尔亦要屈服，以减少自己的烦恼。

（5）找人倾诉烦恼。

（6）为别人做点事。

（7）暂时逃避。

（8）在一个时间内只做一件事。

（9）不要处处与人竞争。

（10）对人表示善意。

（11）参与娱乐。

三十二、保持精神健康的十九则

（1）对于你目前以及过去的所作所为，要找出促使你这样做的原因，而不要只想自己的缺点。

（2）把你对事物的看法同那些在生活中情形跟你相似的人的看法进行比较，以评价自己的看法是否正确。

（3）要有几个可以跟你同甘共苦的好朋友。

（4）要勇于和别人交朋友，爱朋友，同时也会被朋友爱；受到拒绝并不妨碍你再跟别人交朋友。

（5）决不要说自己不行，特别是不要把话说绝。

（6）对自己的成功和幸福永远充满信心，并且用这种情绪去感染别人。

（7）当感到“紧张”时，要认真分析形成紧张的原因并克服之。

（8）当感到无法控制自己的情绪时，不妨学用下面的方法摆脱：①走开；②把自己当局外人；③想象自己置身于未来，从未来透视现在；④找富有同情心的人聊一聊。

（9）不要总想着自己过去的不幸、耻辱和挫折。

（10）记住，失败和挫折有时是一种貌似灾祸而实际使人得福的事。

（11）不要以“正常”或“古怪”来评价你和别人的行为，而要看其在不同的场合下是否适当得体。

（12）看到别人遇上了麻烦，要设身处地地帮助。

（13）如果感到自己的情绪紧张而又无法自制，最好到医院去看看，也许是生理疾病。

（14）如果问题不是药物所能解决，那就去找一找心理医生。

（15）应当相信，任何人只要有机会跟医生坦率地谈一谈，就会好起来。

（16）制定一项生活的长期目标：从现在起，你在5年、10年和20年内要打算做些什么，怎么做。

（17）每天都要抽出时间进行一些能够自娱身心的文体活动。

（18）别把自己看成倒霉鬼，应自认为是命运的强者。

（19）只要生命不息，生活就有希望。

三十三、自我放松二十法

（1）平卧，从下到上、从左到右分别使身体各部分的肌肉群紧张起来，然后再放松，反复多次。

（2）试着只通过触觉把你的各种感觉传给另一个人，如你的父母、你的兄弟等。

（3）请人按摩或自我按摩，凝神于手触动身体各部位的感觉上。

（4）洗热水澡，有条件者可用蒸汽浴。

（5）不带雨具在雨中散步。

（6）在条件许可时，除去衣服，做些户外活动。

（7）在快速行驶物上让新鲜空气扑面而来。

（8）沉思默想，或做些简单的气功。

（9）不被干扰地恬静地度过一些时光，如散步、做家务事。

（10）做白日梦。

（11）不开灯或闭眼度过一个傍晚。

（12）和朋友们去野餐，所带食品各有不同，在惊讶中获得快乐。

（13）纵声喊叫、喝彩、大笑，在地上打滚、嬉戏。

（14）从慢到快改变你的呼吸频率。

（15）赤足散步。

（16）和好朋友一起痛痛快快地在街上玩一天。

（17）做些轻松开心的事。

（18）放松下来，闭眼听音乐。

(19) 试着做幼时的游戏，如放风筝、玩弹子。

(20) 试着与好友做“心灵传感”游戏。

三十四、健康精神状态的十大特征

(1) 热爱生活。

(2) 消除悔恨和忧虑。

(3) 人格独立。

(4) 不求赞许。

(5) 富有幽默感。

(6) 从不抱怨。

(7) 诚实可信。

(8) 精力充沛。

(9) 积极探索。

(10) 不怕失败。

第二节　个性心理完善的训练

一、兴趣的含义

兴趣是人们力求认识某种事物和从事某种活动，并伴有积极情绪色彩的个性倾向，它表现为人们对某种事物、某种活动的好奇心、求知欲、参与欲、满足感等的积极的情绪反应。其特点是广阔性、集中性、稳定性、效能性、选择性、动机性、投入性和愉悦性。

兴趣是建立在需要的基础上，受他人和集体的影响以及个人世界观的影响而产生的，具有驱动人获取知识、提高工作学习效率的功能，还能赋予许多快乐给艰苦的工作，对提高创造能力有着重大意义。

兴趣有很多类别，从内容上分，有物质兴趣、社会兴趣和精神兴趣；从指向对象上分，有直接兴趣和间接兴趣；按兴趣的社会价值区分，有高级兴趣和低级兴趣；按兴趣维持时间的长短区分，有长期兴趣和短期兴趣。

二、培养兴趣的有的放矢法

根据青少年兴趣的容易激发难以持久、容易广泛难于集中、容易偏科好走极端、教材难易皆有意见的特点，进行有的放矢的培养与纠正。

三、培养兴趣的目的教育法

确立学习的目的和目标，正视学习是学生的天职，是需要长期艰苦努力的，这样就会慢慢学进去，激发学习兴趣。

四、培养兴趣的成功激励法

根据自身不足，制订一个适当的计划，进行专项的努力。每当有了进步，就奖励自己一下。实现了小目标就小奖励，实现了大目标就大奖赏，慢慢地自然就会有一种成就感，不知不觉地也就建立了兴趣。

五、培养兴趣的动手实践法

学习了理论常识以后，将所学运用到实践过程中，从动手实践中获得乐趣和成功感，这种成功的喜悦将是建立起兴趣的捷径。

六、培养兴趣的转移更新法

将娱乐游戏中的东西引申到相关的理论知识中，边玩边学边动手实践，潜意识里就会对枯燥的理论学习产生兴趣。

第三节　气质素养的训练

一、气质的含义

气质是指个人心理活动与行为的外部动作特征。这些特征往往是稳定的，不受个人行为的目的、动机和内容的影响。具有外显性、天赋性、稳定性、可变性等的特点。

气质，根据它的生理基础——高级神经活动类型的体现不同，可分为兴奋型、活泼型、安静型和弱型。气质类型的划分可以根据以下几个因素来进行：感受性、反应性、反应的速度、主动性、可塑性、刻板性、外向性、内向性、情绪的兴奋性、可交际性。

一方面，我们可以根据以上的知识来鉴别他人的气质类型，明白他人的喜好憎恶，以便搞好人际关系；另一方面，我们也可以鉴别自己的气质类型，扬长避短，发挥优势。

二、人生价值取向法

人的气质没有好坏之分，也并不能代表个人能力的大小，各种气质都有其积极的和消极的一面。主要看我们是否能够积极发挥其优点来实现人生价值。

三、职业影响法

气质和职业的作用是相互的。气质不同，所适合的工作也就不一样。从事不同的职业，气质受其影响也会不尽相同，不过两者之间可以磨合到最佳点。

四、交际培养法

“物以类聚，人以群分”，但是我们仍鼓励结交不同气质类型的朋友，以达到取长补短、共利同勉的理想效果。

五、实践控制法

在现实生活中，利用意志来控制自身气质消极的一面，积极发展优良的一面，才能适应社会。

第四节　性格特征的训练

一、性格的含义

性格是一个人表现在对现实的态度和行为方式上稳定的和习惯化的心理特征。它是一个人世界观和人生观以及思想作风等对现实的态度在待人处事接物方面的集中表现。

性格有四方面特征：我们可以以一个人对待社会、集体、他人、学习、劳动、工作、自己的态度来判断他的现实态度特征；根据他是否有明确的行为目标、行为是否受社会规范约束以及对行为自觉控制能力、在紧急状态下处理问题的特点来判定他的意志特征；根据他的情绪的强度、稳定性、持久性来判断他的情绪特征；根据他在感知、记忆、想象等方面表现出来的差异来判定他的理智特征。

性格因标准不同大致可以分为三大类型：①理智型、情绪型、意志型；②内向型、外向型；③独立型、顺从型。

二、性格测定的观察法

观察法也叫类型特征对照法，是通过一个人的活动与爱好的特点、语言、表情强度来观察了解他的性格特征，确定他的性格类型。

三、性格训练的家庭影响法

我们性格中的很大部分都是受家庭影响而形成的，这就决定了遇到问题我们应该跟父母主动沟通和合作，从而对自己的性格进行扬长避短的训练。

四、性格训练的效仿楷模法

近朱者赤，近墨者黑，周围环境无疑会带给我们非常大的影响，所以我们应该主动地改造客观世界，选择成功的偶像，进行积极而有意义的效仿，进而培养我们形成正直的人格。

五、性格训练的过滤筛选法

不能否认，社会上的形色各异的信息会给我们带来一些潜移默化的影响，所以我们应该养成过滤和筛选进入头脑中的社会信息的习惯，做到从善如流、疾恶如仇。

六、性格训练的学习锤炼法

我们的性格都是在现实的生活实践活动中或有意或无意形成的，所以我们不应当盲目地服从现实的安排，要充分利用学习活动，积极主动地寻求锤炼性格的良好方式。通过持久的、艰苦的锤炼，形成自身良好的性格模式。

第五节　学生综合素质的测试

一、性格测试

(1) 做事习惯于独断专行。　是　(否)
(2) 快乐主义的人生观。　(是)　否
(3) 喜欢安静清闲。　是　(否)
(4) 对别人十分信任。　(是)　否
(5) 筹思五年以后的事情。　是　(否)
(6) 遇有集体活动愿意在家而不愿意参加活动。　是　(否)
(7) 能在大庭广众中工作。　(是)　否
(8) 常喜欢做重复的工作。　是　(否)
(9) 觉得从集会中获得的乐趣和在个别交际中所得的乐趣没有什么两样。　(是)　否
(10) 做事三思而后决定。　是　(否)
(11) 宁愿受人提示而不愿独出心裁。　(是)　否
(12) 喜欢安静的而不是热烈的娱乐。　是　(否)
(13) 做事时不愿意别人在旁边观看。　是　(否)
(14) 厌弃呆板的工作或职业。　(是)　否
(15) 宁愿节省而不愿耗费。　是　(否)
(16) 不常分析自己的思想和动机。　(是)　否
(17) 好冥思苦想。　是　(否)
(18) 做自己擅长的事情时愿意别人在旁观看。　(是)　否
(19) 愤怒时不加抑制。　是　(否)

(20) 做事时因为有人赞赏而做得更好。 （是） 否
(21) 喜欢兴奋紧张的活动。 （是） 否
(22) 常回想自己的过去。 是 （否）
(23) 愿意当群众的领袖。 （是） 否
(24) 喜欢公开演说。 （是） 否
(25) 渴望使梦想成为事实。 是 （否）
(26) 很讲究写应酬信。 是 （否）
(27) 做事毛躁。 （是） 否
(28) 好深思熟虑。 是 （否）
(29) 能将激烈的情绪（如喜、怒、哀、乐）表现出来。
（是） 否
(30) 不拘小节。 （是） 否
(31) 对人十分小心。 是 （否）
(32) 能与观点不同的人自由来往。 （是） 否
(33) 喜欢猜谜。 是 （否）
(34) 轻信人言而不加思考。 （是） 否
(35) 愿意读书而不愿做实际工作。 是 （否）
(36) 好读书，不求甚解。 （是） 否
(37) 常写日记。 是 （否）
(38) 在群众中沉静寡言。 是 （否）
(39) 常做出不由自主的动作。 （是） 否
(40) 不愿回想自己。 （是） 否
(41) 工作有计划。 是 （否）
(42) 常常交换工作。 （是） 否
(43) 对麻烦的事宁愿避免而不愿参加。 是 （否）
(44) 重视谣言。 是 （否）
(45) 信任别人。 （是） 否

（46）对不是很熟悉的人不轻易信任。　　是　（否）
（47）愿意研究别人而不研究自己。　　（是）　否
（48）放假期间愿意找一个安静的地方而不喜欢热烈的场所。　　是　（否）
（49）意见常常变化而不固定。　　（是）　否
（50）任何说话场合都愿意参加。　　（是）　否

【评定方法】

在以上50个题中，凡带括号的代表外向，无括号的代表内向，可将回答代入评分公式：

$$向性指数=\frac{外向以应数+\frac{1}{2}未回答数}{25}\times 100$$

假如评分公式所得的向性指数大于115，即外向型，超过得越多，外向倾向也就越高；若向性指数小于95，即为内向型，得分越低，内向程度越高。得分在95～115，即为中间型。

二、气质测试

（1）做事力求稳当，不做无把握的事。
（2）宁肯一个人干事，不愿很多人在一起。
（3）遇到可气的事就怒不可遏，想把心里话全说出来才痛快。
（4）到一个新环境很快就能适应。
（5）厌恶那些强烈的刺激，如尖叫、危险镜头等。
（6）和人争吵时，总是先发制人，喜欢挑衅。
（7）喜欢安静的环境。
（8）善于同别人交往。
（9）羡慕那种善于克制自己感情的人。

(10) 生活有规律，很少违反作息制度。
(11) 在多数情况下抱乐观情绪。
(12) 碰到陌生人觉得很拘束。
(13) 遇到令人气愤的事能很好地自我克制。
(14) 做事总是有旺盛的精力。
(15) 遇到问题常常举棋不定，优柔寡断。
(16) 在人群中从来不觉得过分拘束。
(17) 情绪高昂时觉得干什么都有兴趣；情绪低落时又觉得做什么都没意思。
(18) 当注意力集中于一事物时，别的事情很难使我分心。
(19) 理解问题总是比别人快。
(20) 碰到危险情景，常有一种极度恐怖感和紧张感。
(21) 对学习、工作、事业怀有很高的热情。
(22) 能够长时间做枯燥、单调的工作。
(23) 符合兴趣的事情干起来劲头十足，否则就不想干。
(24) 一点小事就能引起情绪波动。
(25) 讨厌做那种需要耐心、细致的工作。
(26) 与人交往不卑不亢。
(27) 喜欢参加热烈的活动。
(28) 常看感情细腻、描写人物内心活动的文学作品。
(29) 工作、学习时间长了，常常感到厌倦。
(30) 不喜欢长时间谈论一个问题，愿意亲自动手干。
(31) 宁愿侃侃而谈，不愿窃窃私语。
(32) 别人说我总是闷闷不乐。
(33) 理解问题常比别人慢些。
(34) 疲倦时只要短暂的休息就能精神抖擞，重新投入工作。

(35) 心里有话宁愿自己想，不愿说出来。

(36) 认准一个目标就希望尽快实现，不达目的誓不罢休。

(37) 学习、工作同样一段时间后，常比别人更疲倦。

(38) 做事有些莽撞，常常不考虑后果。

(39) 老师或师傅讲授新知识、新技术时，总希望他讲慢些，多重复几遍。

(40) 能够很快地忘却那些不愉快的事情。

(41) 做作业或完成一件工作总比别人花的时间多。

(42) 喜欢运动量大的剧烈的体育活动，或参加各种文艺活动。

(43) 不能很快地把注意力从一件事转移到另一件事上去。

(44) 接受一个任务后，就希望把它迅速解决。

(45) 认为墨守成规比冒风险强些。

(46) 能够同时注意几件事情。

(47) 当我烦闷时，别人很难使我高兴起来。

(48) 爱看情节起伏跌宕、激动人心的小说。

(49) 对工作抱认真严谨、始终一贯的态度。

(50) 和周围人们的关系总是相处不好。

(51) 喜欢复习学过的知识，重复做已经掌握的工作。

(52) 希望做变化大、花样多的工作。

(53) 小时候会背的诗歌，我比别人记得清楚。

(54) 别人说我“出语伤人”，可我并不觉得这样。

(55) 在体育活动中，常因反应慢而落后。

(56) 反应敏捷，头脑机智。

(57) 喜欢有条理而不甚麻烦的工作。

(58) 兴奋的事常使我失眠。

(59) 老师讲新概念，常常听不懂，但是弄懂以后就难忘己。

(60) 假如工作枯燥无味，马上就会情绪低落。

【评定方法】

阅读以上60道题，如果认为很符合自己的情况，记2分，比较符合的记1分，介于符合与不符合之间的记0分，比较不符合的记-1分，完全不符合的记-2分。然后把每题得分按下列题号相加，再算出各栏总分。

胆汁质 2，6，9，14，17，21，27，31，36，38，42，48，50，54，58

多血质 4，8，11，16，19，23，25，29，34，40，44，46，52，56，60

黏液质 1，7，10，13，18，22，26，30，33，39，43，45，49，55，57

抑郁质 3，5，12，15，20，24，28，32，35，37，41，47，51，53，59

如果多血质一栏得分超过20分，其他三栏得分相对较低.则为典型多血质。如多血质一栏在20分以下、10分以上，其他三栏得分较低，则为一般多血质。如果有两栏的得分显著超过另两栏得分，而且分数比较接近，则为混合型气质，如胆汁质——多血质混合型、多血质——黏液质混合型、黏液质——抑郁质混合型等。如果一栏的得分很低，其他三栏都不高但很接近，则为三种混质的混合型，如多血质——胆汁质——黏液质混合型或黏液质——多血质——抑郁质混合型。

多数人的气质是一般型气质或两种气质的混合型，典型气质和三种气质混合型的人较少。

三、个性测试

(1) 你相当自私吗？

A. 不　　B. 说不准　　C. 是

(2) 你受过很多挫折吗？

A. 是　　B. 说不准　　C. 不

(3) 你常常感到紧张心慌吗？

A. 不　　B. 说不准　　C. 是

(4) 你常常在努力避免自己利益受损吗？

A. 不　　B. 说不准　　C. 是

(5) 你考虑太多的问题以致觉得自己头脑乱糟糟的吗？

A. 不　　B. 说不准　　C. 是

(6) 挫折使你坚强吗？

A. 是　　B. 说不准　　C. 不

(7) 你觉得自己一定要承担起家庭的重任吗？

A. 是　　B. 说不准　　C. 不

(8) 你非常渴望能一下子获得巨大财富吗？

A. 不　　B. 说不准　　C. 是

(9) 你畏惧权威吗？

A. 不　　B. 说不准　　C. 是

(10) 你常患得患失吗？

A. 不　　B. 说不准　　C. 是

(11) 你是一个勇敢的人吗？

A. 是　　B. 说不准　　C. 不

(12) 你对自己的生活有一系列打算吗？

A. 是　　B. 说不准　　C. 不

(13) 你在人前显得非常拘束吗?

A. 不　　B. 说不准　　C. 是

(14) 你好嫉妒吗?

A. 不　　B. 说不准　　C. 是

(15) 你善于与人合作吗?

A. 是　　B. 说不准　　C. 不

(16) 你不达目的常常不肯罢休吗?

A. 是　　B. 说不准　　C. 不

(17) 你常因小事惊慌失措吗?

A. 不　　B. 说不准　　C. 是

(18) 你是一个勤奋的人吗?

A. 是　　B. 说不准　　C. 不

(19) 你处理问题常常拖泥带水吗?

A. 不　　B. 说不准　　C. 是

(20) 你因挫折放弃了许多东西吗?

A. 不　　B. 说不准　　C. 是

(21) 别人指出你的错误时，你会痛快地承认吗?

A. 是　　B. 说不准　　C. 不

(22) 发现自己言行上的偏差时，你会立即改正吗?

A. 是　　B. 说不准　　C. 不

(23) 你相信自己的能力吗?

A. 是　　B. 说不准　　C. 不

(24) 你是一个富有进取心的人吗?

A. 是　　B. 说不准　　C. 不

(25) 你所做的许多事都是为了探索真理、追求真理吗?

A. 是　　B. 说不准　　C. 不

(26) 只要坚信自己是正确的，即使做出很大牺牲你也会坚持下去吗？

A. 是　　B. 说不准　　C. 不

(27) 你忙于学习，常感到身心非常疲劳吗？

A. 不　　B. 说不准　　C. 是

(28) 你是一个小心谨慎的人吗？

A. 不　　B. 说不准　　C. 是

(29) 创新是你人生追求的重要组成部分吗？

A. 是　　B. 说不准　　C. 不

(30) 你是一个富有胆识的人吗？

A. 是　　B. 说不准　　C. 不

【评定方法】

以上每题答 A 为 2 分，答 B 为 1 分，答 C 为 0 分，各题得分相加为总分。

总分 0～19 分：你的个性特点与创新活动的要求格格不入。

总分 20～40 分：你的个性特点中有一些有利于创新活动的开展，有一些则相反。

总分 41～60 分：你的个性特点总体上对创新活动的开展有促进作用。

四、毅力测试

(1) 当你看到失败的迹象时，就想要放弃，有时候还急于放弃。

A. 根本不是这样　　B. 有时这样

C. 经常这样

(2) 一个人认为自己能有所作为，关键是要按照既定目标坚持到底。你同意这种观点吗？

A. 部分同意　　B. 非常同意

C. 不同意

(3) 做事前，我首先想它是否重要，其次才想它是否有趣。

A. 很少是　　B. 是

C. 有时是

(4) 你是否感到你所付出的努力没有得到赏识？

A. 有时　　B. 经常

C. 很少

(5) 学习过程中感到疲劳时（　　）。

A. 总是想着疲劳，脑子不好使

B. 不顾疲劳继续学习

C. 二者之间

(6) 对失败，你的态度是（　　）。

A. 破罐破摔，反正也没希望了

B. 使失败变成成功的契机

C. 有时也总结一下经验

(7) 你给自己订的计划都能按时完成吗？

A. 是的　　B. 很少能

C. 多数能

(8) 有人说，机遇的作用会大大超过人的努力，你同意这种观点吗？

A. 完全同意　　B. 部分同意

C. 根本不同意

(9) 为实现某个理想目标，你能不怕吃苦、以苦为乐吗？

A. 能　　B. 不能

C. 有时能

（10）当灵感或机会自行出现时，你能好好把握吗？

A. 很少能　　B. 肯定能

C. 有时能

（11）学习、工作或生活中遇到困难情况时，你常常（　　）。

A. 犹豫不决　　B. 自己很快做出决定

C. 希望别人帮你拿主意

（12）在一次聚会上，有两位客人突然争执起来，而且愈吵愈烈，这时你会（　　）。

A. 直接交给组织者，由他们处理

B. 立刻采取行动，故意和其中一个交谈，借以分散他们的争吵

C. 漠不关心

（13）你常因读一本引人入胜的小说而不能按时睡眠吗？

A. 经常是　　B. 有时是

C. 没有

（14）当学习和娱乐发生冲突的时候，你选择什么？

A. 继续专心致志地学习

B. 参加娱乐活动

C. 选择学习但脑子里又想着娱乐

（15）决定做一件事时，你常常（　　）。

A. 找借口拖延　　B. 说干就干

C. 想法躲避，让它落空

（16）对那些刻苦奋斗成才的科学家、政治家、企业家的经历、事迹，你感兴趣吗？

A. 非常感兴趣　　B. 没有任何兴趣

C. 介于两者之间

(17) 碰到阻力和困难时，你常常（　　）。

A. 改变既定的生意

B. 设法解决困难，坚持干下去

C. 找借口放弃这项工作

(18) 不论干什么事情，你都有明确的目标吗？

A. 是的　　B. 没有

C. 有时有

(19) 你有没有这种情况，你下决心要干一件重要的事情，可没几天劲头就消失了。

A. 没有　　B. 经常有

C. 有时有

(20) 一个人对他的现状、生活环境很不满意，如果他征求你的意见，你会建议他（　　）。

A. 维持现状，别人怎么干你就怎么干

B. 冒点险，勇于去改变现状

C. 接受现实，但要考虑出路

(21) 如果你知道自己的观点与长辈或别人的观点截然相反，你还能直抒己见吗？

A. 能　　B. 不能

C. 这要看具体情况

(22) 你是否会在一位有影响的人物的劝阻下改变自己的决定？

A. 会改变　　B. 不会改变

C. 有时会改变

(23) 你是否执拗和固执己见？

A. 不是　　B. 有时候是

C. 是

（24）你是否能一贯信守诺言？

A．能

B．不能

C．多数能

（25）下面的三个选择，哪一个最适合你？

A．寻找成功的“捷径”，不付出相当的代价就想个人成功

B．只知盼望，却不知动手进行

C．在困难和厄运面前有忍耐能力和承受的意志力

【评定方法】

按下面的标准统计你的得分：

题号	A	B	C	题号	A	B	C
(1)	3	1	0	(14)	3	1	0
(2)	1	3	0	(15)	0	3	0
(3)	0	3	1	(16)	3	0	1
(4)	1	0	3	(17)	0	3	0
(5)	0	3	1	(18)	3	0	1
(6)	0	3	1	(19)	3	0	1
(7)	3	0	1	(20)	0	3	1
(8)	0	1	3	(21)	3	0	1
(9)	3	0	1	(22)	0	3	1
(10)	0	3	1	(23)	3	1	0
(11)	0	3	1	(24)	3	0	1
(12)	1	3	0	(25)	0	0	3
(13)	0	1	3				

如果你的得分在54分以上，说明你的毅力很强。你干事情有目标，积极主动；处理事情很果断，不感情用事，遇到困难能想办法克服，干事情有恒心和决心。

如果你的得分在36～54分，说明你的毅力较强。在大多数情况下，你都能按照计划和目标有效地完成任务。

如果你的得分在36分以下，说明你的毅力一般，需要加强毅力的培养。

五、幽默感测试

(1) 问：“什么东西又黑又白又红？”
答：“一匹害羞的斑马。”

(2) 一个著名的哲学家在弥留之际喃喃地问：“答案是什么？”
他的门生听见了，耸耸肩说：“问题是什么？”

(3) 病人：“帮帮忙，大夫，我害怕失去记忆力。”
医生：“嗯哼，你这种担心有多久了？”
病人：“什么担心？”

(4) “妈妈，爸爸烧着了！”
“太好了宝贝，往里烧油吧！”

(5) 两个政客互相指责对方在撒谎。的确，他俩的话都是真理。

(6) 有位盲人带一只向导狗走进一家商店，他揪住狗耳朵把它拎高，然后在头顶上来回晃动。
一个店员急忙赶来说：“先生，我可以帮你忙吗？”
盲人回答：“不，谢谢，我正在四下张望呢。”

(7) 两人对话：“我们没有在芝加哥见过吗？”
“没有，我从未去过芝加哥。”
“我也没有，一定是另外两个人。”

(8) 两人对话：“请原谅，你占了我的位置。”
“你的位置？你能证明吗？”
“我能，我在它上面放了杯冰激凌。”

(9) 两人对话：“你坐在汽油桶上干什么？”
“为了保证我的努力不会白费：我戒烟了。”

（10） 福特先生经常给夫人留言，但有时他夫人注意不到。一天，福特夫人在厨房看到10美元钞票，仔细看发现下面有一张便条："亲爱的，别忘了人走关窗。另附：钱是用来吸引你注意的。"

（11） 上解剖课时，台子上放着5颗心脏，其中一颗比别的至少大4倍。同学窃语："这个人一定是死于胸积水。""这个人一定是心肌梗死死的，左右心室都肥厚。"最后老师说："为了让同学们看得更清楚，今天我特意准备了一个大牛心！"

（12） 在寒冷冬天的夜晚，一个酒鬼在路上站着，朋友看到了奇怪地问他："你在等谁？"
他说："我在等被我老婆摔在柏油路上的'伏特加'酒结成冰，好把它捡回家。"

（13） 病人："我在许多医生那里看过病，而且几乎花掉了我的全部财产。"
医生："哎呀，我是多么不走运啊！为什么您从前不到我这儿来呢？"

（14） 昨夜饮酒过度，头晕不知归路。迷乱中错步，误入树林深处，呕吐，呕吐，惊起夜鸟无数。

（15） "你如果得了疯狗病，要做的第一件事情是什么？"
"我要纸和笔。"
"写遗嘱吗？"
"不！列出我要咬的人的名单。"

（16） 法官问一名制造假钞的嫌疑犯："你为什么要印制假钞票？"
被告答："这还用问吗？因为我本来就不会印制真钞票。"

(17) 汤姆想训练他的驴不吃东西就能活下去，所以天天给它减食，当驴饿死时，他惋惜地说："真是一大损失！它刚学会不吃东西就死了。"

(18) 南非哈拉布《星期日邮报》有一则广告：莫可维西林园，每星期三、六下午四点三十分喂鳗鱼，欢迎带孩子来。

(19) 学生在作文上写道："星期天，我一个人在街上，伸头缩脑，浩浩荡荡地走着。"
老师批道："试试看。"

(20) 病人："大夫，要是我多吃胡萝卜，我的视力确实能好一些吗？"
医生："那当然了，你什么时候看见过兔子戴眼镜呢？"

(21) 老师："罗伯特，伦敦和月亮哪个离你远呢？"
学生："伦敦。"
老师问："为什么？"
学生："我根本看不见伦敦，可经常能看到月亮。"

【评定方法】

每题凡选"有趣"记1分，选"无趣"记0分，然后统计总分。

总分0~5分：说明你是一个缺乏幽默感的人。

总分6~13分：说明你有时不乏幽默感。

总分14~21分：说明你很有幽默感。

六、乐观性测试

(1) 如果半夜里听到有人敲门，你会以为那是坏消息，或有麻烦发生了吗？

(2) 你随身带着安全别针或一条绳子，以防万一衣服或别的东西裂开了吗？

（3）你跟人打过赌吗？

（4）你曾梦想过赢了彩券或继承一笔大遗产吗？

（5）出门的时候，你经常带着一把伞吗？

（6）你把收入的大部分用来买保险吗？

（7）度假时，你曾经没预定旅馆就出门了吗？

（8）你觉得大部分的人都很诚实吗？

（9）度假时，把家门钥匙托朋友或邻居保管，你会将贵重物品事先锁起来吗？

（10）对于新的计划，你总是非常热衷吗？

（11）当朋友表示一定奉还时，你会答应借钱给他吗？

（12）大家计划去野餐或烤肉时，如果下雨，你仍会照原定计划准备吗？

（13）在一般情况下，你信任别人吗？

（14）如果有重要的约会，你会提早出门，以防塞车或别的状况发生吗？

（15）如果医生叫你做一次身体检查，你会怀疑自己可能有病吗？

（16）每天早晨起床时，你会期待又是美好一天的开始吗？

（17）收到意外的来函或包裹时，你会特别开心吗？

（18）你会随心所欲地花钱，等花完以后再发愁吗？

（19）上飞机前，你会买旅行保险吗？

（20）你对未来的12个月充满希望吗？

【评定方法】

（1）是→0　　否→1　　（2）是→0　　否→1

(3) 是→1　否→0　(4) 是→1　否→0
(5) 是→0　否→1　(6) 是→0　否→1
(7) 是→1　否→0　(8) 是→1　否→0
(9) 是→0　否→1　(10) 是→1　否→0
(11) 是→1　否→0　(12) 是→0　否→1
(13) 是→1　否→0　(14) 是→0　否→1
(15) 是→0　否→1　(16) 是→1　否→0
(17) 是→1　否→0　(18) 是→1　否→0
(19) 是→0　否→1　(20) 是→1　否→0

如果你的分数是0～7分，说明你是个标准的悲观者，看人生总是看到不好的那一面。身为悲观者，唯一的好处是，由于你从来不往好处想，所以你也就很少失望过。然而，以悲观的态度面对人生却有太多的不利：你随时会担心失败，因此宁愿不去尝试新的事物，尤其当遇到困难时，你的悲观会让你觉得人生更灰暗、更无法接受。悲观会使人产生沮丧、困惑、恐惧、气愤和挫折的心理。解决这种状况的唯一办法是以积极的态度来面对每一件事或每一个人，即使你偶尔仍会感到失望。但逐渐地，你会对人生增加信心，胜过原来消极态度带给你的影响。

如果你的分数是8～14分，说明你对人生的态度比较正常。不过，你仍然可以更进一步，只要你学会怎样以积极和乐观的态度来应付人生中无法避免的起伏情况。

如果你的分数是15～20分，说明你是个标准的乐观主义者。你看人生总是看到好的那一面，将失望和困难摆到旁边去。乐观使人活得更有劲，不过要记住，有时候过分乐观也会造成你对事情掉以轻心，结果反而误事。

七、固执性测试

生活中，有些人在人际交往中表现得非常谦逊和温顺，处处迎合别人的意旨；另有一种人在彼此来往中则常常给人以争强好胜、自以为是的感觉。从理论上来讲，生活中这两种人各占近25%，其余50%多的人则游移于这两个极端之间。

你属于哪一种人呢？请在每题之后供你选择的答案a，b，c上画圈，但只能选择一种答案。

(1) 你总是不敢大胆批评别人的言行。
a. 是的　　b. 有时如此　　c. 不是的

(2) 你的思想似乎______。
a. 比较激进　　b. 一般　　c. 比较保守

(3) 说谎时，总觉得内心羞愧，不敢正视对方。
a. 是的　　b. 不一定　　c. 不是的

(4) 假使你手里拿着一支装有子弹的手枪，一定得取出子弹才能安心。
a. 是的　　b. 介于a，c之间
c. 不是的

(5) 感到自己确实具备一些别人所不及的优良品质。
a. 是的　　b. 不一定　　c. 不是的

(6) 考虑到你的能力，即使让你做一些很平凡的工作，你也会安心的。
a. 是的　　b. 不太确定　　c. 不是的

(7) 你不喜欢争强好胜。
a. 是的　　b. 介于a，c之间　c. 不是的

(8) 在课堂上，如果你的意见与大家不同，你通常___。
a. 保持沉默　　b. 不一定
c. 当场表明立场

(9) 如果你急需要借朋友的东西，而朋友却不在家，你

认为不告而取也没有关系。

a. 是的　　　　b. 介于a，c之间　c. 不是的

(10) 你常打抱不平。

a. 是的　　　　b. 介于a，c之间　c. 不是的

(11) 到一个新城市出差，你会______。

a. 到处闲逛　　b. 不确定

c. 避免去可能不安全的地方

(12) 因为你对一切问题都能发表一些见解，故大家都认为你是一个有头脑的人。

a. 是的　　　　b. 介于a，c之间　c. 不是的

(13) 你讲话的声音______。

a. 洪亮　　　　b. 介于a，c之间　c. 低沉

【评定方法】

查阅下面的计分表，得到你每题的分数，再汇总。

题号	a	b	c	题号	a	b	c
(1)	0	1	1	(8)	0	1	2
(2)	2	1	0	(9)	2	1	0
(3)	0	1	2	(10)	2	1	0
(4)	0	1	2	(11)	2	1	0
(5)	2	1	0	(12)	2	1	0
(6)	0	1	2	(13)	2	1	0
(7)	0	1	2				

13～26分—A类，9～12分—B类，0～8分—C类。

A. 好强固执

你好强固执，独立积极，有时自高自大、自以为是。你可能非常武断，时常驾驭那些不及你的人，对抗有权势者。送你一句话：物过刚则易折。

B. 不卑不亢

你能比较妥善地处理好自己与他人的关系，既不自高自大，也不迎合他人，态度适中。

c. 谦虚顺从

你谦虚、顺从、通融、恭敬，通常行为温顺，做事以别人的意志为主，即使处于十全十美的境地，也有“事事不如人”的感觉。你的个人意识萎缩了，如同别人的影子。应该看重一点自己，要知道你并不逊于任何人。

八、观察能力测试

（1）有时，在一个人告诉你他生病了之前，你已经从他的脸色中发觉他今天身体不舒服吗？　　是　否

（2）你能否轻易地从新开张的大商场里找到你想购买的商品？　　是　否

（3）在过去的考试中，你是否发生过因没注意而漏做某道试题的事？　　是　否

（4）在班里，你是否常常最早发现别人穿了件新衣服？　　是　否

（5）平时，你注意从一个人的举止中观察他的心情吗？　　是　否

（6）春天，当路边的树刚刚吐出新芽时，你就发现了吗？　　是　否

（7）你是否能分辨出家人与邻居脚步声的不同？是　否

（8）你是否常常从新相识的人身上发现一些与众不同的体貌特征？　　是　否

（9）即使不听天气预报，你也能在下雨前察觉出天气将要变化了吗？　　是　否

(10) 你能在10秒钟内看出电话号码7414345有什么规律吗？ 是 否

(11) 你注意到每个人的眼睛都不同吗？ 是 否

(12) 你能否迅速地从书店或图书馆书架上找到你感兴趣的书？ 是 否

(13) 如果你的几位要好的同学抄写了同一篇文章，你是否能根据字体的不同确定它们分别是谁抄的吗？ 是 否

(14) 不同歌手演唱同一首歌带给你的感觉都有着相当大的差异吗？ 是 否

(15) 打牌时，你常根据对方的表情揣测出他的持牌情况吗？ 是 否

(16) 你能从交响乐或合奏曲中分辨出不同乐器发出的声音吗？ 是 否

(17) 你是否注意到你的身边每天都有些新变化？ 是 否

(18) 接电话时，只要对方一开口，你通常就能马上判断出他是谁吗？ 是 否

(19) 做数学题时，你是否常常看错题中的正负符号（加减符号）或字母？ 是 否

(20) 与熟人在路上相遇，常常是你先看到对方吗？ 是 否

(21) 有人说他在某个晚上看到天上繁星密布，月亮又圆又亮。你是否知道他什么地方说错了？ 是 否

(22) 到一个新地方，你总是弄不清东南西北吗？ 是 否

(23) 你是否经常走到楼门口，才发现天在下雨而你还

没拿雨具？ 是 否

（24）下棋时你常出现不小心就把自己的子送入对方虎口的失误吗？ 是 否

（25）根据在街上走的一个人的衣着，你是否能大致确定他的职业？ 是 否

（26）你是否注意到不同厂家产的小轿车的轮子是不同的？ 是 否

（27）让你到车站去接仅在一年前见过两次面的客人，你是否有把握认出他来？ 是 否

（28）你发觉自己选择朋友时常看错人吗？ 是 否

（29）你是否能在10秒钟内找出本测验前面28个问题中的一个错别字？ 是 否

（30）看完这个问题后，你马上就能说出本测验30个问题中哪一个用了一个错误的标点符号吗？ 是 否

【评定方法】

第（3）（19）（22）（23）（24）（28）题答“是”记0分，答“否”记1分。其余各题答“是”记1分，答“否”记0分。然后统计总分。

总分0～9分：说明你的观察力较差。

总分10～20分：说明你观察力一般。

总分21～30分：说明你观察力优良。

九、记忆能力测试

（1）你是否记得前天中饭吃了哪些菜？ 是 否

（2）你已经忘了前一个星期天干了些什么吗？ 是 否

（3）你是否回忆得起上学期至少两门课的最后成绩？ 是 否

(4) 你能至少说得出5个小学同学的名字吗？　是　否
(5) 你还记得自己第一天上学的情景吗？　是　否
(6) 你常常遇到见了某个面熟的人却叫不出他的名字的尴尬情景吗？　是　否
(7) 你想得起上一次过生日时的心情吗？　是　否
(8) 你说得出最近看过的一部电影的片名吗？　是　否
(9) 在体育课里学习广播体操、武术、太极拳之类动作，你是否很快学会？　是　否
(10) 你还记得小学的全套广播体操动作吗？　是　否
(11) 打电话时，你通常是否必须查号码本？　是　否
(12) 你是否能想起最近一封寄给你的信是谁写来的？　是　否
(13) 你是否说得出现在所在班级里至少一半同学的名字？　是　否
(14) 记外语是否使你感到很困难？　是　否
(15) 你常常忘记过生日吗？　是　否
(16) 父母嘱咐你做的事情你是否时常忘记？　是　否
(17) 你一般不会有出门忘了带钥匙的事吗？　是　否
(18) 你与别人初次见面便能记住对方的面孔吗？　是　否
(19) 你是否有过在测验卷上忘记写名字的经历？　是　否
(20) 你做家庭作业时是否曾发生漏做几道题的情况？　是　否
(21) 对自己喜欢的短诗或对句，你是否只看上一两遍便记住了？　是　否
(22) 对必须背出的课文，你要比其他同学读上更多的

遍数才能记住吗？ 是 否

（23）对一些用字母表示的数学公式，你是否觉得记起来并不难？ 是 否

（24）看完一部小说后，你是否能完整地把主要情节讲给旁人听？ 是 否

（25）你跟别人去他家一次后，下次你一个人再去肯定能顺利找到他家吗？ 是 否

（26）你是否说得出圆周率小数点后六位数字？ 是 否

（27）别人告诉你他住的路名、门牌和房间号，不写下来的话你会遗忘吗？ 是 否

（28）你现在闭上眼睛能想得起红烧肉的味道吗？ 是 否

（29）考试时，你常常会想不起你本来知道的东西吗？ 是 否

（30）你是否还记得本测验第1题的题目？ 是 否

【评定方法】

第（2）（6）（11）（14）（15）（16）（19）（20）（22）（27）（29）题答“是”记0分，答“否”记1分。其余各题答“是”记1分，答“否”记0分。然后统计总分。

总分0~9分：说明你的记忆力较差。

总分10~20分：说明你的记忆力一般。

总分21~30分：说明你的记忆力优良。

十、注意能力测试

（1）上课时你通常能集中注意力吗？ 是 否

（2）你是否常发生想不起东西放哪里了，只好在家里到处乱找的事？ 是 否

(3) 有时，你翻开作业本，才想起刚刚老师布置作业时你没注意听？ 是 否

(4) 你觉得让你花半天时间钓鱼，静静地看着水面的动静是件困难的事吗？ 是 否

(5) 你常常在闻到焦味时才发觉自己煮的饭还在炉子上烧吗？ 是 否

(6) 你是否常陷入“丈二和尚摸不着头脑”的境地？ 是 否

(7) 早晨，当闹钟刚刚开始响时，你马上就会从睡梦中醒来吗？ 是 否

(8) 刚开始上课的头几分钟，你脑子里常常还在想刚才课间的一些事情吗？ 是 否

(9) 在家里做作业时，你会不由自主地去听父母之间的交谈吗？ 是 否

(10) 是否几次发生因你不注意而与迎面而来的人或车相撞的事？ 是 否

(11) 你是否常常心不在焉，别人给你讲一件事，而你根本没听清？ 是 否

(12) 与人下棋，常常是别人提醒你，你才发觉该你下了吗？ 是 否

(13) 别人同你讲话时，你总是看着对方的眼睛吗？ 是 否

(14) 你一边做作业，一边听音乐，使作业效率非常低吗？ 是 否

(15) 你是否曾将不必做的题目做在作业本上，而该做的题目却没做？ 是 否

(16) 你是否感到如果自己认真作课堂笔记，老师讲的

话就不能听全？ 是 否

(17) 看了一场激动人心的体育比赛后，你是否会长时间无法静下心来做作业？ 是 否

(18) 上课时你常不知不觉地想一些与课堂内容毫无关系的事吗？ 是 否

(19) 你坐公共汽车常常过站而忘了下车吗？ 是 否

(20) 你觉得很难做到整节课思想不开小差吗？ 是 否

(21) 在自己的房间里你常常一边做作业，一边翻翻杂志、嗑嗑瓜子、哼哼歌曲或想一些与作业无关的事吗？ 是 否

(22) 母亲嘱咐你休息日帮她做几件事情，总有一两件事被你忘掉吗？ 是 否

(23) 如果你在课间与一个同学发生了争执，在接着开始的整节课里你都会想着此事吗？ 是 否

(24) 构思作文时，你常常想着想着就想其他的事了吗？ 是 否

(25) 当你躺在床上睡觉时是否还要想些不可能想清的问题，以致经常久久不能入睡？ 是 否

(26) 听到隔壁房间传来的优美歌声，你是否会不由自主地停止看书读外语，而跟着哼哼？ 是 否

(27) 上课前你刚刚知道你的测验成绩不理想，这是否会影响你集中注意力听新课？ 是 否

(28) 当你为准备考试而复习时，你的注意力不会被窗外嘈杂的声音所分散吗？ 是 否

(29) 你曾好几次不小心把家里的茶杯、书、椅子之类的物品碰掉或碰倒吗？ 是 否

(30) 当你被大部头书里的内容吸引时，你能连续几个

小时专心于阅读吗？　　　　　　　　　　是　否

【评定方法】

第（1）（7）（13）（28）（30）题答“是”记1分，答“否”记0分。其余各题答“是”记0分，答“否”记1分。然后统计总分。

总分0~9分：说明你的注意力不集中。

总分10~20分：说明你的注意力一般。

总分21~30分：说明你的注意力状况良好。

十一、判断能力测试

（1）假定美国今年商品生产和服务性行业创造的价值共为5 000亿美元，假定原子弹或类似的东西不用来毁灭人类，那么1 000年后美国的商品生产和服务性行业创造的年价值将为多少？

A．16 000多亿美元

B．15 000多亿美元

c．不足15 000亿美元

D．大约19 000亿美元

E．答不出

（2）根据原子能研究发展的情况，估计还要过多少年，科学家才能将金子的原子核撞开？

A．10年

B．20年

C．大约20年

D．20多年

E．大约50年

F．100年

G. 永远办不到此事

H. 答不出

（3）某人将一组很长的数字加了 5 次，得出以下的和：（a）32 501；（b）32 503；（c）32 501；（d）31 405；（e）32 503。哪个得数最可能是正确的？

A. 将上述 5 个得数除以 5 的数

B. 32 501

C. 32 503

D. 32 501 或 32 503

E. 答不出

（4）最近某年德国的钢笔总产量为 1 400 万支，这些钢笔的长度是 3 ~ 6 英寸（1 英寸 = 2.54 厘米），80% 以上的钢笔的长度是 5 英寸，如果把所有这些钢笔头尾连接起来将有多长？

A. 大约 1 000 英里（1 英里 = 1.609 公里）

B. 大约横穿过太平洋一半

C. 1 000 ~ 1 104 英里

D. 1 000 ~ 1 500 英里

E. 答不出

（5）找出下列短文中的逻辑错误：

一年有 365 天，李先生每天睡 8 个小时，即一年中的睡眠得占用约 122 天，剩下的只有 243 天了。李先生每天上下班路上得花一个小时，7 个小时阅读、娱乐等，这样一年中又得占去 122 天，剩下 121天。除去 52 个星期日，只剩下 69 天，但是每天吃饭得用 1 小时零 20 分，那么一年就得用去 20 天，这样只剩下 49 天。此外，李先生每个星期六都得休息半天，一年就得占去26天，这将只剩下9天。但是李先生的公司一年中有9个法定假日。所以，李先生的工作时间就没有了。

A．短文中提到李先生去上下班，这样他当然在工作，因此短文的说法自相矛盾

B．短文中将某些时间重复计算。例如，短文将全年的睡眠时间除去了（共122天），但是52个星期日也被除去了，而这些星期日中已被除去的睡眠时间没有留下

C．上述短文是不正确的，因为有工作在身的人不会每天花7个小时阅读和娱乐，如果李先生用于阅读和娱乐上的时间不那么多，也不把那么多时间用在上下班往返途中，他将会有时间工作的

D．答不出

（6）某一天在海狄蒙赛马场上，三位有名的赌马能手各自都用了与别人不同的方法下赌注：

方法A：著名的赌棍王百万在第一轮马赛中下赌注100元，第二轮马赛中下赌注110元，第三轮马赛下了120元。他打算每一次下赌注都比前一次要增加10元，直到他赌的马赢。

方法B：金彪比较小心谨慎。以下是他下的赌注：第一次下10元，第二次下15元，第三次：下30元……。他的方法是每次下的赌注都是前几次输掉的钱的累积，并且还要增加15元。

方法C：钱勇军过去是个职业赛马骑手，他是这样

下赌注的：第一次下10元，第二次下20元，第三次下40元……。他打算以后每次都将下的赌注增加一倍，直到他赌的马赢。

如果这些赌马的人想赌完这天的七轮比赛，哪一种方法需要的赌注最少？请在上面三种方法中勾出一种。如果答不出，请在下面字母D上打“√”。

D.

【评定方法】

共6道试题，试题答案是：(1) E；(2) H；(3) D；(4) D；(5) B；(6) 方法A。

每答对一题得2分，每答错或答漏一题扣2分。

总分10~12分：说明你判断能力优秀。

总分6~8分：说明你的判断能力良好。

总分2~4分：说明你的判断力中等。

总分0~2分：说明你的判断力不佳。

十二、应变能力测试

(1) 你到朋友家去串门，发现朋友家出了一件不幸的事情，你进门看到全家都在悲伤，这时你怎么办呢？

A. 尽快向邻居和朋友了解不幸的经过情况及原因，帮助朋友料理

B. 说几句安慰话没了下文

C. 呆呆站在那里不知该怎么办或和对方一起悲伤

(2) 你在一条僻静的街道散步，忽然听到一声震耳欲聋的巨响，这时你（　　）。

A. 头脑清醒，迅速判断出巨响发生的位置和原因

B. 起初有点震惊，但很快恢复平静，进而了解到

巨响的位置和原因

C. 你一跳，继而四处张望，即使了解巨响的位置和原因，心里还在怦怦乱跳

（3）你骑车回家途中，看见马路那边发生了一起车祸还没有料理，这时你怎么办？

A. 你停下车很快穿过马路看怎样助一臂之力

B. 你有点儿害怕，犹豫再三，还是走过去看看究竟

C. 你看到这个场面心惊肉跳，甚至不敢看一眼就离开了

（4）你在电影、电视屏幕上看到蟒蛇在树丛中爬行的镜头时总是：

A. 有点儿讨厌，但并不害怕

B. 感到害怕、讨厌，赶紧闭上眼睛

C. 很有兴趣，仔细看个究竟

（5）你骑车疾驶于拐弯处，突然看到对面一个小伙子骑车迎面而来。这时你：

A. 急着提醒对方，并尽快刹车

B. 还不知道是怎么回事儿就撞上了

c. 迅速调整行车方向，避开来车

（6）你遇到一件意外的事，感到十分棘手，你正在为此聚精会神考虑对策，此时有人来告诉你一件与此无关也不十分重要的事情，这时你：

A. 只记住其中一部分

B. 没注意听，没记住或印象模糊

C. 记得清清楚楚

（7）“天有不测风云，人有旦夕祸福”。本来你平日里身体挺好，但在身体检查时医生发现你身体某部分

有问题需要手术，听到这个消息后你：

A．终日提心吊胆，惶恐不安，既担心手术中出问题，又害怕手术后出问题

B．既来之则安之，相信医生，相信手术结果不会错

C．听天由命，随遇而安

（8）当你突然发现一个人触电，危在旦夕，这时你：

A．两眼发直，不知该做些什么

B．立即想到切断电源，并付诸行动

C．救人心切，没想到切断电源而用其他应急办法抢救

（9）你乘公共汽车外出办事，车上人很挤，此时有一个扒手在你装钱的口袋行窃，这时你：

A．没有察觉，直到用钱时才发现被窃，至于被窃的时间、地点也没印象

B．立刻察觉，还没等扒手得逞就将其肮脏的手抓住

C．当时没察觉，乃至发现钱丢了以后，才想起被窃时的部分情景

（10）节日里你的家人从市场买回来一只活蹦乱跳的鸡，你敢拿刀把它杀死吗？

A．是

B．不确定

C．否

【评定方法】按下列得分表统计总分：

答案 得分 试题	A	B	C
(1)	1	3	5
(2)	1	3	5

试题 \ 得分 \ 答案	A	B	C
(3)	1	3	5
(4)	3	5	1
(5)	3	5	1
(6)	3	5	1
(7)	5	1	3
(8)	5	1	3
(9)	5	1	3
(10)	1	3	5

总分10~18分：说明你应变能力强，思维敏捷。

总分19~38分：说明你有一定的应变能力，能应付一般事情。

总分39~50分：说明你应变能力亟待提高。

十三、演讲能力测试

第一类　演讲智力自测

演讲智力主要包括记忆力、分析力、概括力、推导力、想象力和应变力等。下面6组题中，第①题，根据自我感觉按上、中、下填写；每组中第②、③题，是肯定打“√”，否定的打“×”；每组中第④、⑤题请回答“能”或“否”。

（一）组：

①对事物的理解力和记忆力是演讲者必备的基本条件。你的记忆如何？（　）

②还记得小学三年级的班主任老师吗？（　）

③还记得入团或读中学时的时间、地点和情况吗？（　）

④下面五个符号，只看一遍请默写出：

C，S，M，D，T （ ）

⑤请在3分钟内背诵出下面一首诗：

才自清明志自高，生于末世运偏消。

清明涕泣江边望，千里东风一梦遥。 （ ）

（二）组：

①对问题的层层剖析，能使人对演讲内容一目了然，你的分析能力如何？ （ ）

②别人认为你是有主见的人吗？ （ ）

③你常独自思考问题吗？ （ ）

④没有文凭就不可能做出成绩吗？ （ ）

⑤你想达到的目的多半能达到吗？ （ ）

（三）组：

①深刻的富有哲理的概括语言能给听众留下难忘的印象，你的概括能力如何？ （ ）

②你常记诵一些名言警句吗？ （ ）

③同事们不认为你是说话啰嗦的人吗？ （ ）

④你能看过一部电影之后就能概括中心内容吗？ （ ）

⑤你认为数学比化学有更广泛的实用性吗？ （ ）

（四）组：

①通过一定的步骤分析和叙说，才能使演讲深入而有层次。你的分析能力如何？ （ ）

②你在任何时候说话都是逻辑严谨的吗？ （ ）

③你能在看一部推理小说时推导出其结果吗？ （ ）

④请在5秒钟内回答出：爸爸的爷爷的儿子的孙子是什么人？ （ ）

⑤你认为抽烟致癌只是尼古丁中毒引起的吗？（ ）

（五）组：

①想象丰富能使演讲生动活泼，形象生动。你想象力如何？（ ）

②你是一个善于憧憬未来生活的人吗？（ ）

③同一件事，你常有独到的见解吗？（ ）

④如你讲话时引起别人的笑声，你能在10秒钟内举出5种以上可笑的原因来吗？（ ）

⑤你常常举例说明问题吗？（ ）

（六）组：

①为收到不同的演讲效果，必须随时做出决断或选择，你这种应变能力如何？（ ）

②你骑自行车，有没有发生过任何碰撞事故？（ ）

③体育运动是一种灵活敏捷的活动，虽然你不擅长，但也很喜欢吗？（ ）

④在一个拥挤的火车站，你去接一个不认识的人。只知座号，但不许进站，又不能在出站口举出牌子，你能在5秒钟内想出一个灵便合理的办法吗？（ ）

⑤你能在大多数交际场合成为中心人物吗？（ ）

【评定方法】

如果累计有1个“中”，5个“上”，10个以上的“√”，10个以上的“能”，那就说明你是一个演讲智力优秀的人；如果累计有2个“上”，4个以下“中”，6～9个“√”，6～9个“能”，则说明你是一个演讲智力中等的人；如果累计只有1个“中”，5个以上“下”，5个以下的“√”，5个以下的“能”，则说明你演讲智力差。

第二类　演讲修养自测

演讲修养不同于演讲智力，它完全是人们在社会实践中经过训练和积累所形成的社会活动能力和习惯。主要包括知识结构是否全面，使用语言是否准确、严谨，仪表是否端庄大方，姿态是否自然舒展，临场心理是否坦然而不怯场，抒发感情是否真切而不矫揉造作。下面6组题分别测验，请根据自我感觉、能力及习惯，分别选择每题的三种情况之一，括号内“2”“1”“0”为分数，最后累计为总分。

（一）组：

①与同事相比，你的知识面宽很多（2），中等（1），窄（0）。

②你经常有新鲜事向同事叙述（2），很少有（1），没有（0）。

③同事们经常向你请教各种问题（2），有时（1），没有（0）。

④你认为知识面对演讲有很大影响（2），影响不大（1），没有（0）。

⑤闲暇中，你学习知识的时间是多（2），少（1），没有（0）。

（二）组：

①你是一个幽默感很强的人（2），一般（1），无（0）。

②你说话时，同事们总是当回事（2），有时（1），没有人理你（0）。

③你喜欢阅读理论书籍（2），不太喜欢（1），不喜欢（0）。

④你常能在别人因找不到恰当的词语时替他说（2），有时（1），极少（0）。

⑤你掌握修辞知识很多（2），有一些（1），很差（0）。

（三）组：

①你的容貌漂亮（2），中等（1），稍差（0）。

②你的品行修养很好（2），比较好（1），一般（0）。

③你的气质很好（2），比较好（1），一般（0）。

④你待人接物平易近人（2），一般（1），冷淡（0）。

⑤你为你的为人庆幸（2），一般（1），不喜欢（0）。

（四）组：

①你的表演才能很强（2），一般（1），差（0）。

②你的声音清晰、悦耳（2），一般（1），差（0）。

③你有令同事赞叹的特别习惯（2），没发现（1），无（0）。

④你认为演讲的姿态对演讲效果影响大（2），一般（1），无所谓（0）。

⑤你经常在某项活动之前设计自己的姿态（2），有时（1），从不（0）。

（五）组：

①你在众人面前讲话的机会很多（2），不多（1），无（0）。

②你喜欢在众人面前发表自己的见解（2），个别场合喜欢（1），不（0）。

③与一个素不相识的人，你能够很快地相熟（2），有时能（1），不（0）。

④你是一个不爱脸红的人（2），有时（1），经常

（0）。

⑤与人谈话时，从没有紧张得语无伦次的时候（2），有时（1），经常（0）。

（六）组：

①你抑制自己表情的能力很强（2），一般（1），差：（0）。

②在观看电影中激动场面时你经常感到心酸、流泪（2），有时（1），从不（0）。

③你认为真挚的感情是人们生活中必要的（2），无所谓（1），没有更好（0）。

④你的表情常显露内心思想（2），有时（1），从不（0）。

⑤你是一个小朋友喜欢的人（2），可交往的人（1），可怕的人（0）。

【评定方法】

以上30题满分60分。如果你的积分在45分以上，则说明你的演讲修养好；30~45分为一般；30分以下则较差。

十四、自信能力测试

（1）愿意干别人干不了的事情。（　）

（2）总觉得自己接受和理解问题比别人快。（　）

（3）同一件事总觉得自己一定比同事和其他人干得好。（　）

（4）不愿模仿别人的样子做。（　）

（5）无论什么事总想自己试一试。（　）

（6）总相信自己的意见是正确的。（　）

（7）发表意见时总说“我认为……”（　）

(8) 遇到困难总认为自己能够战胜。 ( )
(9) 坚持己见、善处逆境。 ( )
(10) 从不迷信专家和权威。 ( )
(11) 书写时总不愿按格、行书写。 ( )
(12) 在听不同意见时总是不以为然。 ( )
(13) 总觉得只要努力没有自己干不了的事情。 ( )
(14) 喜欢做难度大、花样多的工作。 ( )
(15) 遇到危险时总能沉住气。 ( )
(16) 在大庭广众之下从不感到拘束。 ( )
(17) 大家犹豫时自己总能首先做出决定。 ( )
(18) 做事不希望别人插手。 ( )
(19) 很少怀疑自己的言行。 ( )
(20) 失策后总要找出自己对的因素。 ( )
(21) 生活充实，总是满怀希望。 ( )
(22) 讨论或争论时，总显出不容反驳的口气。 ( )
(23) 常常有“要是让我来领导……”的想法。 ( )
(24) 比赛时从不害怕对手。 ( )
(25) 遇到热烈的场面很少激动。 ( )

【评定方法】

仔细阅读以上25小题，在每一题后看自己明显具备其中的“很明显”“比较明显”“不明显”哪一项，将结果填入小括号内，填完后，按照“很明显”(3)、“比较明显”(2分)、“不明显”(1分)的不同得分统计总分。所得总分和自信的程序关系如下：

70分以上过分自信。

64~69分很自信。

55～63分自信。

40～54分比较自信。

39分以下缺乏自信。

十五、创造能力测试

创造力与人的个性心理特征有很大关系。创造力强的人总有特殊行为表现。此量表就是从个性心理特征角度测量人的创造力。下面的题是根据著名心理学家托拉斯的研究成果编成的。

创造力自测量表一

下面的每个问题，如符合你的情况，请在括号里打上“√”，不符合的则打“×”。

（1）在做事、观察事物和听人说话时，你能专心一致。（ ）

（2）你说话、写文章时经常用类比的方法。（ ）

（3）能全神贯注地读书、书写和绘画。（ ）

（4）完成了老师布置的作业（或某项工作）后，你总有一种兴奋感。（ ）

（5）不迷信权威。（ ）

（6）喜欢寻找事物的各种原因。（ ）

（7）观察事物向来都很精细。（ ）

（8）常从别人的谈话中发现问题。（ ）

（9）在进行带有创造性的工作时，经常忘记时间。（ ）

（10）能主动发现一些问题，并发现和问题有关的各种联系。（ ）

（11）平时差不多都在学习或琢磨问题。（ ）

（12）总对周围的事物保持好奇心。（ ）

(13) 对某一些问题有新发现时，总是感到异常兴奋。 ( )

(14) 通常，对事物能预测其结果，并能正确地验证这一结果。 ( )

(15) 平常遇到困难和挫折，从不气馁。 ( )

(16) 经常思考事物的新答案和新结果。 ( )

(17) 你有很敏锐的观察力和提出问题的能力。 ( )

(18) 在解题或研究课题时，常采用自己独特的方法去解决。 ( )

(19) 遇到问题，能从多方面来探索解决它的可能性，而不是固定在一种思路上或局限在某一方面。 ( )

(20) 总是有些新设想在脑子里涌现。即使在游玩时也常能产生新的设想。 ( )

【评定方法】

如果20道题答案都是肯定的，就标志着你的创造力很强。

如果16道题答案是肯定的，说明你的创造力一般。

如果有10~13题答案是肯定的，说明你的创造力一般。

如果有6道题以下答案是肯定的，说明你的创造力较差，需要加强训练。

创造力自测量表二

下面一共10道题，请在符合自己情况的选项上划“√”，每一题只选其中一项。

(1) 与别人发生意见分歧时，你是：

①立即做出结论付诸行动（C）

②冷静地从多方面进行考虑（A）

③能略作思考（B）

（2）对老师、长者和领导的意见，你是：

①原封不动地接受（C）

②有些疑问和想法（B）

③同自己原来的想法结合起来（A）

（3）你买东西回来后：

①总是直接使用（C）

②常稍作改变后再使用（B）

③想创造出一种比它更好的东西（A）

（4）工作学习困难，你是：

①放弃初衷（C）

②请教别人（B）

③冥思苦想（A）

（5）平时你喜欢：

①打扑克、下围棋、下象棋（A）

②看侦探小说、惊险电视、电影片（B）

③看滑稽有趣的闹剧，同别人聊天（C）

（6）休息日上公园你喜欢：

①总是上某个公园（C）

②经常变换场所（A）

③听听父母与别人的意见（B）

（7）你对智力游戏：

①无所谓（B）

②不喜欢（C）

③很喜欢（A）

（8）针对眼前的东西，如铅笔、本，你能想出它有多少种新用途：

①3 种以上（C）

②8 种以上（B）

③15 种以上（A）

（9）刷牙时发现牙出血，你是：

①怨牙刷不好（C）

②担心是牙周炎（B）

③设法使牙床不出血（A）

（10）当有人向你提出没有用的建议时，你是：

①不予理睬（C）

②看看有没有可取之处（B）

③问他还有没有别的建议，鼓励他多提建议（A）

【评定方法】

这 10 道自测题中：

如你 A 最多，说明你的创造力很高。

如你 B 多，说明你的创造力属于中等，还需努力开发潜力。

如你 C 最多，说明你的创造力不够理想，急需加强训练。

十六、发散思维能力测试

（1）你是否发现许多题目都存在着大量的解法？

A. 很少发现　　B. 有时发现　　C. 经常发现

（2）你的知识面广吗？

A. 不太广　　B. 比较广　　C. 相当广

（3）在讨论中，你是喜欢强调自己某一个观点还是常常提出多种看法让大家讨论？

A. 强调某一观点　B. 不一定　C. 提出多种看法

（4）在生活中，你是一个善于找捷径的人吗？

A. 不　　B. 不能确定　　C. 是

（5）做事时，有时你会试着用几种办法看看哪种更好吗？

A．不　　B．不一定　　C．是

（6）你认为任何问题都有多种解决方法吗？

A．不　　B．说不准　　C．是

（7）你有着广泛的兴趣爱好吗？

A．不　　B．不能确定　　C．是

（8）你常常考虑事物发展变化的多种可能性吗？

A．不　　B．不能确定　　C．是

（9）你星期天通常待在家里不出去吗？

A．是　　B．不能确定　　C．不

（10）你爱看各种各样的课外书吗？

A．不　　B．不能确定　　C．是

（11）你常与其他同学聊各种事情吗？

A．不　　B．不能确定　　C．是

（12）有人说你大脑灵活、点子多吗？

A．不　　B．不能确定　　C．是

（13）遇到问题时，你常常会想到多种解决问题的方法吗？

A．不　　B．不能确定　　C．是

（14）当你为某项事情作努力时，你对事情的结局有何物质和精神准备？

A．已根据最可能发生的某一种情况做好准备（通常是下定决心，只许成功，不许失败）

B．等着，看看情况如何变化

C．先做多手准备

（15）解决一个棘手问题时，你常多方面努力吗？

A．不　　B 不能确定　　C．是

下面请你准备好纸和笔，把一个钟表放在面前。然后以每道题5分钟的速度开始完成以下一些问题（各题的答题时间不能相互挪用），并做出最适合你的选择。

(16) 请你写出所能想到的带有“土”字结构的字，并统计写出的字数。

A. 少于8个

B. 8~15个

C. 16~24个

D. 24个以上

(17) 请你用数字和数学符号的组合写出“1=?”各种可能的等式。注意一种数学符号只能使用一次，并统计写出的等式数量。

A. 少于5个

B. 5~10个

C. 11~20个

D. 20个以上

(18) 请你写出人的各种特点，并统计写出的特点数量。

A. 少于5个

B. 5~10个

C. 11~20个

D. 20个以上

(19) 请你写出现有水银体温表的缺点，并统计写出的缺点数量。

A. 少于5个

B. 5~10个

C. 11~30个

D．30个以上

（20）写出电扇可能具有（包括将来具有）的各种功能，并统计写出的功能数量。

A．少于5个

B．5～10个

C．11～30个

D．30个以上

【评定方法】

每题答A为2分，答B为1分，答C为0分，各题得分相加为总分。

总分0～19分：说明你的发散思维能力不佳，思维显得呆板。

总分20～40：说明你的发散思维能力一般。

总分41～60分：说明你的发散思维能力较好。你常套想到一些别人没有想到的新点子，这对创新活动显然很有价值。

十七、联想思维能力测试

（1）在命题作文练习中，你是否一看到题目就能联想到可以使用的大量素材？

A．通常能　　B．有时能　　C．通常不能

（2）你喜欢使用比喻吗？

A．是　　B．说不准　　C．不

（3）新认识一个人，你常常一下子就能从他的外貌联想到另一个认识的人或某位公众人物吗？

A．是　　B．说不准　　C．不

（4）你想问题好钻牛角尖，即常常只是想到一个可以使用的思路吗？

A．不　　B．说不准　　C．是

(5) 看小说时，你大脑中常常会浮现出主人公的形象吗？

A. 是　　B. 说不准　　C. 不

(6) 你善于举一反三吗？

A. 是　　B. 说不准　　C. 不

(7) 出了一件意外的事后，你常常在很长时间里没有想到可能引起的一系列后果吗？

A. 不　　B. 说不准　　C. 是

(8) 做事时，如果一种办法没有取得效果，你很快就能想到另一些可以使用的方法吗？

A. 是　　B. 说不准　　C. 不

(9) 你善于旁征博引吗？

A. 是　　B. 说不准　　C. 不

(10) 你曾使用代数方法来解几何题吗？

A. 是　　B. 说不准　　C. 不

(11) 你曾使用几何方法来解代数题吗？

A. 是　　B. 说不准　　C. 不

(12) 一题多解对你来说是件轻松的事吗？

A. 是　　B. 说不准　　C. 不

(13) 在与同伴讨论问题时，你常使用类比方法来说明你的观点吗？

A. 是　　B. 说不准　　C. 不

(14) 现实中一些人的作为常常令你想起小说或电影中的人物吗？

A. 是　　B. 说不准　　C. 不

(15) 你常给同学起绰号（包括在内心起的）吗？

A. 是　　B. 说不准　　C. 不

下面请你准备好纸和笔，把一个钟表放在面前，然后以每道题5分钟的速度开始完成以下一些问题（各题的答题时间不能相互挪用），并做出相应的选择。

（16）请你尽可能多地写出含有三角形的各种物品，并统计写出的个数。

A. 少于8个

B. 8～15个

C. 16～30个

D. 30个以上

（17）请你尽可能多地写出小孩与杉树的共同点，并统计写出的共同点个数。

A. 少于5个

B. 5～10个

C. 11～20个

D. 20个以上

（18）请你尽可能多地写出一对双胎姐弟的差异，并统计写出的差异个数。

A. 少于5个

B. 5～10个

C. 11～20个

D. 20个以上

（19）请你尽可能多地写出水的各种可能的用途，并统计写出的用途个数。

A. 少于5个

B. 5～10个

C. 11～20个

D. 20个以上

(20) 请你尽可能多地写出人与牛各种可能的联系，并统计写出的联系个数。

A. 少于5个

B. 5~10个

C. 11~20个

D. 20个以上

【评定方法】

每题答A为2分，答B为1分，答C为0分，各题得分相加为总分。

总分0~19分：说明你的联想思维不佳。你的思维内容贫乏，遇事常套陷入无计可施的尴尬境地。

总分20~40分：说明你的联想思维能力一般。

总分41~60分：说明你的联想思维能力较好。你的联想丰富，心中常常有很多想法。这么多的想法有时也令你为难：哪种想法最为合理？按哪种想法做最好？

十八、逆向思维能力测试

(1) 在做几何证明题时，你喜欢使用反证法吗？

A. 是　　B. 说不准　　C. 不

(2) 有时你将问题倒过来考虑吗？

A. 是　　B. 说不准　　C. 不

(3) 你好反驳别人的观点吗？

A. 是　　B. 说不准　　C. 不

(4) 你的反驳意见能被别人接受吗？

A. 是　　B. 说不准　　C. 不

(5) 在写作文时，你尝试过倒叙写法吗？

A. 多次　　　　B. 有几次　　　　C. 没有

(6) 与人争论过后，你会从对方角度想一下是非曲直吗？

A. 是　　　　B. 说不准　　　　C. 不

(7) 你有时会提出一个与正在讨论的问题相反的问题吗？

A. 是　　　　B. 说不准　　　　C. 不

(8) 看小说时，你曾直接翻到书尾看看结局如何，然后再决定是否仔细阅读整本书吗？

A. 多次　　　　B. 有几次　　　　C. 没有

(9) 当你受挫时，你能意识到它给你带来的帮助吗？

A. 能　　　　B. 说不准　　　　C. 不能

(10) 在解数学题时，你常常使用逆推法（即从结果推演到条件）吗？

A. 是　　　　B. 说不准　　　　C. 不能

(11) 你了解守恒原理吗？

A. 是　　　　B. 说不准　　　　C. 不

(12) 你的思维灵活吗？

A. 是　　　　B. 说不准　　　　C. 不

(13) 你了解辩证法基本原理吗？

A. 是　　　　B. 说不准　　　　C. 不

(14) 你理解并赞同坏事可以变成好事的说法吗？

A. 完全理解和赞同

B. 有些理解

C. 不理解或不赞同

(15) 你了解数理统计学中假设检验的理论和方法吗？

A. 是　　　　B. 说不准　　　　C. 不

下面请你准备好纸和笔，把一个钟表放在面前，然后开始完成以下一些问题。记下各题答题时间（过了10分钟仍没有找到正确答案视为没有答出并开始做下一题），看看你的答题情况符合A，B，C，D四种选择中的哪一种。

(16) 我们知道煮熟的鸡蛋通常只能平放在桌上。请你想一个办法，让煮熟的鸡蛋直立在桌上。注意，不容许借助于其他工具或物品。

A. 1分钟内完成

B. 1~5分钟内完成

C. 5~10分钟内完成

D. 10分钟内没有完成

(17) 瓶塞已深陷进瓶口，无法用手取出。请问在不打破瓶子的前提下，你有办法让瓶中的液体流出来吗？注意，不容许借助于其他工具或物品。

A. 1分钟内完成

B. 1~5分钟内完成

C. 5~10分钟内完成

D. 10分钟内没有完成

(18) 一只乒乓球掉入被固定于水泥地面的一根直立的铁管（铁管长15厘米）中，铁管的孔径比乒乓球的直径大1厘米。在不破坏地面及铁管的前提下，你如何让乒乓球从管中出来？

A. 10分钟内找到5种以上办法

B. 10分钟内找到2~5种方法

C. 10分钟内找到1种办法

D. 10分钟内没有找到办法

(19) 在炎热、干燥的沙漠中，两位摩托车手为获得一笔优厚的奖金正进行一项奇怪的比赛：谁的车后到达位于沙漠另一处的目的地，谁就获胜。出发后，两位车手都磨蹭着不肯前行，越来越严重的饥渴感包围他们。你能替他们想一个办法，使他们既能尽快地达目的地，又不致因此输掉这场比赛吗？

A. 1分钟内完成

B. 1~5分钟内完成

C. 5~10分钟内完成

D. 10分钟内没有完成

(20) 一位老师与两个学生做游戏："这里有三支笔，两支是蓝色的，一支是黑色的。现在我们一人一支。请你们两个根据自己手上笔的颜色，猜出对方所拿笔的颜色。"这两个学生拿到笔以后，起先都想了一下，好像都猜不出来。突然，两个学生都喊了起来："我猜着了。"你知道他们是如何猜出来的吗？

A. 1分钟内完成

B. 1~5分钟内完成

C. 5~10分钟内完成

D. 10分钟内没有完成

【评定方法】

每题答A为2分，答B为1分，答C为0分. 各题得分相加为总分。

总分0~19分：说明你的逆向思维能力不佳。

总分 20 ~ 40 分：说明你的逆向思维能力一般。

总分 41 ~ 60 分：说明你的逆向思维能力较好。你善于从相反方向考虑问题，找到解决问题的正确思路。

十九、想象思维能力测试

（1）你常常想象自己将来当什么吗？

A 是　　B. 不能确定　　C. 不

（2）你写过诗（不论好坏、发表与否）吗？

A. 是　　B. 不能确定　　C. 不

（3）你有过与名人交往或相处的幻想吗？

A. 是　　B. 不能确定　　C. 不

（4）你喜欢给同学或老师画漫画吗？

A. 是　　B. 不能确定　　C. 不

（5）你想过今后的空调机将是什么样的吗？

A. 是　　B. 不能确定　　C. 不

（6）看小说时，你想到的内容比小说文字叙述的要丰富吗？

A. 要丰富得多　　B. 略多一些　　C. 差不多

（7）你写过小说或有写小说的打算吗？

A. 是　　B. 不能确定　　C. 不

（8）要添辅助线才能解决的几何题令你心烦吗？

A. 8　　B. 不能确定　　C. 是

（9）面对空旷的建筑工地，你会想象房子造好后的样子吗？

A. 是　　B. 不能确定　　C. 不

（10）你常做生动形象的梦吗？

A. 是　　B. 不能确定　　C. 不

（11）当你去商场挑选一件电器（如电视机）时，你是常常发现商场摆放的电器不具备你所希望有的很多功能，还是发现这些电器带有的很多功能是你起先没想到的？

A. 是前者　　B. 不能确定　　C. 是后者

(12) 你是否觉得根据小说改编的影视剧总是不如原著好？

A. 是　　B. 不能确定　　C. 不

(13) 允许选择的话，你是愿意写虚构性作文还是愿意写纪实性作文？

A. 是前者　　B. 不能确定　　C. 是后者

(14) 你爱看科学幻想小说吗？

A. 是　　B. 不能确定　　C. 不

(15) 看见鸟儿在天空翱翔，你会产生自己也能飞一下该多好的想法吗？

A. 是　　B. 不能确定　　C. 不

(16) 你想过其他星球上智慧动物的模样吗？

A. 是　　B. 不能确定　　C. 不

(17) 你觉得自己将来能拥有一艘轮船吗？

A. 也许会　　B. 多数不会　　C. 肯定不会

(18) 你画过反映自己将来理想的图画（包括草图）吗？

A. 是　　B. 不能确定　　C. 不

(19) 你能想象得出电流从电线流过的情景吗？

A. 能　　B. 不能确定　　C. 不能

(20) 在第一次到达的城市里，你能根据地图确定自己的方位吗？

A. 轻而易举　　B. 没太大问题　　C. 可能有困难

(21) 想象一下家中所有电器都由电脑控制的样子，你能详尽地用语言描绘出来吗？

A．能　　　　　　B．不能确定　　　C．不能

（22）对将来的幻想促使你提出和实施某些计划吗？

A．是　　　　　　B．不能确定　　　C．不

（23）你常常有一些新的设想吗？

A．是　　　　　　B．不能确定　　　C．不

（24）你画过你想有的但现实中不存在的东西吗？

A．是　　　　　　B．不能确定　　　C．不

（25）你从商店买回东西后，常常是直接使用，还是研究一下稍作改变后再使用？

A．直接使用　　　B．不能确定　　C．改变后再使用

（26）你是否平时常常在设想，自己生活中又有一些东西该换新的了？

A．是　　　　　　B．不能确定　　　C．不

（27）对于将来，你怀有美好的憧憬吗？

A．是　　　　　　B．不能确定　　　C．不

（28）关于如何改变各种家用电器的外形以使其美观些，你有很多好的想法吗？

A．是　　　　　　B．不能确定　　　C．不

（29）尽管比使用老方法要费事些，你还是喜欢探索解决问题的一些新方法吗？

A．是　　　　　　B．不能确定　　　C．不

（30）幻想常常使你注意到一些新问题吗？

A．是　　　　　　B．不能确定　　　C．不

【评定方法】

每题答A为2分，答B为1分，答C为0分，各题得分相

加为总分。

总分0～19分：说明你的创新想象很少。你过于脚踏实地了，没有一点浪漫想法；

总分20～40分：说明你的创新想象能力一般。

总分41～60分：说明你的创新想象能力较好。在创新活动中，你常会涌现出一些生动诱人的设想。

二十、抽象思维能力测试

(1) 你说话富于条理吗？

A．是　　B．不能确定　　C．不

(2) 看完一篇文章，你是否马上能说出文章的主题？

A．通常能　　B．有时能　　C．不能

(3) 你写信时常常觉得不知如何表达吗？

A．不　　B．不能确定　　C．是

(4) 你是否能发现老师讲课中的某些错误？

A．常常能　　B．偶尔能　　C．不能

(5) 中学数学课程对你来说还是比较轻松的吗？

A．是　　B．不能确定　　C．不

(6) 你是否能轻易找到一些笑料使大家都笑起来？

A．常常能　　B．有时能　　C．不能

(7) 你对世界上很多事物及其活动规律看得比较透彻吗？

A．是　　B．不能确定　　C．不

(8) 你很轻松地就可以弄清一篇文章的要点吗？

A．通常能　　B．有时能　　C．不能

(9) 当你告诉别人什么事情时，你常会有词不达意的感觉吗？

A．不　　B．不能确定　　C．是

(10) 考试时你常常感到时间不够而来不及做完所有题目吗？

A. 不　　B. 不能确定　　C. 是

(11) 你的考试成绩不坏吗？

A. 对　　B. 不能确定　　C. 不

(12) 你写作文时曾发生离题的现象吗？

A. 多次发生　　B. 偶尔发生　　C. 不曾发生

(13) 当你发觉说错话时，是否窘得说不出话来？

A. 不　　B. 不能确定　　C. 是

(14) 有人说你说话常不着边际吗？

A. 不　　B. 不能确定　　C. 是

(15) 在电影和电视剧中，你发现过一些不合情理的情节吗？

A. 多次发现　　B. 不能确定　　C. 是

(16) 你在下棋、打扑克这些智力游戏中常取胜吗？

A. 是　　B. 不能确定　　C. 不

(17) 你常不假思索地接受别人的意见吗？

A. 不　　B. 不能确定　　C. 是

(18) 你善于分析问题吗？

A. 是　　B. 不能确定　　C. 不

(19) 你的同伴困惑不解时是否会询问你？

A. 是　　B. 不能确定　　C. 不

(20) 你觉得想问题是件很累的事吗？

A. 是　　B. 不能确定　　C. 不

(21) 在朋友们面前发觉自己不小心做了不得体的事时，你是否能迅速找一个台阶下（如开一句玩笑），使自己摆脱困境？

A．是　　　　B．不能确定　　C．不

（22）你和同学讨论问题时，是否常出一些很有价值的主意？

A．是　　　　B．不能确定　　C．不

（23）有时你将问题倒过来考虑吗？

A．是　　　　B．不能确定　　C．不

（24）你的作文曾经获奖或被公开刊出吗？

A．是　　　　B．不能确定　　C．不

（25）你常与别人辩论吗？

A．是　　　　B．不能确定　　C．不

（26）几个同学为一件事争论不休时，你能从他们各自的说法中找出共同点，而把他们的观点统一起来吗？

A．通常能　　　B．有时能　　　C．不能

（27）大多数情况下，你只要一看（小说或影视）故事的开头，就能正确猜到结局如何吗？

A 是　　　　B．不能确定　　C．不

（28）你的提议常被别人忽视或否定吗？

A．不　　　　B．不能确定　　C．是

（29）在别人与你寒暄尚未切入正题之前，你常常已大致猜到对方的意图吗？

A．是　　　　B．不能确定　　C．不

（30）你爱看侦探小说或影视片吗？

A．是　　　　B．不能确定　　C．不

【评定方法】

每题答 A 为 2 分，答 B 为 1 分，答 C 为 0 分，各题得分相

加为总分。

总分0~19分：说明你的抽象思维能力较弱。

总分20~40分：说明你的抽象逻辑思维能力一般。

总分41~60分：说明你的抽象逻辑思维能力较强。你善于抓住问题的关键，说话也显得有条有理。

二十一、直觉思维能力测试

(1) 你常有灵感涌现吗？

A. 是　　B. 不一定　　C. 不

(2) 你想问题时通常非常专注、投入吗？

A. 是　　B. 不一定　　C. 不

(3) 你常常长时间钻研一些难题吗？

A. 是　　B. 不一定　　C. 不

(4) 你自信吗？

A. 是　　B. 不一定　　C. 不

(5) 你是一个乐观并相信所有问题最终都能解决的人吗？

A. 是　　B. 不一定　　C. 不

(6) 你认为人的直觉通常是很不可靠的吗？

A. 是　　B. 不一定　　C. 不

(7) 你有多大的把握才敢与人打赌？

A. 50%　　B. 75%　　C. 100%

(8) 你觉得自己的运气总是很差吗？

A. 是　　B. 不一定　　C. 不

(9) 有了一个模糊的念头后，你会设法去验证自己的直觉吗？

A. 是　　B. 不一定　　C. 不

(10) 你喜欢思考吗？

A. 是　　B. 不一定　　C. 不

(11) 你喜欢由此及彼地联想吗？

A. 是　　B. 不一定　　C. 不

(12) 你喜欢猜测事情的真相吗？

A. 是　　B. 不一定　　C. 不

(13) 你相信只有严密的逻辑思考才有助于新知识的发现吗？

A. 是　　B. 不一定　　C. 不

(14) 你曾从梦境中获得过启示吗？

A. 是　　B. 不一定　　C. 不

(15) 你常反复斟酌，将利弊完全弄清后才采取行动吗？

A 是　　B. 不一定　　C. 不

(16) 在受挫前，你常常会有一种模模糊糊的、觉得这样做可能不行的感觉吗？

A. 是　　B. 不一定　　C. 不

(17) 你注重有张有弛、劳逸结合吗？

A. 是　　B. 不一定　　C. 不

(18) 你相信自己对问题的判断能力吗？

A. 是　　B. 不一定　　C. 不

(19) 你喜欢根据一个人的性格和立场猜测对方的下一步行动吗？

A. 是　　B. 不一定　　C. 不

(20) 你害怕遇到难题吗？

A. 是　　B. 不一定　　C. 不

(21) 你善于抓住自己思维中一些有价值的闪光点并作进一步分析吗？

A. 是　　B. 不一定　　C. 不

(22) 你脑海中能否浮现出过去经历过的事物的鲜明形象？

A. 通常能　　B. 有时能　　C. 不能

(23) 你好静静地思考问题吗？

A. 是　　B. 不一定　　C. 不

(24) 你常边思索边用笔在纸上涂写吗？

A 是　　B. 不一定　　C. 不

(25) 遇到问题一下子弄不清该如何做时，你会在手中拨弄着有关物件，试着做做看吗？

A. 是　　B. 不一定　　C. 不

(26) 当你对某个问题产生兴趣后，你会设法去收集大量的有关资料吗？

A. 是　　B. 不一定　　C. 不

(27) 学习中一个没有解决的难题，会使你在很多天后还记挂着吗？

A. 是　　B. 不一定　　C. 不

(28) 你的思维开阔吗？

A. 是　　B. 不一定　　C. 不

(29) 你有着良好的记忆力吗？

A. 是　　B. 不一定　　C. 不

(30) 有了一些初步的想法时，你会马上记在纸上或笔记本中吗？

A. 通常会　　B. 有时会　　C. 不会

【评定方法】

每题答 A 为 2 分，答 B 为 1 分，答 C 为 0 分，各题得分相加为总分。

总分0～19分：说明你思维呆板，缺乏直觉。

总分20～40分：说明你的直觉思维能力一般。

总分41～60分：说明你的直觉丰富，时有灵感涌现。

二十二、逻辑思维能力测试

（1）大象是动物，动物有腿。因此，大象有腿。（ ）

（2）我的秘书还未到参加选民的年龄，我的秘书有着漂亮的头发。所以，我的秘书是个未满18周岁的姑娘。（ ）

（3）这条街上的商店几乎都没有霓虹灯，但这些商店都有遮篷。所以，

①有些商店有遮篷没有霓虹灯。（ ）

②有些商店既有遮篷又有霓虹灯。（ ）

（4）所有的A都有三只眼睛，这个B有三只眼睛。所以，这个B与A是一样的。（ ）

（5）土豆比西红柿便宜，我的钱不够买两斤土豆。所以，

①我的钱不够买1斤西红柿。（ ）

②我的钱可能够，也可能不够买一斤西红柿。（ ）

（6）韦利是个和斯坦一样强的棒球击手，斯坦是个比大多数人都要强的棒球击手。所以，

①韦利应是这些选手中最出色的。（ ）

②斯坦应是这些选手中最出色的。（ ）

③韦利是个比大多数都要强的棒球击手。（ ）

（7）水平高的音乐家演奏古典音乐，要成为水平高的音乐家就得练习演奏。所以，演奏古典音乐比演奏爵士乐需要更多的练习时间。（ ）

（8）如果你的孩子被宠坏了，打他屁股会使他发怒，如

果他没有被宠坏，打他屁股会使你懊悔。所以，

①打他屁股要么使你懊悔，要么使他发怒。（ ）

②打他屁股也许对他没有什么好处。（ ）

（9）正方形是有角的图形，这个图形没有角。所以，

①这个图形是个圆。（ ）

②无确切的结论。（ ）

③这个图形不是正方形。（ ）

（10）格林威尔在史密斯城的东北，纽约在史密斯城的东北。所以，

①纽约比史密斯城更靠近格林威尔。（ ）

②史密斯城在纽约的西南。（ ）

③纽约离史密斯城不远。（ ）

（11）绿色深时，红色就浅；黄色浅时，蓝色就适中；但是要么绿色深要么黄色浅。所以，

①蓝色适中。（ ）

②黄色和红色都浅。（ ）

③红色浅，或者蓝色适中。（ ）

（12）如果你突然停车，那么跟在后面的一辆卡车将撞上你；如果你不这样做，你将撞倒一个妇女。所以

①行人不应在马路上行走。（ ）

②那辆卡车车速太快。（ ）

③你要么被后面那辆卡车撞上，要么撞倒那个妇女。（ ）

（13）我住在农场和城市之间，农场位于城市和机场之间。所以，

①农场到我住处比到机场要近。（ ）

②我住在农场和机场之间。 ( )

③我的住处到农场比到机场要近。 ( )

(14) 聪明的赌徒只有在形势对他有利时才下赌注，老练的赌徒只有在他有大利可图时才下赌注，这个赌徒有时去下赌注。所以，

①他要不是老练的赌徒，就是聪明的赌徒。 ( )

②他可能是个老练赌徒，也可能不是。 ( )

③他既不是老练赌徒，也不是聪明赌徒。 ( )

(15) 当 B 等于 Y 时，A 等于 Z；当 A 不等于 Z 时，E 要么等于 Y，要么等于 Z。所以，

①当 B 等于 Y 时，E 不等于 Y 也不等于 Z。 ( )

②当 A 等于 Z 时，Y 或者 Z 等于 E。 ( )

③当 B 不等于 Y 时，E 不等于 Y 也不等于 Z。 ( )

(16) 当 B 大于 C 时，X 小于 C，但 C 绝不会大于 B。所以，

①X 绝不会大于 B。 ( )

②X 绝不会小于 B。 ( )

③X 绝不会小于 C。 ( )

(17) 只要 X 是红色，Y 就一定是绿色；只要 Y 不是绿色，Z 就一定是蓝色。但是，当 X 是红色时，Z 绝不会是蓝色。所以，

①只要 Z 是蓝色，Y 就可能是绿色。 ( )

②只要 X 不是红色，Z 就不可能是蓝色。 ( )

③只要 Y 不是绿色，X 就不可能是红色。 ( )

(18) 有时印第安人是阿拉斯加人，阿拉斯加人有时有律师。所以，

①有时印第安人不见得一定是阿拉斯加人或律师。（ ）

②印第安人不可能是阿拉斯加人或律师。（ ）

（19）前进不见得死得光荣，后退没死也不见得是耻辱。所以，

①后退意为死得光荣。（ ）

②前进意为不死就是耻辱。（ ）

③前进意为死得光荣。（ ）

【评定方法】

(1) 是　(2) 否　(3) ①否②是

(4) 否　(5) ①否②是　(6) ①否②否③是

(7) 否　(8) ①是②否

(9) ①否②否③是　(10) ①否②是③否

(11) ①否②否③是　(12) ①否②否③是

(13) ①否②否③是　(14) ①否②否③是

(15) ①是②否③否　(16) ①是②否③否

(17) ①否②否③是　(18) ①是②否

(19) ①否②否③否

答错 1 题得 1 分，答漏 1 题也得 1 分，将得分相加就是总成绩。

总分 0～13 分：说明你的逻辑思维能力优秀。

总分 14～19 分：说明你的逻辑思维能力良好。

总分 20～25 分：说明你的逻辑思维能力中等。

总分 26～45 分：说明你的逻辑思维能力不佳。

二十三、心理健康测试

（1）在你午休或晚上就寝时，如果周围环境很喧闹，不

能马上睡着。 ( )

(2) 在处理矛盾时，你常常怒气陡生。 ( )

(3) 梦中所见与平时所想的不谋而合。 ( )

(4) 很喜欢与陌生人交往，并且习惯于谈笑自如。 ( )

(5) 你是否感觉你的精神萎靡不振。 ( )

(6) 常常希望好好改变一下生活环境。 ( )

(7) 当你中途接受一件工作时，不会破除以前的规矩。 ( )

(8) 去赴约会时，稍等一会儿就急得不得了。 ( )

(9) 常常感到头有紧箍感。 ( )

(10) 在你看书时对周围很细小的声音也能同时察觉到。 ( )

(11) 通常你是乐天派，不大会有哀伤的心情。 ( )

(12) 你做事时喜欢作预测，常常为谋划将来而感到不安。 ( )

(13) 如果一整天都孤独一人时，便会心烦意乱。 ( )

(14) 自以为从不对人说谎。 ( )

(15) 常常一有惊慌便完全失败的情形。 ( )

(16) 经常担心别人对自己的看法。 ( )

(17) 经常以为自己的行动受别人支配。 ( )

(18) 当作以自己为主的事情时，便心情愉悦，情绪活跃，全无倦意。 ( )

(19) 常常担心发生地震和水灾、火灾。 ( )

(20) 希望与众不同，过别人没有过过的生活。 ( )

(21) 你自认为自己很大度，从不怨恨他人。 ( )

(22) 如果你失败了，是否会长时间地颓丧不安。 ( )

(23) 你会因过度兴奋而突然神志昏迷。 ( )

(24) 对最近发生的事故，你往往毫不在乎。（ ）
(25) 你常常会因为一点小事而表现得十分激动。（ ）
(26) 好天气却未必能带给你好心情。（ ）
(27) 工作时，你常常因事突然外出。（ ）
(28) 不希望别人经常提起自己。（ ）
(29) 常常对别人的微词耿耿于怀。（ ）
(30) 常常因心情不好而感到身体的某个部位疼痛。（ ）
(31) 常常会突然忘却以前的想法。（ ）
(32) 你常常睡眠不足或者连续工作，但你不在乎。（ ）
(33) 你感到生活没有劲，意志消沉。（ ）
(34) 虽然你工作认真，但有时却有奇怪的念头。（ ）
(35) 当你对自己的学习和工作进行总结时，自认为从没有浪费时间。（ ）
(36) 与人约定事情时常常犹豫不决。（ ）
(37) 你老爱挑别人的刺，看什么都不顺眼时常常感到头痛。（ ）
(38) 常常听见他人听不见的声音。（ ）
(39) 你常常毫无缘由地感到快活。（ ）
(40) 你常会一紧张就直冒汗。（ ）
(41) 对眼前事都看不惯，常常希望今天最好出些变故。（ ）
(42) 自认为为人坦诚、直率，经常对人说真话。（ ）
(43) 在人际交往和学习工作中，往往不拘小节而无所长进。（ ）
(44) 紧张时脸部肌肉常常会不自然地抽动。（ ）

(45) 有时自以为是，疏远与周围环境的关系，认为周围的人与自己截然不同。 ( )

(46) 常常会粗心大意地忘记约会。 ( )

(47) 你是一个安静的人，喜欢沉思默想。 ( )

(48) 一听到有人说起仁义道德的话，就怒气冲冲。 ( )

(49) 自以为自己从小就很听话，很乖巧，从没有被父母责骂过。 ( )

(50) 一着急后总是担心时间，频频看表。 ( )

(51) 尽管不是毛病，常常感到心脏和胸口发闷。 ( )

(52) 通常你喜欢独处，不喜欢与他人一起游玩。 ( )

(53) 思维活跃，喜欢梦想，总想干些什么，常常兴奋得睡不着觉。 ( )

(54) 无论你遭遇了多么微小的失败，总是归咎于自己的过失。 ( )

(55) 常常想做别人不愿意做的事情。 ( )

(56) 习惯于亲切和蔼地与别人相处。 ( )

(57) 不喜欢别人关注自己，更别说在众目睽睽之下说话做事了。当必须这样做才行时，心就会激烈地跳动起来。 ( )

(58) 心情常常随当时的气氛变化而变化。 ( )

(59) 即使哪一天发生了有关自己的重大变故，仍然泰然处之。 ( )

(60) 哪怕是极小的愉悦往往也使你非常感动。 ( )

(61) 意志不坚强，情绪难控制，有所顾虑时常常情绪非常消沉。 ( )

(62) 认为社会腐败的原因是根深蒂固的，不管怎么努

力也不会改变。（ ）

(63) 自认为与人相处融洽．人缘极好，从没有与人吵过架。（ ）

(64) 失败后再做事情时非常担心。（ ）

(65) 常常有堵住嗓子的感觉。（ ）

(66) 家庭关系不和睦，常常视父母兄弟如路人一般。（ ）

(67) 常常与初次相见的人愉快交谈。（ ）

(68) 念念不忘过去的失败。（ ）

(69) 常常对事情的困难认识不足，心情急躁，因为事情进展不如自己想象的那样顺利就怒气冲冲。（ ）

(70) 自认为身体很健康，从不生病。（ ）

【评定方法】

回答上面70个问题时，如果你过去和现在的情况符合提问内容，在括号中记2分，有点符合的记1分，不符合的记0分，不清楚的也记0分。

题号	合计	类型号码
(1) (8) (15) (22) (29) (36) (43) (50) (57) (64)		1
(2) (9) (16) (23) (30) (37) (44) (51) (58) (65)		2
(3) (10) (17) (24) (31) (38) (45) (52) (59) (66)		3
(4) (11) (18) (25) (32) (39) (46) (53) (60) (67)		4
(5) (12) (19) (26) (33) (40) (47) (54) (61) (68)		5
(6) (13) (20) (27) (34) (41) (48) (55) (62) (69)		6
(7) (14) (21) (28) (35) (42) (49) (56) (63) (70)		7

1. 计分

(1) 按照“心理健康自我评价得分表”，根据“类型号码”，把每种类型的分数按照表中所列的题号横向相加起来，分别填入合计栏中。例如，“类型1”各题的得分分别是：1题2分，8题1分，15题0分，22题0分，29题1分，36题2分，43题1分，50题2分，57题0分，64题1分，则2+1+0+0+1+2+1+2 +0+1=10分，这个10分就填在第一类型的合计栏里。其他各种类型也同样横向相加计分，然后填入相应的合计栏。

（2）心理健康指教的计算：除去第七项，把第一项到第六项类型号码标准分相加即为心理健康指数。

2. 评价

心理症状指数18～32分的人，精神健康没有什么不良征兆。

心理症状指数33～47分的人精神健康，但要检查一下某一症状类型的得分是否过高。如果这一症状类型的标准分高于8分时，就要再一次地自我检查一下心理方面的健康状态，找出病因再对症治疗。

心理症状指教48～61分的人精神的健康状况一般，说不上健康。要彻底调整自己的健康状况，使心理症状指数降到47分以下。特别要积极找出标准分10分以上的症状类型的病因，及时治疗。

心理症状指数62～76分的人，有些心理疾病的征兆，最好去请专科医生诊断，进行缜密的分析，在作自我评价时检查一下哪一项症状最严重，以使决定和实行治疗的办法，要仔细分析症状严重的原因，并努力解除它。

心理症状指数77～90分的人已经患有某种程度的心理疾病，一定要接受专科医生的诊断，安心治疗。尽管自己没有什么，但旁人会认为你行为乖僻古怪。当然也不必那么忧心忡忡，心理上的异常大都是自己造成的。所以，首先要接受心理健康的诊断。不管怎样，重要的是及早发现，及早治疗，真正能够恢复健康的就是你自己。

二十四、创新兴趣测试

(1) 你把解难题看成是一项乐趣吗?

A. 是　B. 说不准　C. 不

(2) 你热爱你所生活的这个世界吗?

A. 是　B. 说不准　C. 不

(3) 你有着广泛的兴趣爱好吗?

A. 是　B. 说不准　C. 不

(4) 你参加学校里的兴趣小组活动吗?

A. 积极参加　B. 随便参加　C. 尽量不参加

(5) 你常觉得无聊吗?

A. 不　B. 说不准　C. 是

(6) 你经常翻阅各种杂志吗?

A. 是　B. 说不准　C. 不

(7) 你的兴趣经常改变吗?

A. 不　B. 说不准　C. 是

(8) 你对某些知识特别感兴趣吗?

A. 是　B. 说不准　C. 不

(9) 除学校里学习的内容外，你还看了很多课外书吗?

A. 看了很多　B. 看了一些　C. 没怎么看

(10) 你热衷于寻求各种问题的答案吗?

A. 是　B. 说不准　C. 不

(11) 你觉得学习是一件很枯燥的事吗?

A. 不　B. 说不准　C. 是

(12) 假如老师布置两类难度不同的课外练习题供你选择，你会做哪类题呢?

A. 较难的题目　B. 说不准　C. 较易的题目

（13）你想得多、做得少吗？

A．不　　B．说不准　　C．是

（14）你对科学探索缺乏兴趣吗？

A．不　　B．说不准　　C．是

（15）你对学校里的课程感兴趣吗？

A．多数课程　　B．部分课程　　C．少数课程

（16）你的某些兴趣已经保持好些年了，至今你仍不失以往的热情吗？

A．是　　B．说不准　　C．不

（17）难题令你头痛吗？

A．不　　B．说不准　　C．是

（18）你的某些兴趣特别强烈吗？

A．是　　B．说不准　　C．不

（19）学习中你存在偏科现象吗？

A．不　　B．说不准　　C．是

（20）你注意收集你感兴趣事物的资料吗？

A．是　　B．说不准　　C．不

（21）你喜欢做各种试验吗？

A．是　　B．说不准　　C．不

（22）同学们知道你的兴趣爱好并常问你有关的问题吗？

A．是　　B．说不准　　C．不

（23）你体会到学习的乐趣吗？

A．是　　B．说不准　　C．不

（24）你愿意为你的兴趣爱好付出大量的时间和精力吗？

A．是　　B．说不准　　C．不

（25）你喜欢在家里搞一些小发明、小改进吗？

A．是　　B．说不准　　C．不

(26) 进行你感兴趣的活动时你非常投入吗？

A. 是　　B. 说不准　　C. 不

(27) 你的兴趣爱好具有社会价值吗？

A. 是　　B. 说不准　　C. 不

(28) 老师和家人支持你的兴趣爱好吗？

A. 是　　B. 说不准　　C. 不

(29) 你准备把自己的某些兴趣作为终生为之奋斗的事业或职业吗？

A. 是　　B. 说不准　　C. 不

(30) 你对创新活动有着浓厚的兴趣吗？

A. 是　　B. 说不准　　C. 不

【评定方法】

总分0～19分：显然，你缺乏创新兴趣。

总分20～40分：证明你对创新活动有些兴趣，但如果你准备将创新探索作为你毕生奋斗的事业，你的兴趣品质在广度、深度、稳定性、效能等方面尚需通过不断的创新实践进一步加以发展。

总分41～60分：说明你对创新活动具有浓厚的兴趣。

二十五、创新意识测试

(1) 你决定做一件事时，总是说干就干，很少犹疑不决吗？

A. 是　　B. 说不准　　C. 不

(2) 遭遇严重困难时你常常会放弃正在做的事吗？

A. 不　　B. 说不准　　C. 是

(3) 你从不做没有把握的事吗？

A. 不　　B. 说不准　　C. 是

(4) 你因睡懒觉而误事吗？

A．从不　　　　B．偶尔　　　　C．有时或经常

（5）你曾因优柔寡断而多次坐失良机吗？

A．不　　　　B．说不准　　　　C．是

（6）你喜欢做别人没有做过的事吗？

A．是　　　　B．说不准　　　　C．不

（7）你做事常常半途而废吗？

A．不　　　　B．说不准　　　　C．是

（8）你喜爱长跑、远足、登山这类考验自己毅力的运动吗？

A．是　　　　B．说不准　　　　C．不

（9）当需要做出抉择时，你希望有人替你拿主意吗？

A．不　　　　B．说不准　　　　C．是

（10）假如有一件事对你意义重大，但做起来估计会遇到一些困难，你能当机立断地去做吗？

A．是　　　　B．说不准　　　　C．不

（11）你是否信奉这样一条准则：一件事不干则已，要干就要把它干到底？

A．是　　　　B．说不准　　　　C．不

（12）长时间静静地思考问题会使你感到困难或不能坚持吗？

A．不　　　　B．说不准　　　　C．是

（13）你能否专心干完一件有价值但十分枯燥的事？

A．是　　　　B．说不准　　　　C．不

（14）你常常主动确立一个目标并着手努力去做吗？

A．是　　　　B．说不准　　　　C．不

（15）当你做出一项决定并开始做以后，你是否还会思前想后，以致无法专心去做？

A．不　　B．说不准　　C．是

（16）你愿意采用一个有一定风险的新方法还是愿意用一个多次用过的老方法？

A．新方法　　B．说不准　　C．老方法

（17）你能不带偏见地接受别人的批评意见吗？

A．通常能　　B．有时能　　C．不能

（18）当有几个问题供你选择解决时，你会如何选择呢？

A．选择富于挑战性的、新的问题

B．选择略有难度的问题

c．选择简单、有把握做好的问题

（19）在意外的情况面前，你能保持镇静吗？

A．是　　B．说不准　　C．不

（20）越是困难的东西，你做起来越是有劲头吗？

A．是　　B．说不准　　C．不

（21）当别人说了各自不同的看法时，你是否常常觉得他们都很有道理，以致你不知道该听谁的？

A．不　　B．说不准　　C．是

（22）虽然你已发现自己的做法是错误的，但你会怕丢面子而不愿纠正吗？

A．不　　B．说不准　　C．是

（23）你是否比别人更有恒心，做一件事常常比人们坚持更长的时间？

A．是　　B．说不准　　C．不

（24）当必须完成的学习任务与娱乐发生矛盾时，你常常会花大量时间考虑怎样才能两全其美吗？

A．不　　B．说不准　　C．是

（25）当准备进行一项新尝试时，你是否会为可能带来的一定损失而长时间举棋不定？

A. 不　　B. 说不准　　C. 是

(26) 尽管有现成的方法可用，你还是要想一下是否还有更好的方法吗？

A. 是　　B. 说不准　　C. 不

(27) 你常常因别人有不同意见而改变自己的决定吗？

A. 不　　B. 说不准　　C. 是

(28) 挫折只是带给你损失，而你从中没有任何收获吗？

A. 不　　B. 说不准　　C. 是

(29) 有志者事竟成，这句话也适用于你吗？

A. 是　　B. 说不准　　C. 不

(30) 你是一个不怕困难、不怕冒险的人吗？

A. 是　　B. 说不准　　C. 不

【评定方法】

总分0~19分：说明你的意志薄弱。你常受别人影响，需要别人帮助。你这样的意志品质既不利于顺利完成学业，更不利于今后挑起事业与生活两副重担。若不痛下决心改变，你很可能会一事无成。

总分20~40分：说明你有一些明显的意志弱点。鉴于创新活动的长期性、艰苦性、复杂性. 你的惠志品质尚不能保证创新活动的完成。

总分41~60分：说明你基本具有创新活动所需要的一些意志品质。

二十六、创新习惯测试

(1) 你喜欢待在家里，不喜欢到处走动吗？

A. 不　　B. 说不准　　C. 是

(2) 你经常观察一些动物的活动吗？

A. 是　　B. 说不准　　C. 不

(3) 你敏感吗？

A. 是　　B. 说不准　　C. 不

(4) 你喜欢做各种试验吗？

A. 是　　B. 说不准　　C. 不

(5) 你长时间钻研难题吗？

A. 经常　　B. 有时　　C. 极少

(6) 你有强烈的好奇心吗？

A. 是　　B. 说不准　　C. 不

(7) 你的观察力敏锐吗？

A. 是　　B. 说不准　　C. 不

(8) 你喜欢试用新方法还是惯用老方法？

A. 新方法　　B. 说不准　　C. 老方法

(9) 你关心学校有关开展科技创新活动方面的信息吗？

A. 是　　B. 说不准　　C. 不

(10) 你好提问吗？

A. 是　　B. 说不准　　C. 不

(11) 你关心大自然的变化吗？

A. 是　　B. 说不准　　C. 不

(12) 当你看到一些出乎意料的情况时，你在惊讶之余会反复观察、多次试验吗？

A. 是　　B. 说不准　　C. 不

(13) 你好动脑筋吗？

A. 是　　B. 说不准　　C. 不

(14) 你是一个思维灵活的人吗？

A. 是　　B. 说不准　　C. 不

（15）假如在长时间钻研问题后获得的结果与预期有较大的差异，你的心情会如何？

A. 纳闷　　B. 愤怒　　C. 失望

（16）假如在长时间钻研问题后获得的结果与预期有较大的差异。你会怎么办？

A. 寻找原因　　B. 暂时歇一下　　C. 决定放弃

（17）你有着广泛的兴趣爱好吗？

A. 是　　B. 说不准　　C. 不

（18）你常常有一些新想法吗？

A. 是　　B. 说不准　　C. 不

（19）面对一个问题，你常常准备有多种解决方案吗？

A. 是　　B. 说不准　　C. 不

（20）你的课外阅读面很广，阅读内容涉及多个学科知识吗？

A. 是　　B. 说不准　　C. 不

（21）挫折常常令你长时间不知道该怎么办吗？

A. 不　　B. 说不准　　C. 是

（22）除了用眼睛外，你还常常使用耳朵、鼻子、舌头、手掌等来获得事物的详细特征吗？

A. 是　　B. 说不准　　C. 不

（23）假如让你几个小时观察一个并不新异的事物，你能始终仔细观察吗？

A. 能　　B. 坚持但不仔细　　C. 不能坚持

（24）在解决问题时，你常常根据新出现的情况调整你原定的方案吗？

A. 是　　B. 说不准　　C. 不

（25）进行一项新试验时，你特别害怕出乎意料的挫折吗？

A. 不　　B. 说不准　　C. 是

(26) 你注意观察周围环境的变化吗？

A. 是　　B. 说不准　　C. 不

(27) 你常一边观察事物的变化，一边试图总结出其活动规律吗？

A. 是　　B. 说不准　　C. 不

(28) 班级里有什么新变化，你常常很快就觉察到吗？

A. 是　　B. 说不准　　C. 不

(29) 你常常根据事物的外部形态，揣测其内部结构及性能吗？

A. 是　　B. 说不准　　C. 不

(30) 你喜欢寻找事物演变的内在根源吗？

A. 是　　B. 说不准　　C. 不

【评定方法】

总分0～19分：说明你很少能碰上创新机遇，当然不需谈如何抓住它们的问题了。

总分20～40分：说明你也许能碰上一些创新机遇，遗憾的是，这些机遇常常会与你擦肩而过，因为你捕捉它们的能力尚待提高。

总分41～60分：说明你捕捉创新机遇的能力尚可。只要能碰上创新机遇，你还是有可能抓住它们的。

二十七、创新潜能测试

(1) 你只喜欢阅读某种体裁的文学作品，如仅限于小说，还是对各种体裁的文学作品都有兴趣？

A. 只喜欢某种体裁的作品

B. 介于A，C之间

C. 喜欢阅读多种体裁的作品

（2）不同流派的小说你都接触过一些吗？

A. 不　　B. 说不准　　C. 是

（3）你看过很多古代文学作品吗？

A. 不　　B. 说不准　　C. 是

（4）你的作文曾经获过奖吗？

A. 不　　B. 说不准　　C. 是

（5）你在写作文时，有过自己别出心裁、没有按老师的要求来写吗？

A不　　B. 说不准　　C. 是

（6）你喜欢读诗吗？

A. 不　　B. 说不准　　C. 是

（7）你自己写过一些诗吗？

A. 不　　B. 说不准　　C. 是

（8）写作文时你常感到词汇贫乏，不知道如何表达吗？

A. 是　　B. 说不准　　C. 不

（9）你有时写情节很详细的日记吗？

A. 不　　B. 说不准　　C. 是

（10）你曾多次向报社、电台投稿吗？

A. 不　　B. 说不准　　C. 是

（11）写作文是你喜欢的一项活动吗？

A不　　B. 说不准　　C. 是

（12）你看了很多外国文学名著吗？

A. 不　　B. 说不准　　C. 是

（13）中外文学家中是否有你所崇拜的人？

A. 不　　B. 说不准　　C. 是

（14）你曾参加课外的文学创作培训班吗？

A．不　　B．说不准　　C．是

（15）你的作品曾被出版物刊用吗？

A．不　　B．说不准　　C．是

（16）给人写回信对你来说是件轻松愉快的事吗？

A．不　　B．说不准　　C．是

（17）看电视连续剧时，你常构思故事发展的进程和结局吗？

A．极少　　B．有时　　C．常常

（18）对某些文学领域的争论，你有自己的见解吗？

A．不　　B．说不准　　C．是

（19）你觉得某些被他人广为推崇的作品也不见得写得好吗？

A．不　　B．说不准　　C．是

（20）遇到谈得来的朋友时，你说起话来滔滔不绝吗？

A 不　　B．说不准　　C．是

（21）你了解不少文学流派吗？

A．不了解　　B．了解很少　　C．了解较多

（22）你即兴发挥的俏皮话或自编的顺口溜在你认识的人中广为流传吗？

A．不　　B．说不准　　C．是

（23）你善于洞察他人的内心世界吗？

A．不　　B．说不准　　C．是

（24）当你在路上遇到一件有意思的事时，你会把这件事加工成一个完整的故事讲给你的朋友们听吗？

A．不　　B．说不准　　C．是

（25）你常与老师、同学讨论文学上的问题吗？

A．不　　　　B．说不准　　　C．是

（26）你曾将某首熟悉的歌曲重新填写歌词吗？

A．不　　　　B．说不准　　　C．是

（27）你喜欢观察别人的行为，并由此推测人与人之间复杂的关系吗？

A．不　　　　B．说不准　　　C．是

（28）看完一部小说后，你能把故事情节完整详细地讲给别人听吗？

A．不　　　　B．说不准　　　C．是

（29）你曾试着写小说吗？

A．不　　　　B．说不准　　　C．是

（30）成为作家或诗人，是你力图实现的人生目标吗？

A．不　　　　B．说不准　　　C．是

【评定方法】

总分0~19分：显然，你的特长并非在文学领域。你可能是个好读者，但看来不太可能会成为一个好作者。

总分20~40分：说明你对文学也许有一定的兴趣，但大概仅仅是有兴趣而已。

总分41~60分：说明如果你能保持对文学的酷爱，你很可能会走上文学之道，比如成为小说家、诗人、剧作家、散文作家、文学评论家、编辑……

二十八、综合情商测试

（1）与你的同学或朋友发生争吵后，你能在他人面前掩饰住你的沮丧。

（2）当学习碰到困难时，你认为这是对未来的警告。

（3）在你最好的朋友开始说话之前，你就能分辨出他处于何种情绪状态。

(4) 当你担忧某件事时，你在夜里几个小时难以入睡。

(5) 你认为大多数人必须更加努力而不要轻易放弃。

(6) 与你最好的朋友告诉你一些好消息相比，你更易受一部浪漫影片的感染。

(7) 当你的情况不妙，你认为到了你该改变的时候了。

(8) 你经常想知道别人是怎样看待你的。

(9) 你对自己几乎能使每个人高兴起来而感到自豪。

(10) 你厌烦讨价还价，尽管你知道讨价还价能使你少花 20 元钱。

(11) 你十分相信直率地说话，而且认为这样能使一切事情变得更容易。

(12) 尽管你知道自己是正确的，你也会转换这一话题，并不愿引来一场争论。

(13) 你在学习中做出一个决定后，会担心它是否正确。

(14) 你不会担心环境的改变。

(15) 你似乎是这样一个人：对于周末去做什么，你总是能够提出有趣的设想。

(16) 假如你有一根魔棒的话，你将挥动它来改变你的外貌和个性。

(17) 不管你学习多么尽心尽力，你的老师似乎总是在催促着你。

(18) 你认为你的家人或朋友对你寄予厚望。

(19) 你认为一点小小压力不会伤害任何人。

(20) 你会把任何事情都告诉你最好的朋友，即使是个人隐私。

【评定方法】每题选择“是”记1分，选择“否”记0分，然后统计总分。

总分6分以下：过分注重自己，对别人关心不够，处事难免引起朋友抱怨。

总分7～15分：能意识到自己和他人的情感，但有时忽视它们。

总分16分以上：能很好地控制自己的情感，处事得体，为人洒脱。

二十九、综合智商测试

（1）喇叭是用来吹的，书是用来____的。
①玩　②阅读　③音乐　④词汇　⑤放松精神
（　）

（2）汽车与轮子的关系，正如马与____的关系。
①腿　②尾巴　③奔驰　④马车　⑤驾驶　（　）

（3）下列数列中，紧接着出现的应是哪个数字？
3，9，15，21　（　）

（4）母牛之于牛棚，正如人之于：
①马厩　②牛奶　③房屋　④农场　⑤餐馆　（　）

（5）1，2，3，4，5，6，7，8，9，10，11，12，13，14，15，16。在6前面的那个数之后的第7个数是哪个数？　（　）

（6）下列的词能组成一个句子。如果句子是对的，在括号里填上“是”，如果是错的，则填上“否”：
烧　木头　不能　干的　（　）

（7）下列的词能组成一个句子，如果句子是对的。在括号里填上“是”，如果是错的，则填上“否”：
浮在　船　从不　水上　（　）

（8）下列数列中，哪个数字将紧接着出现？

1， 3， 5， 7 （ ）

（9） 下列的词能组成一个句子。如果句子对，在括号里填上“是”，如果是错的，则填上“否”：

球棒 用来 打 棒球 是 的 （ ）

（10） 粗心大意指的是：

①疏忽 ②谨慎 ③无关紧要 ④仔细 （ ）

（11） 约翰有10分钱，如果将他的钱减去3分钱，他的钱将只有乔治的钱的一半那么多。问乔治的钱比约翰的钱多多少？

①7分钱 ②4分钱 ③2分钱 ④13分钱

（ ）

（12） 他与他（宾格）有关，正如她与____有关。

①我（宾格） ②他们（宾格） ③她的

④她（宾格） ⑤他的 （ ）

（13） 下列这组词中，哪个词与别的词不相关？

①收音机 ②电池 ③锅炉 ④电话 （ ）

（14） 找出下列这组词中与别的词不相关的词：

①马刀 ②轻剑 ③短弯刀 ④长矛 ⑤短剑

（ ）

（15） 只有鸟儿才有羽毛，则下列哪句话符合事实？

①鸟在春天蜕皮

②所有的羽毛都很轻

③蛇没有羽毛 （ ）

（16） 下列这组词中，哪一个词与其他词不相关？

①建筑师 ②建筑工人 ③水暖工 ④医生 （ ）

（17） 下列数列中，紧接着出现的将是哪个数字？

90， 85， 75， 60， 40 （ ）

(18) 下列数列中，紧接着出现的将是哪个数字？

22， 33， 44， 55， 66 ( )

(19) 植物学家与社会学家相对应，正如植物与____相对应。

①妇女 ②问题 ③社会 ④社会学 ( )

(20) 如果某人心神错乱，他的心理状态是：

①无知 ②狂乱 ③大为震惊 ④迷惑不解 ( )

(21) 线之于布，正如金属线之于：

①僵硬 ②收音机 ③绳子 ④网眼 ⑤金属 ( )

(22) 卫生带来：

①水 ②健康 ③瓷器 ④神圣 ( )

(23) 以下字母列中，紧接着出现的应是哪个字母？

A C E G I ( )

(24) 下列数列中，哪一个数字是错误的？

1， 19， 8， 5， 4， 145， 127

(25) 从英文字母表中的第一个字母往后数，写出像INHAPMONIOUS中的第二个字母I与第一个I之间间隔那么远的字母。 ( )

(26) 下列字母中，哪个字母与系列无联系？

ZYXQWV ( )

(27) 男子是对男孩而言，正如妇女是对________而言。

①少年 ②小孩 ②夫人 ④女孩 ⑤人群 ( )

(28) 下列的词能组成一个句子。如果句子是对的，在括号里填上“是”. 如果是错的，则填“否”：

毁灭 轰炸 城市 不能 以及 人 ( )

(29) 以下数列中，紧接着出现的应是哪个数字？

18，　12，　15，　10，　12，　8　(　)

(30) 如果A与B是字母，就写C；只有在5加5等于10的前提下，才在答案上写上D。

(31) 下列的词能组成一个句子。如果句子是对的，在括号里填上"是"，如果是错的，则填上"否"：
牙齿　不是　假的　真的　牙齿　(　)

(32) 下列数列中，紧接着出现的应是哪个数字？
2，　4，　6，　8　(　)

(33)  之于 ，正如  之于

a.  b. 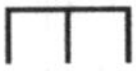 c.  d.  e. 

(34) 以下数列中，紧接着出现的应是哪个数字？
2，　6，　17，　54，　162　(　)

(35) 以下字母列中，紧接着出现的应是哪个字母？
A　C　F　J　(　)

(36) 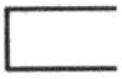 之于 ，正如  之于

a. 　b. 　c. 

d. 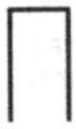　e. 

(37) 以下数列中，紧接着出现的应是哪个数字？
21，　20，　18，　15，　11

(38) 南之于西北，正如西之于：

①北　　②西南　　③东北　　④东南　（　）

(39) 找出下列数列中与其他数字无相应关系的数字：

2，　4，　100，　38，　20，　7　（　）

(40) 找出下列词组中与别的词不相关的词：

①悲痛　　②忧郁　　③伤心　　④悼念　（　）

(41) 以下字母列中，紧接着出现的应为哪个字母？

A　C　B　D　F　E　C　（　）

(42) 1. 2. 3，4，5，6，7，8，9，10，11，12，13，14，15，16，17，18，19。从1往前数，找出相当于字母表中的F到K之间相隔那么远的数字。（　）

(43) 如果所有的男子都有外套，那么高大的男子会有：

①大外套　②少一些外套　③外套　④很少有外套　（　）

(44) 下列数列中，紧接着出现的应是哪个数字？

18，24，21，27，24，30　（　）

(45) 纳粹分子靠____劫掠城市。

①枪　②放火　③毁灭　④抢劫　⑤拆除　（　）

(46) 以下数列中，紧接着出现的应是哪个数字？

66，63，57，45　（　）

(47) 下列的词能组成一个句子。如果句子是对的，填上“是”，如果是错的，则填上“否”：

是　绝不　树木　绿色的　（　）

(48) 以下数列中，紧接着出现的应是哪个数字？

2，9，6，7，18，5 （ ）

(49) 平面之于立方体，正如线段之于：

①正方形 ②圆形 ③角 ④长方形 ⑤平面

（ ）

(50) 如果一只狗奔跑的速度等于一辆每小时能跑40英里的汽车的速度的一半，这只狗3分钟能跑多少英里？ （ ）

(51) 独木舟有：

①桨 ②风帆 ③水 ④油漆 ⑤长度

（ ）

(52) 以下数列中，紧接着出现的应是哪个数字？

65，68，72，77，83 （ ）

(53) 下列字母列中，有多少位于字母表中K后的辅音字母与元音字母相邻？

P A U L E G K A T L O I R Q O Z （ ）

(54) 以下数列中，紧接着出现的应是哪个数字？

2，A，9，B，6，C，13，D （ ）

(55) 以下字母列中，在K的后面但同时是在R的前面和T的后面的，共有多少个字母？

A A B K M X J T T V C R R P L （ ）

(56) 如果20个人能用60天挖40个坑，那么10个人要挖2个坑需要多少天？ （ ）

(57) 找出以下字母列中有多少字母紧接在一个奇数前，同时紧跟在一个大于6的数后面：

Z，1，9，A，4，B，3，14，19，C，8，9，B，5，D，12. E，17 （ ）

(58) 假设密尔沃基市棒球队获得第一名，匹兹堡队位居第五，而圣路易斯队在这两者之间。如果芝加哥队的名次排在匹兹堡队的前面，辛辛那拉队的名次紧排在圣路易斯队之后，哪个城市的棒球队位居第二？

①辛辛那拉　②匹兹堡　③芝加哥

④圣路易斯　⑤密尔沃基　(　)

(59) 在以下数列中，除其中的一个数外，其他的数均与另一数列的顺序相反，找出这个例外的数：

1，2，3　1，3，2　(　)

(60) 能使人明了的意见是：

①坏意见　②综合的意见　③使人理解的意见

④好意见　⑤应受严责的意见　(　)

(61) 以下哪个词是不同类型的词？

①the 这个　②this 这个　③an 某一个

④it 它　⑤a 某一个　(　)

(62) 下列词中，哪个词与“is”(是)的意思最接近？

①to be　②are　③lives　④exists

⑤accrusticstes　(　)

(63) C H A S S E U R 是：

①士兵　②人体躯干　③侦探　④花瓶

(　)

(64) BLEAK 之于 BLACK，正如 LEAK 之于

①WHITE　②BACK　③LEAK　④LACK

⑤WATER　(　)

(65) 坚强不屈是____的反义词。

①迟钝　②不像亚当　③屈服　④固执　(　)

(66) 某餐馆侍者收入的一半再加上一元钱，是靠小费挣得的。如果他挣了15元，这其中有多少钱是来自小费的？ ( )

(67) 下列哪个词的词意与“富饶”一词最接近？

①暴露的 ②宝石 ③富裕的

④一端无遮掩的 ⑤哭泣 ( )

(68) 一列火车已晚点3分钟，并且每过一分钟就晚点3秒，如果火车要晚点一小时，还需多少时间？

( )

(69) 以下哪个词的词意与“删除”一词最接近？

①允许 ②擦掉 ③租用 ④美味的 ⑤整洁

( )

(70) 女孩子总是：

①有情人 ②有衣服 ③咯咯地笑

④有头发 ⑤身段较好 ( )

(71) 一列时速为30英里的火车在另一时速为50英里的火车前行驶。如果速度快的火车要花15分钟才能追上速度慢的火车，那么两列火车之间的距离有多少英里？ ( )

(72) “生气”一词与下列哪个词的词意最接近？

①选择 ②装饰 ③小精灵 ④不满 ⑤悲伤

( )

(73) 一列火车以每小时30英里的速度驶完一半路程，然后以每小时60英里的时速驶向另一半路程。如果全程为20英里，火车需多少分钟才能驶完全程？ ( )

(74) 写出你对下题的答案：

ABD之于CBA，正如ORT之于　　　　　　　　(　)

(75) 假设2是A，6是C，8是D，12是F，请用数字代替字母写出BEADED？

(76) 居里阿姨做汤时，她每加进一粒蚕豆就放入两粒豌豆。如果她的汤里的蚕豆和豌豆共有300粒，其中有多少粒是豌豆？

(77) 狗不会唱歌，但是有些狗会说话。假设这是事实，那么：

①有些狗会唱歌

②所有的狗都不会唱歌

③所有的狗都不会说话　　　　　　　　(　)

(78) 没有人是好的，但有些人不坏，由此可推出：

①所有人都不坏

②没有人不坏

③所有人不见得都好　　　　　　　　(　)

(79) 波托马克河与哈得逊河加起来的长度为850英里。不过，哈得逊河比波托马克河短250英里。波托马克河的长度为多少英里？

(80) 史密斯和琼斯去看赛马，史密斯在头两轮比赛中输了68元，他在第二轮比赛中输的钱比在第一轮比赛中输的钱要多6元，但是比琼斯少输4元。问琼斯在第二轮比赛中输了多少钱？　　(　)

(81) 长袜总是：

①带有色情色彩　②有缝口

③有吊袜带　④有重量　⑤透明的　　　　(　)

(82) 以下数列中，紧接着出现的应是哪个数字？

9，7，8，6，7，5　　　　　　　　(　)

(83) 第一串香蕉比第二串香蕉要多1/3，如果第二串香蕉比第一串香蕉少3根，第一串香蕉有多少根？ （ ）

(84) 下列这组词汇中，哪一个词属于另一类？
①铅笔 ②钢笔 ③粉笔 ④画笔 ⑤棍子 （ ）

(85) 鸟只会飞和跳，而虫会爬。由此可推出：
①鸟吃虫 ②鸟不会爬 ③鸟有时会爬 （ ）

(86) 盒子总是：
①有角 ②有形状 ③木头做的 ④有绳子 （ ）

(87) 找出大于10的某个数，此数大于10的部分是比30小20的数的一半。 （ ）

(88) 史密斯分得的红利比其他三个合作者中的任何一个所分得的红利要多一倍。其他三个人所得的红利都是一样的。问史密斯分得的红利占总数的比例是多少？ （ ）

(89) 鸟之于鱼，正如飞机之于：
①船 ②鲸鱼 ③海鲂 ④轮船 ⑤潜水艇 （ ）

(90) 以下词能组成一个句子，如果句子是正确的，请填上“是”，如果是错的，则填上“否”：
一本 能胜过 许多书 书 （ ）

【评定方法】

(1) 2，(2) 1，(3) 27，(4) 3，(5) 12，(6) 否，(7) 否，(8) 9，(9) 是，(10) 1，(11) 2，(12) 4，(13) 3，(14) 4，(15) 3，(16) 4，(17) 15，(18) 77，(19) 3，(20) 4，(21) 4，(22) 2，(23) K，(24) 8，(25) I，(26) O，(27) 4，(28) 否，(29) 9，(30) D，(31) 是，(32) 10，(33) d，(34) 17，(35) 0，

(36) c，(37) 6，(38) 3，(39) 7，(40) 4，(41) 1，(42) 9，(43) 3，(44) 27，(45) 4，(46) 21，(47) 否，(48) 54，(49) 5，(50) 1，(5i) 5，(52) 90，(53) 7，(54) 10，(55) 4，(56) 60，(57) 2，(58) 3，(59) 1，(60) 3，(61) 4，(62) 4，(63) 1，(64) 4，(65) 3，(66) 5，(67) 3，(68) 1140，(69) 2，(70) 5，(71) 5，(72) 4，(73) 30，(74) SRQ，(75) 4 - 10 - 2 - 8 - 10 - 8，(76) 200，(77) 2，(78) 3，(79) 550，(80) 41，(81) 4，(82) 6，(83) 12，(84) 5，(85) 2，(86) 2，(87) 15，(88) 2:5，(89) 5，(90) 是

智力年龄表（以月份计）

你的成绩	你的智力年龄	你的成绩	你的智力年龄
2	94	22	136
3	96	23	138
4	98	24	140
5	100	25	143
6	103	26	145
7	105	27	147
8	107	28	149
9	109	29	151
10	111	30	153
11	113	31	155
12	115	32	157
13	117	33	159
14	119	34	162
15	122	35	164
16	124	36	166
17	126	37	168
18	128	38	170
19	130	39	172
20	132	40	174
21	134	41	176

（续）

你的成绩	你的智力年龄	你的成绩	你的智力年龄
42	178	66	329
43	181	67	231
44	183	68	233
45	185	69	235
46	187	70	237
47	189	71	240
48	191	72	242
49	193	73	244
50	195	74	246
51	197	75	248
52	199	76	252
53	202	77	252
54	204	78	254
55	206	79	256
56	208	80	259
57	210	81	261
58	212	82	263
59	214	83	265
60	216	84	267
61	218	85	269
62	221	86	271
63	223	87	273
64	225	88	275
65	227	89	278

计算智商的办法：

(1) 每答对一题得一分，从上表查出与你成绩对应的智力年龄。

(2) 未满15岁半者，用查得的智力年龄除以你化为月份数的年龄。答案保留至小数点后第二位。

(3) 已满15岁半者，用查得的智力年龄除以186，答案保留至小数点后第二位。

(4) 将你的答案乘以100，得出的结果即是你的智力商数。

将你测出的智商与下列对照（平均智商：101分）

智力超常者（上限1%）：140分以上。

智力极好者（3%）：131~140分。

智力好者（26%）：111~130分。

智力正常者（42%）：91~110分。

智力迟钝者（24%）：71~90分。

智力低下者（4%）：71分以下。

第六章　最佳记忆法

第一节　增强记忆的基本规律

一、发掘人的记忆潜能

美籍匈牙利数学家冯·诺伊曼在《计算机与人脑》这部著作中提出，人的大脑中的每个神经元相当于一个记忆元件，它有兴奋和抑制两种状态，就像一个双稳态继电器，因此，神经元记忆的信息可以用二进制的位“比特”来计算。大脑皮层约有140亿个神经元，如果人的一生用60年来计算，神经元每秒接受的信息量为14比特（最高可达25比特），那么人一生的总记忆储量为$1.0\times15^{15}\sim2.8\times10^{20}$比特。换句话说，人的大脑一生可储藏约5亿册书的全部信息，相当于美国50个国会图书馆的全部藏书量。

那么怎样才能获得良好的记忆力呢？

第一，要有明确的记忆目标。要想记住，就要有决心、有信心。

第二，对记忆的对象有浓厚的兴趣。只有热爱知识，渴求知识，对所学知识有强烈的兴趣，才能记住知识。

第三，在理解的基础上记忆。各种科学实验证明，有意识记忆比机械记忆的效果好得多，这说明理解对于记忆的重要性。

第四，及时复习，经常复习。艾宾浩斯遗忘曲线告诉人们必须重视在识记后及时复习，间隔时间长了再复习，就要多花时间，甚至要从头学起。

二、打好增强记忆力的基础

一位心理学家曾让学生熟记两篇难度相近的文章，同时告诉他们：第一篇文章记得怎样，第二天要检查；第二篇文章记得怎样，两星期后要检查。实际上两篇文章都在两星期后测试，结果发现，学生们对第二篇文章的记忆要比第一篇好得多。这说明：提出长期记忆要求的，记忆保持的时间就长；反之，记忆效果就差。

记忆效果不仅与学习目的是否高远有关，还要看每一次记忆活动的目的是否明确具体。奥地利心理学家弗洛伊德认为：人们所记忆的事物，应该是自己要记住的；人们所遗忘的事物，应该是自己要遗忘的。也就是说，意图是所有记忆和忘却的基础。

如果背诵一首诗词是为了应付考试，那么考试过后便会很快忘记；写日记没有明确的目的，提起笔来总觉得没有什么可写的，而为了明确的目的去学习，记忆效率比平常要高得多。在学习活动中，为了提高记忆的效率，我们既要有远的目标，又要有近期的计划。没有长远目标，学习便没有方向；没有近期计划，长远目标就成了空中楼阁。科学的做法是把长远目标与近期计划结合起来，还要经常地、有意识地对自己提出长期的甚至永久的记忆要求，以便把知识记得更牢。

三、培养增强记忆力的兴趣

德国大诗人歌德说过："哪里没有兴趣，哪里就没有记忆。"所谓兴趣，指的是人们积极探究某种事物的认识倾向，它与人们的需要密切相关。人饿了，就会对食物感兴趣；人困了，就会对睡眠感兴趣；爱打扮的姑娘对服装感兴趣；爱打球的小伙子对球赛感兴趣……这是人所共识的。正是因为有兴趣，东汉时的科学家张衡才能整夜整夜地数星星，然后绘成星图；法国昆虫学家法布尔才在骄阳下连续几小时观察昆虫……心理学研究证明，兴趣可以引导人们不断进取，也能够帮助人们加强记忆。原因何在呢？

首先，兴趣会在大脑皮层中形成优势兴奋中心，使脑神经处于积极的工作状态，这样，不但不会认为记忆是什么负担，反而会处于一种陶醉或享乐之中。其次，兴趣会使人集中注意力，对识记材料保持注意的时间大大延长。同时，兴趣还能引起我们对事物的认真观察和积极思考。问几个为什么，求一求所以然。再次，人们在兴趣盎然时往往表现出良好的情绪，可以激发脑肽的释放。科学家们认为，脑肽是记忆活动的关键性动力。

既然兴趣对记忆有增强作用，那么怎样才能培养对识记材料的兴趣呢？下面介绍一个简单的方法：在开始学习自己不喜欢的课程时，要主动表现出一系列形体上的动作和精神上的兴奋。比如，高兴地搓搓手，体会一下快乐的感觉，再微笑着对课本或其他识记材料说："我喜欢你。"不过，这种做法需要养成习惯后才能见效，就是说，你要坚持做一段时间，至少需要21天。

在心理学中，兴趣可分为有趣、乐趣、志趣，它们虽然都有助于记忆，但又各不相同。有趣常常是稍纵即逝，一笑了之；乐趣则常常表现为"乘兴而来，兴尽而返"，靠客观事物的诱发而产生；志趣则带有目的性和方向性，是最高级的形态，它可以使人如醉如痴，废寝忘食。所以，我们应该使自己的兴趣不断升华，把它与志向结合起来，从而让它在记忆中发挥更大的作用。

如果兴趣被暂时的干扰因素抑制时，可以用诱导法排除；当注意力难以集中、兴趣调动不起来时，可以学学马克思——立刻做微积分习题，可以学学果戈理——反复在纸上写一句话，还可以默数钟表的嘀嗒声。总之，千方百计造成诱发兴趣的客观条件。

四、提高记忆力的诀窍

理解是记忆的基础，背诵是记忆的根本；
争论是记忆的益友，重复是记忆的窍门；
趣味是记忆的媒介，联想是记忆的功能；
化简是记忆的助手，模拟是记忆的恩人；
卡片是记忆的仓库，应用是记忆的灵魂。

五、提高记忆力的十五大要素

(1) 要使心情平静下来。
(2) 头脑清醒时学习。
(3) 要有“一定能记住”的信心。
(4) 找到适合自己的记忆方法。
(5) 要对记忆内容感兴趣。
(6) 明确目的，促进记忆。
(7) 同愉快的事情结合起来记忆。
(8) 经常处于接受新刺激环境中。
(9) 仔细观察。
(10) 深刻理解意义。
(11) 通过形象掌握知识。
(12) 一边估量，一边记忆。

（13）有效的反复，保持记忆。

（14）借助联想进行记忆。

（15）不休息就谈不上记忆。

六、饮食起居与增强记忆力

1．控制饮水

科学家们最近指出：喝水与记忆看似风马牛不相及，其实却关系密切。研究发现，人体下丘脑合成的抗利尿激素具有增强记忆的效果，而饮水量的多少可调节抗利尿激素的分泌量，故而间接地影响记忆力。

当人们大量饮水时，血中的水分增多，渗透压下降，血容量增大，这样，人体下丘脑的渗透感受器兴奋性下降，而容量感受器的兴奋性增强，二者都会使下丘脑合成及神经垂体释放抗利尿激素减少，从而不利于大脑的记忆活动；反之，当饮水减少、血渗透压提高时，抗利尿激素大量分泌，它作用于大脑边缘系统，能增强其记忆活动。所以，适当控制饮水量，对增强记忆力是有益的。

2．先学后食

美国加利福尼亚大学的法拉德博士等研究表明，念书以后立即吃饭能增强记忆力。

饭后，人体的消化器官中能分泌出几种激素至血液中，其中一种叫缩胆囊肽的激素能增强记忆力。试验表明，如在学习之后注射缩胆囊肽激素，则发现缩胆囊肽素能增强迷走神经的活性，因而增强了大脑的记忆能力。

3．先学后睡

通常人们都在学习之前睡觉，其实这根本无助于你的记忆。相反，学习前的小睡可能会大大加速你的遗忘。这是美国埃克斯安特教授等人的最新研究成果，称之“前睡效应”。埃克斯安特等人的研究发现，0.5小时、1小时、2小时和4小时的前睡都显著地损害了记忆。但如果被试者在醒来后等2小时至4小时后再学习，他们的记忆力就不再受前睡的影响了，而且6小时的前睡比4小时和少于4小时的前睡导致的遗忘要少。是什么原因导致这种“前睡效应”呢？进一步的研究揭示，这种“前睡效应”是由激素导演的。研究表明，较高的促生长激素水平对人的记忆不利，可使记忆严重受损，而睡眠能增加促生长激素的释入。这种激素水平在入睡后30分钟之内迅速上升并持续一段时间，直至醒后才逐渐地恢复正常。这就是短睡记忆力不好而清醒一段时间后记忆力灵敏奥秘之所在。

专家们建议：如果你不打算再复习你学习的材料，那么最好在你学习和必须回忆之间睡一会儿。如果能够，最好睡4小时或更多些。除非你能保证在醒后和学习之前一段时间空余，否则不要在学习前睡觉。

第二节　科学的记忆方法

一、科学的知识储备方法

现代知识浩如烟海，这就要求我们讲究科学的知识储备方法，学一点“知识储备术”。这种“知识储备术”可以分为“内储”“近外储”和“远外储”三个方面。

1．内储

内储是把随时需要抽取的常用知识牢固地记入大脑。

记忆的方法有：

（1）理解记忆法。即从道理上弄清诸多思维对象的内在联系及其逻辑关系，它有助于联想记忆。此法适用于定律、原理、公式、法则的记忆和掌握。

（2）特征记忆法。寻求事物的特征，利用相似或相反的对比联想来加强记忆。

（3）感官并用记忆法。即眼见、口念、耳听、手写并用，共同作用于大脑皮层，产生叠加效应，可加深记忆印痕。

（4）简要记忆法。即将庞杂的知识体系简化成图表或抽象为简明扼要的逻辑体系进行记忆。

（5）复习记忆法。知识的内储过程要保持高度的注意力和适当的紧张度，方能事半功倍。

2．近外储

近外储包括存书和记笔记，它可弥补内储的不足。存书，一般均以内容分类、编号、设立卡片，这样可以随用随取，以便于扩大大脑对于知识的存储。除了存书，还要学会记笔记。笔记是帮助记忆的良友。笔记方法主要有：

（1）纲要式笔记。即以纲目形式记下书中的主要内容，借以把握书中概要。

（2）书眉式笔记。可利用书中空白处，把重点提示、疑问、启发和感想记下来，用以启迪思路。

（3）心得式笔记。

（4）摘引式笔记。根据需要把书中主要论点、论据，精彩章节、段落等摘记下来，可起到浓缩知识和便于记忆的作用。

3．远外储

当代科学呈现既高度分化又高度综合的趋势，迫使人们不断地扩大知识领域。即使充分运用记忆力、藏书和笔记也难以满足人们对知识的渴求，这就要求我们加强运用远外储的能力。所谓“远外储”，就是要求人们懂得一点目录学、图书馆学、情报学，学会查索引，能够在图书馆或有关专门机构的书海中，科学地查书、选书和用书。此外，还要强化外文的学习，开拓自己的视野，以求获得更多的知识。

二、利用规律记忆法

（1）理解规律。这是最简单但又最重要的规律。你对要记住的东西理解得越深刻、透彻，那么你就越容易详细、牢固地记住它。

（2）兴趣规律。你要消化知识，就必须有吸收它的兴趣，就像吃饭必须有食欲一样。对有兴趣的知识，就很容易将它接纳进大脑的记忆库中。

（3）温故知新规律。某个方面的知识你积累得越多，那么你就越容易记住这方面的新知识。我们每个人都可能有这样的体会：当你重新研读一本以前读过的书时，往往会有新的发现和体会。这是因为在重读过程中、在新旧知识之间建立了许多关系，从而增强了记忆。

（4）代价规律。你要牢记某个信息，你必须付出时间的代价。花在记忆上的时间越多，那么所记忆的信息在你脑海中保持的时间越长。

（5）联想规律。同时产生的概念会在记忆中互相保持联系。

（6）顺序规律。当我们按字母顺序背诵外语字母时感到容易。同理，按某种顺序记忆一些材料就容易记住。

（7）深刻印象规律。对需记忆的东西，首次印象越深刻，记得就越牢。

（8）抑制规律。这是一条容易被忽视的规律。新的记忆信息会抑制旧的记忆信息，因此在你准备接纳新信息以前，应当先巩固一下记忆的旧知识。上述情况对于记忆相近领域的信息尤其明显。因此建议学生最好不要在学习数学后立即学习物理，在学习历史后立即学习语文，这样容易“记后忘前”。

运用记忆规律，掌握适当的记忆方法，可以大大提高记忆的效率。

三、抗干扰记忆法

中央电视台第140期的《综艺大观》向全国观众展示了获吉尼斯之最的倪新威抗干扰快速记忆法。

心理学研究表明，干扰是造成遗忘的重要原因。在人们的记忆过程中，只要经过18秒钟的干扰，人们的遗忘率就可能高达90%以上。因此如何解决干扰问题，是一个世界性的难题。美国从20世纪50年代起就开始研究这一课题，但至今仍没有重大突破。而这似乎也正是人们对倪氏“抗干扰快速记忆法”青睐有加的原因。

说起记忆的方法，不外乎机械记忆、形象记忆、联想记忆与意义记忆等。但传统方法一贯强调用脑时精力要集中，周围环境也要相对安静，而这在现实中往往是很难做到的。倪新威则认为，运动员在带球过程中可以眼观六路，判断敌友的位置；驾驶员可以在瞬间了然各种仪表的变化；还有的人可以双手同时书写不同的文字，两眼同时阅读不同的文章，这些都说明人类完全可以做到“一心二用”，因而也就可以在抗干扰中实现快速记忆、处理、存储信息。正是在这样的认识基础上，倪新威广泛涉猎了脑科学、符号学、认知心理学、记忆心理学等，用8年的时间研究、摸索，终于在1994年创立了他的“抗干扰快速记忆法”。

与以往的记忆术一样，“抗干扰快速记忆法”也是建立在联想、想象、图形及谐音等基本方法上，只是更加系统、更加科学化了。比如记长串数字时，他仍把既无意义又枯燥难记的数字分组编码，再转换成有意义、语义新奇有趣的中文句子，如将“128615”转化成“婴儿穿着八路军的衣服”，简单易记。

那么，抗干扰快速记忆对中小学生有无帮助呢？有，而且帮助非常大。倪新威先生曾专门发表文章，寄语孩子们：掌握学习方法十分重要。而记忆术就是一种重要的学习方法。他说，在日常生活中常常听到许多家长抱怨孩子成绩不尽如人意，事实上造成孩子成绩不理想的原因主要还是学习方法不好，学习能力不强。人们平时学习只注重“战术问题”——花多少时间去背单词、公式、性质、课文，每天做几十个题，而绝大多数同学忽视“战略问题”——从未花时间去研究“采用什么方法记忆”“怎样记忆效果更佳”“如何用最短时间达到最佳的学习效果”“如何提高素质”等。

记忆力是人类学习的一项基础能力，记忆是智力的构成因素之一，记忆力的好坏对学习有直接影响。在记忆过程中，多数同学采用“不断重复”的方法来记忆，这样做既苦又累而且不易达到效果。事实上许多材料不采用重复方法记忆而采用联想记忆效果反而好得多。联想是人们由一件事想到另外一件事的一种心理活动，记忆的原理是通过联想，将要记忆的材料与已有的知识充分联系起来。联想不仅有助于记忆，而且对各门学科的学习有直接的益处。常用的联想有对应联想、串联联想。

化学元素符号记忆：钾 K（联想家里来了客人），钠 Na（读音 Na，联想拿起来）。

英语单词 car 的意思是小汽车，借助 car 很容易记住 cart 马车（联想 car + t—马车）。

除了对应联想以外，串联联想在学科中也有许多的应用。比如化学中元素周期表、金属元素的活动性。对于不溶于水的物质碳酸钡、碳酸钙、碳酸锰、碳酸锌、碳酸亚铁、碳酸铜、碳酸银若采用串联联想就很容易记忆住（串联联想钡、钙、锰、锌、亚铁、铜、银——想成“被盖”厚了做“梦”，“醒”了，看身上“压铁铜”，里面装满了“银”子）。

在记忆中若充分地运用联想，就会使我们记忆变得轻松多了。

学习中好的学习方法往往可以起到事半功倍的作用，但是只有方法而没有能力也是不行的，好比有了一辆自行车而不知道怎样骑车那样，发挥不了自行车的优势。针对学习中所需要的各种能力，未经训练的人一分钟很难书写阿拉伯数字 85 个以上，多数在 70 个以下。人们的能力也是可以训练的。

在北京最早组织起培训班的 142 中，快速记忆法不仅帮助同学们提高了记忆和思维能力，而且提高了他们的学习兴趣。在1996年4月初二年级的数学月考中，经过培训的某班学生及格率提高到了95.12%，优秀率达到48.78%，有一位经常不及格的同学破天荒得了100分。

尽管倪氏“抗干扰快速记忆法”仅需要两天就可以学会，但倪新威先生却强调大量而刻苦的课后练习是必不可少的。别说掌握得不够熟练，即便是倪新威先生本人，如果对信息不做特殊处理，生活中的他也会有爱忘事的时候，被搁置了几年的英语就已经忘得差不多了。

四、名校师生记忆法

1.“三背”记忆法

所谓“三背”是：

一曰背得细。细到正体字、斜体字、注解、地图、图解、画像，林林总总，不一而足。因为“今日之高考，涉及范围之广，委实让你不可有一处照料不到”。

二曰背得熟。熟到什么程度呢？封锐谈道：“我的不少同学准备了好几套教材，一套放在家里，一套放在学校，一套撕碎了做成小条，时时背，处处背，其情其景，堪称悲壮。”

三曰背得巧。要注意背书技巧。现在介绍记忆方法的书市面上也不步，也不妨买来看看。但模仿别人的方法总有牵强生硬之感，而在学习过程中的自创则更原汁原味，收放自如。应该自己总结、归纳记忆方法。

2.“三缩”记忆法

朱龙根老师创立此法。具体如下：

（1）内容浓缩法。就是根据材料主干，将其内容的精华和核心进行高度压缩或分解，用最简单、最本质、最概括的文字表达出来。如复习中国古代史的井田制，可将其内容浓缩为“国王所有，诸侯享有，奴隶耕作，形似‘井’字”。或者进一步浓缩为“王有、侯用、奴耕、井形”。这样记忆的好处是在需要回忆这段内容时，只要酌情在每段话上“添枝加叶”就可以了。内容浓缩法需要积极地思维和辛勤地筛选，只有这样，才能把精华提炼出来。在浓缩的过程中，删繁就简，择精选萃.使知识在数量上大幅度减少，在质量上成倍增长，显著地提高记忆效率。如北魏孝文帝改革，其主要内容是：①颁布均田令；②接受汉族的先进文化，令鲜卑贵族采用汉姓，穿汉服，说汉话，与汉族通婚；③迁都洛阳并采用汉族统治阶级的制度。可浓缩为“一均、二化、三迁治”，这样读起来顺口，记起来便当，需要回忆时再逐一添上内容就行了。

（2）字头浓缩法。就是将每句话、短语或词的字头提出并按顺序串联起来进行记忆。字头浓缩法在记忆中形成知识结构的整体缩影，特别是在记忆较多的人名、地名时能发挥良好的效果。如记忆丝绸之路中几个地名时，可将长安、河西走廊、新疆、安息、西亚、大秦等提取浓缩为“长河新，安西大”。再如，中国民族资产阶级革命团体的建立.其主要领导人——兴中会的孙中山、华兴会的黄兴、光复会的蔡元培、日知会的刘静庵可浓缩记成“兴华光日、孙黄蔡刘”。

字头浓缩法简单易学，方便好用，既提高兴趣，又便于记忆，所以在复习中应不拘一格地发挥它的作用。

（3）口诀浓缩法。就是以整齐押韵的句式概括出所要记忆的内容，形式上近于顺口溜，内容上极其概括，然后实行强化记忆。应用时根据口诀进行：“56一四懋，510一陕吴；66二四甘，610三会宁（每句5个字，分别代表年份、月份、部队番号及会师地点）。”口诀浓缩法简单有趣，但是在开始时需动一番脑筋把识记材料编成生动有趣甚至有韵味的口诀，这是要下点功夫的，不过，一经编好，便终生难忘。如世界古代史三大改革，可编成口诀。公元前6世纪波斯大流士改革内容：“帝国分廿郡，每年纳金银；币制统一化，驿道通四都。”公元前594年雅典梭伦改革内容：“取消债务奴隶，民分四等享顺利。”公元646年日本大化改革内容：“废私田，法均田；租庸调，授班田；每六年，死地还；改行政，立集权。”

应用这一方法应该注意的两点，浓缩不是万能的，不能盲目运用，一定要在理解、熟悉内容的基础上加以浓缩，方有良好效果（否则不加理解地乱记一气，可能光记住浓缩的东西了，却想不起“原汁”了）。第二点，浓缩前要考虑所浓缩的内容是否属于必须掌握的重点内容，如将次要内容或本身就很简单的内容加以浓缩来记忆，无异于舍本逐末，就无法体现浓缩的“刀刃”作用了。

3“吃甘蔗”式背诵法

江苏省常州市广化小学陈惠惠同学形象地把这种记忆法称为“吃甘蔗”背书法。她背书不像别人那样一口气把一篇课文读完，然后一字一顿地背。她背书时先读几遍课文，使自己熟悉一下要背的内容，然后像吃甘蔗似的一节一节背下去，读完一节背一节，如果有的课文中一节太长，就把它分成几个层次来背。等每一节都背熟以后，把整篇课文读一遍，再背一遍。如果有的地方还不够熟，就重点读那一部分。背上三四遍，有容易遗忘的部分要重点加固。最后，再把课文背一遍就行了。

这种背书的方法对学习效率有很大的帮助。有一次，学校举行了一次背书比赛，要求参加比赛的同学在规定的时间里背出一篇课文，陈惠惠同学运用这套背书的方法不一会儿就背出来了。她获得了这次背书比赛的第一名。

可见，化整为零、化大为小是符合记忆规律的好方法。

五、理解记忆法

德国著名心理学家艾宾浩斯在做记忆的实验中发现：为了记住12个无意义的、人为的音节，平均需要重复16.5次；为了记住36个无意义音节，需重复54次；而记忆六首诗中的480个音节，平均只需要重复8次！这个实验告诉我们，凡是理解了的知识，就能记得迅速、全面而牢固。不然，总是死记硬背，那真是出力不讨好。

在上课时，能够深入了解历史背景比理解力低、仅仅能够记忆课本条文的学生更能够保持长久而正确的记忆，这就是说：能够理解，记忆也就能长久。

不要为自己的记忆力不好而灰心，应该反复检查自己是否真正理解了所要记忆的东西。理解一件事，在记忆的感觉上好像在走远路，事实上，它却是培养记忆力最快的捷径。

动脑筋思考是理解记忆的核心，只有动脑筋思考才能达到理解。那么，怎样才算是理解了所记忆的材料或事物呢？就记忆一篇文章来讲，应该做到如下几点：

（1）能清楚地了解文章的结构，即文章由哪些部分组成？每一部分起什么作用？各部分之间是怎样相互作用的？

（2）不仅懂得文章的表面意义，而且也能懂得其内在的意义，诸如弦外之音、讽刺与幽默所包含的意思等等。

（3）能解释文章所阐述的问题发生的原因、某一问题产生的后果，或说明某一问题的依据。

（4）能根据文章所提出的问题回答问题。一般来说，在没有理解所记忆的内容时学习者是提不出什么问题的，或者是漫无边际地乱提问题，当然也就很难回答问题。

真正做到加强理解要注意到以下几个方面：

（1）要善于将头脑中的知识与所要记忆的知识相沟通，建立起新的联系。

（2）要善于利用头脑中的知识，利用已获得的联系。过去的经验或知识越是丰富和多样，就越有利于加深理解。

（3）要善于利用例子来说明问题。当然，在消化知识的开始阶段所列举的例子可能是文章上的，但也不应以此为满足。应该开动脑筋，自己想出一些例子来，达到“举一反三”“触类旁通”的目的。这样做是养成独立思考习惯的必经之路。

（4）所记忆的内容要能在实践中应用。对理解了的知识不会应用，或者一遇到问题就束手无策，这就不能说是真正理解了。真正的理解就在于能解决问题，善于运用所获得的知识来分析实际问题，而且应用的次数越多，也就越能加深理解。

总的来说，只有像以上所说的那样再去记忆，才能让新知识、新信息编入你的大脑皮层的知识密网之中。

六、规律记忆法

抓住事物规律进行记忆的方法叫作规律记忆法。

世间的任何事物或物质，从微观世界到宏观世界，都是有规律可循的。规律记忆法就是要我们找出事物之间的联系和规律，从而有助于记忆效果。

我们的汉字结构比较复杂，偏旁有时表义，有时表音。往往韵母不同写法也不同，掌握了规律，就不容易写错了。

掌握事物的规律要善于分析。如在学习秦朝、隋朝断代史时，只要注意发现这两个朝代相似的兴衰规律；在学习当代文学史时，努力发现它与当代革命史同步运行的规律，就可获得较好的记忆。

掌握事物的规律要善于总结。在识记活动中，我们要做有心人，不能对各种事物熟视无睹。要注意从司空见惯的事物中提炼出事物的发展规律，比如三角函数有54个诱导公式，但这些公式所表达的三角函数的关系却存在一个共同的规律，抓住这个规律便可以总结出“奇变偶不变，符号看象限”两句口诀，只要记住这10个字，就可以推导出全部的诱导公式了。

掌握事物的规律还要善于理解。弄清事物各部分之间的关系，做到这一点，记忆的难题便可迎刃而解，如在学习现代汉语时，常会遇到句子划分成分的难题，假如用下面的规律去记和划分，就方便多了：

主谓宾定状补，主干枝叶分清楚；
基本成分主谓宾，修饰成分定状补；
定语必居主、宾前，谓前状语谓后补；
“的”定、“地”状、“得”后补，结构助词要有数。

七、精选记忆法

对量多、繁杂的识记对象，通过筛选、提炼、浓缩成极少量的精华，以提高记忆的效率，此为精选记忆法。

据说古时候，有的人记忆力极好，甚至可以把文章倒背如流，过目成诵，可是郑板桥却看不起这种人，把他们叫作“没分晓的钝汉”。怎么个没分晓？就是不分主次、轻重，不管有用、无用，一股脑儿全部背下来。

英国小说家柯南道尔（1859—1930）在《血字的研究》中借福尔摩斯的嘴，表达了一个非常有效的记忆方法，他说：“人的脑子本来像一间空空的阁楼，应该有选择地把家具装进去，只有傻瓜才会把他碰到的各种各样的破烂杂碎一股脑儿装进去。这样一来，那些对他有用的知识反而被挤了出去，或者，最多不过是和许多其他的东西掺杂在一起。因此，在取用的时候也就感到困难了。”

可是不少人往往犯了不分青红皂白地一股脑儿往自己的小阁楼里装的毛病。你想想你是不是也这样。尽管人的记忆潜力是非常巨大的，然而人的时间和精力却是有限的。利用有限的时间和精力记住那些知识海洋中极为有用的内容，那才是我们的目的。

什么是有用的知识内容？就像某一学科的重点、难点、关键问题，是那些老师不断强调的问题。牵牛要牵牛鼻子，记忆要选择知识的“牛鼻子”。

因此要想考出好成绩，必须对所学的知识充分消化理解，精选重要内容，把它们牢牢记住。

许多公式、定义、定理是精髓和本质所在，要理解，也要牢记。它们往往是以一当十，有着举一反三的作用。

有些人对一些解题过程和答案也要强行背下来，是完全没有必要的。考题是千变万化的，它要求你灵活地运用公式和定理，绝不会要你去死记。

学习好的人，记忆力强的人，往往善于抓住重点，抓住精髓，善于组织材料。美国心理学家布鲁纳认为，人类记忆的首要问题在于组织。就是说，对要记忆的知识进行归纳、整理、概括和精选。

华罗庚在这方面深有体会，他说：“书要越念越薄。”不是这样吗？一节课里真正有价值的只不过有几行或十几行的内容；一篇文章的精华也不过几句或十几句话；一本书的精华也不过几个或十几个段落。把这些内容精选出来，仔细咀嚼，好好消化和吸收，装进大脑这个小阁楼里，既不会负荷过重，提取也轻而易举，何乐而不为！

爱因斯坦曾经遇到过这样一件事。在他获得诺贝尔奖奖金的时候，一群好奇的美国青年要考一考他的记忆力，他们问爱因斯坦：“声音在空气中的传播速度是多少？”

面对这种提问，爱因斯坦幽默地回答道：“关于声音的速度问题，十分遗憾，确切的数字眼下我答不上来，不过这完全可以在物理教科书里找到答案。而我的头脑要留着思考书本上还没有的东西。”

多妙的回答啊？原来想难为爱因斯坦的青年们不得不为此而大为折服。

爱因斯坦告诫我们：“在所阅读的书本中找出可以把自己引到深处的东西，把其他一切统统抛掉，就是抛掉使头脑负担过重和把自己诱离要点的一切。”

八、系统记忆法

按照科学知识的系统性，把知识顺理成章，编织成网，这样记住的知识就是一串，叫作系统记忆法。凡按顺序注意系统记忆的自学者成绩都较理想，而那些“东一耙子，西一扫帚”、蜻蜓点水、浅尝辄止的人往往收效就不佳。

大脑对于识记对象进行系统记忆具有一种本能性。我们可以来做这样一个实验，请被试者记住 30 个词语，具体如下：

苹果	毛笔	月季	椅子	冰箱
录音机	衣橱	兰花	钢笔	蜜桃
纸张	彩电	直尺	桌子	米饭
电扇	馄饨	箱子	烧饼	洗衣机
枇杷	水杉	菊花	香蕉	饺子
面条	书橱	梨子	橡皮	杨柳

5 分钟后，请被试者默写出来。大多数被试者都自觉不自觉地运用了系统记忆法，即把分散的单个的信息按系统分类归组了。即：

水果：苹果　梨子　蜜桃　枇杷　香蕉

文具：钢笔　直尺　毛笔　橡皮　纸张

食物：面条　烧饼　米饭　饺子　馄饨

家具：衣橱　桌子　椅子　箱子　书橱

电器：冰箱　彩电　洗衣机　录音机　电扇

植物：月季　兰花　菊花　杨柳　水杉

当然，有些人并不能将30个词语全部记住，但多数是如上的思路。

在记忆圆形、扇形、弓形的面积时，可以这样记忆。首先抓住这三种形状的关系；扇形是圆形的一部分，弓形又是扇形的一部分。然后把计算这三种图形面积的公式串起来。

圆的面积公式　$S=\pi R^2$

扇形面积公式　$S=\frac{1}{2}R^2\theta$

弓形面积公式　$S=\frac{1}{2}R^2(\theta-\sin\theta)$

（注：R表示半径，θ表示圆心角）

这样记起来就觉得不困难了。

实践证明，系统记忆不仅是必要的，而且是有效的。一般进行系统记忆的方法有以下几种：

（1）循序渐进地学习。学习和记忆一定要有步骤地探索、分阶段地进行，这样才会取得较好的效果。

（2）深入细致地理解。要使自己的知识达到系统化，必须深刻理解知识结构之间的关系。所以，要想长久记忆，不求甚解是不行的。

（3）一点一滴地积累。荀子在《劝学篇》中说："不积跬步，无以至千里；不积小流，无以成江海。"道出了点滴积累的巨大意义。

九、联想记忆法

利用联想来增强记忆效果的方法叫作联想记忆法。所谓联想，就是当人脑接受某一刺激时浮现出与该刺激有关的事物形象的心理过程。联想不可能是无意识的，只有对事物进行认真观察和认识，才能在头脑里刻上事物的最初痕迹，才能在任何时候都能通过联想而回忆起来，才能解决健忘。如果养成这种联想的习惯，不仅能提高记忆力，而且有助于提高观察力、想象力、集中力、创造力。

联想记忆在生活中很常见。例如，当我们听到一支儿时唱过的歌曲时，就会回忆起当时的生活情景；当我们见到朋友送的礼物时，就会想起当初和这位朋友的密切交往和深厚友谊。

爱因斯坦的一个女友要求他有空时打电话给她。

“我的电话号码很难记，请用笔记下。”这位女友说。

“好，我听着。”

“24361”。

“啊！这有什么难记的呢？”爱因斯坦说，“两打与19的平方，我记住了。”

原来12是一打，24是两打，而361恰是19的平方。爱因斯坦充分运用了联想法，赋予5个无意义的数字以容易记住的含义。

联想的方法是很多的，有的取其本质相同，有的取其形态相像，有的取其某些因素相关，也有的取其意义相反……

下面介绍几种正确的联想方法。

（1）奇特联想记忆法。奇特联想记忆法是世界上公认的“记忆秘诀”，它是运用离奇的、特殊的甚至荒诞的联想，在头脑中勾画出生物的物体来增强记忆的方法。奇特联想记忆法要求：一要运用联想，二要造成鲜明的物象。对记忆的内容，联想越奇特越好，物象越鲜明越好。它最适用于记忆文科各类知识，特别是那些要求快速记忆的知识。

如记《中国地理》东北三省的钢铁工业：鞍山、本溪是我国重要的钢铁工业基地。鞍山有“钢都”之称，是目前我国最大的钢铁工业基地，可以记为：鞍山本是（本溪）一座铁山。

（2）定位联想记忆法。定位联想记忆法是一种神奇的、出奇制胜的科学方法。它是事先在自己的记忆仓库中预备好一系列固定货架，然后将记忆材料分门别类地按固定顺序放在货架上，就像仓库里存放物品一样“定位”，这种方法就叫作定位联想记忆法。

定位联想记忆法的关键是要准备好定位词。定位词必须是自己非常熟悉的、序列鲜明的东西。用这些东西做货架，就不怕放东西后提取不出来了。

定位词并不难找，以下试举几例：

以人体为例（从上向下）：眉毛、眼睛、鼻子、耳朵、胡子、嘴、牙、舌头…

以家电为例（由价值高到价值低）：录像机、电冰箱、彩电、录音机、电烤箱、洗衣机、电风扇……

以亲人为例（由长辈到小辈）：爷爷、奶奶、爸爸、妈妈、哥哥、姐姐、弟弟、妹妹

以词为例：东、西、南、北、中；春、夏、秋、冬……

（3）接近联想记忆法。所谓接近联想记忆法，就是指建立在时间上接近、空间上连续或性质上相同的联想记忆方法。按照系统论的观点，整个世界是一个大系统，在这个大系统之下又有若干个子系统，各个子系统之间都有着时间、空间及性质方面的联系。掌握它们的接近点，在各个系统之间建立相互联系，这就使识记材料的输入和提取多了一条通道，使思维和记忆的轨迹更加深刻。

接近联想在生活中随处可见。如在学历史时，由张骞通西域想到班超、玄奘……由中英南京条约想到中法北京条约……

接近联想记忆法符合人的认识规律，因此非常容易为人们所接受。许多教师常常运用这种方法教学，都收到较好的效果。这种方法特别为儿童所欢迎。著名的儿童教育家孙敬修老先生就常常运用它对儿童进行启蒙教育。比如，他想告诉儿童什么是国家、世界时，就先让儿童从家开始一步步联想，逐步接近这个概念。他说：邻居们共同居住的一排房子叫街道，许多街道合在一块叫区。许多区合在一块叫市，许多市合起来叫省，许多省合起来叫国家，各个国家合起来就叫世界……就这样，儿童们从接近联想中获得了生动的、形象的，初步的国家概念及世界概念。

（4）类似联想记忆法。当一种事物和另一种事物相类似时，往往会从这一事物引起对另一事物的记忆联想。例如，由猫联想到鼠，由枪联想到炮。

类似联想记忆法在生活、学习、工作中得到了广泛的应用。

小学里的集中识字，正是运用了类似联想法。如把“青、清、请、睛、晴、情”，把“饺、皎、狡、绞、使、校”等字形、字音相近又能相互引起联想的字集中在一起让学生识记，效果非常好。

（5）对比联想记忆法。对比联想记忆法是建立在客观事物对立性基础上的一种联想记忆方法。它主要是抓住事物间鲜明对立的某些内部、外部特征，由此进行广泛联想，造成明显而强烈的反差来加强记忆。

在大千世界中，矛盾普遍存在，无处不有，各种事物都是相对存在的，其内涵、外延、规律、特点都有质的不同。如由黑想到白、由深想到浅、由海想到陆、由好人想到坏蛋、由婴儿想到老人等。

许多诗歌、对联大多是按对仗的规律写出来的，如：

“金沙水拍云崖暖，
大渡桥横铁索寒。”
“书山有路勤为径，
学海无涯苦作舟。”

所以在背诵诗词时，如能充分利用对比联想法，从前句联想到后句，就能收到事半功倍的效果。

十、兴趣记忆法

人们对那些感兴趣材料的记忆叫兴趣记忆。人们有意激发自己对记忆材料的兴趣，以增进记忆效果，这种方法叫作兴趣记忆法。

兴趣是记忆的媒介。无论任何人，都能对自己感兴趣的事情表现出非凡的记忆能力。有这样一句话：“只有爱好，才能精通。”只有对某件事产生兴趣，才能深刻记忆。

有些青少年常抱怨自己记忆力不好，记不住英文单词和数学公式，但是他们听了一段有兴趣的评书后，往往能非常完整地把它复述下来。

由此可见，有意识地加强对记忆材料的兴趣，是改进记忆效果的一个好办法。俗话说，哪里有兴趣，哪里就有记忆。兴趣越是强烈，就越容易记得牢固。

有一些事物，尽管你没有兴趣，但又必须记忆。怎么办呢？就得创造出趣味来。记忆汉字有很多有兴趣的办法，如谜语歌：“有女你不嫁，嫁在禾树下，有鬼来伴你，问你怕不怕？”猜的是“魏”字。

十一、特征记忆法

利用识记对象的特征来加深记忆的方法就叫作特征记忆法。

任何事物都有其本质特征，这种特征总是要通过一定的形式表现出来。所以，对被观察的事物细致观察，抓住其特征，就可以记得牢。

在学习汉字时，有些字的形状基本相似，较难区分，其实只要努力把各自的特征找出来，就可把各个不同的字形辨清了，也把它们记住了。比如下面的一些字形十分相似，很易搞错，实质上它们是完全不同的。

巳　sì　（地支的第6位）

已　yǐ　（已经）

己　jǐ　（自己）

可以重点记它们不同的部分。

识　shí　（知识）　　织　zhī　（编织）

职　zhí　（职务）　　帜　zhì　（旗帜）

可以着重辨别部首。

栽 cái （裁衣） 戴 dài （戴帽）

栽 zāi （栽树） 栽 zǎi （运载）

部首相同，主要记衣、木、異、车这些部分。

折 zhé （折断） 析 xī （分析）

拆 chāi （拆散） 诉 sù （告诉）

折、析、拆、诉成两组．一组是部首不同，其余部分相同；另一组是部首相同，其余部分不同。

有些人“别字连篇”，在学习时没有把这些形似、音异、意不同的字搞清楚，是一个主要原因。对于某些词语也一样，只要找出各自特征，也就容易分辨和记忆了。

辨析词义可以用这个方法，记忆其他事物也可以用找特征的办法。如记历史年代，就可抓住它们本身某些特征来记忆。如蒙古灭金是公元1234年，1234是自然连续数，就容易记。法国大革命在1789年，1789年也是自然连续数。明朝亡于1644年，后两个数字的乘积正是前两个数字，稍加注意也容易记住。还有一些年代，它们本身有内在联系，如苏联十月革命是1917年；十月革命一声炮响，给我国送米了马克思列宁主义．在1919年，我国爆发了五四运动；在十月革命和五四运动的推动下，1921年中国共产党成立了。这三个事件依次相隔两年．这也就容易记住了。

再如，要记住圆周率 $\pi=\frac{355}{113}$ 似乎颇难，细心观察一下就可以发现，这些数字是自然数中最前面的三个奇数1，3，5，并且都紧接重复一次，为11，33，55，当中砍断．则为113，355。此刻，你一定也能自己看出窍门了．把后半截放上去，$\frac{335}{113}$。如何？

万有引力常数，1/15 000 000，后面拖几个0常容易搞错，请不要怕，它正好等于前数之和，1+5=6，颇有意思。

诚然，这些均纯属偶然，为了帮助记忆，不妨仔细观察，开动脑筋。

总的来说，学习、记忆新材料或新事物的时候，要先下一番发掘的功夫，将其特征寻找出来，有些材料或事物相互区别不很明显，找起来也并非容易，但只要仔细观察，细致对比，深刻分析不同情况下的异同．总能找出要记忆材料或事物的特征的。

运用特征记忆法，可从以下几个方面着手：

（1）观察。观察是记忆的基础，只有观察细致．才能记忆扎实。没有经过仔细观察的记忆，事后只能想出粗略的大概而已，至于主要的内容就无法想出来了。一般情况下，观察的顺序应该是从整体到局部的。首先是观察全貌，其次是观察各部分，最后是观察细节处。在整个观察的过程中。都要注意寻找事物的特征，当确认了事物的特征后，就已经把它记住了。

（2）辨别。很多识记对象极其相似，容易混淆，只有认真辨别，同中求异，才能找出它们的特征。在记忆时，有些事物的特征非常明显，一目了然，有些则需要下一定功夫才能辨别出来。不过，经过认真辨别后抓住的特征是难以遗忘的。

（3）发掘。有些识记对象的本身并没有什么特征，怎么办呢？那我们就可以人为地赋予它一个特征——发掘。如英语单词 eye（眼睛），只要想象 y 是英国人的勾鼻子，两个 e 是两个眼睛，就永远也不会记忆了。

观察、辨别、发掘，将会撩开事物的面纱，显露其独具的个性特征。如果你能经常比寻找特征的角度去观察、去记忆，将会收到惊人的记忆效果。

十二、比较记忆法

把两个或多个记忆对象加以比较，找出它们的相同和不同之外，用这种手段加强记忆的方法叫作比较记忆法。比较记忆法就是对相似而又不同的事物进行对比分析，弄清以致把握住它们的差异点和共同点，以加深记忆的方法。

例如，在记忆两角和三角函数公式时，把正弦、余弦和正切、余切的公式个别加以区别，记起来就比较容易：

$$\sin(\alpha \pm \beta) = \sin\alpha\cos\beta \pm \cos\alpha\sin\beta \quad (1)$$

$$\cos(\alpha \pm \beta) = \cos\alpha\cos\beta \pm \sin\alpha\sin\beta \quad (2)$$

只需记住等式右边，（1）式是 sin 和 cos 互换，（2）式则不互换，（1）式和（2）式的加减号互反，这两个公式就容易记了。

在学习历史时，把官渡之战和赤壁之战比较；学文学史时，把杜甫和李白加以比较，把左拉和福楼拜加以比较；在学习心理学时，把老行为主义和新行为主义、精神分析主义和新精神分析主义加以比较，都会收到事半功倍之效。

对于比较复杂的问题，可以用一种括号式的表集中在一起，有比较和区别，更有归纳概括和便于记忆的作用。

如：

新陈代谢
- 同化作用
  - 原生质的合体……
  - 能量的贮存
- 异化作用
  - 能量的释放
  - 原生质的分解……

（能量的贮存、能量的释放）物质代谢

中国近代十大不平等条约：

条约名称	签约时间	签约国
南京条约	1842 年 8 月	中、英
望厦条约	1844 年 7 月	中、美
黄埔条约	1844 年 10 月	中、法
瑷珲条约	1858 年 5 月	中、俄
天津条约	1858 年 6 月	中国分别和英、法、俄、美签订
北京条约	1860 年 10 月	中国分别和英、法、俄签订
伊犁条约	1881 年 2 月	中、俄
中法新约	1885 年 6 月	中、法
马关条约	1895 年 4 月	中、日
辛丑条约	1901 年 9 月	中、其、美、俄、德、日、奥、法、意、西、荷、比

这种表对记忆内容多、概念易混淆的知识十分有效。不少用功的学生往往喜欢自己编制一些比较的、分类的、概括的表格。

一个用心编制出来的表，会使你思路清晰，记忆深刻，真是妙不可言。因为在制表过程中，你的大脑有关区域已经处于高度兴奋中，它在寻找，在分析，在比较，在综合，把知识整理得有条不紊，一旦需要你就可以任意提取了。

比较记忆法之所以有效，是因为比较是一种重要的思维过程。在这一过程中，人必须找出不同对象及现象间的共同特征和不同特征，用这样的标准去衡量它们，因此，被比较对象就会反复多次地在大脑中出现，形成深刻的印记。以后，只要回忆起对象甲，则对象乙的特征就会随之出现。如果分别单独记忆甲、乙两对象，在回忆时就不会发生这种“联想”和“联结”机制。

经常采用比较记忆法，还有助于人思维能力的提高，使记忆的材料更加牢固、扎实。

比较记忆的方法很多，主要有以下几种：

（1）对立比较。把互相对立的事物放在一起，形成反差极为强烈的鲜明对比，使识记者留下深刻的印象。

（2）对照比较。把同一类别的若干材料同时并列，在识记过程中区分特点加以比较。

（3）顺序比较。在接受新知识时，把它与头脑中已有的旧知识加以比较，找出它们的联系，确定其相同点与不同点。

（4）类似比较。找出类似事物中的不同点，开掘出其本质的不同，即寻找出其同中之异予以强化记忆。

十三、比喻记忆法

对识记对象用生动、贴切的语言进行比喻，使内容显得新鲜有趣，从而启发人们的联想与思索，就叫作比喻记忆法。

比喻是一种常用的修辞手法，也是几千年来人们所用的思维方式和语言交流的辅助手段。运用比喻，可以把抽象的事物具体化、形象化，把深奥的道理讲得浅显易懂，把陌生的东西变为熟悉的东西，更快地说明问题，更好地交流思想。不仅如此，比喻还与记忆有着密切的关系，那些新、巧、恰、切的比喻常常给人留下难以忘怀的印象。

比喻有助于记忆，主要表现在以下几个方面：

（1）形象化。毛泽东同志在《改造我们的学习》一文中介绍了一副对联：

墙上芦苇，头重脚轻根底浅；

山间竹笋，嘴尖皮厚腹中空。

这对于那些没有科学态度和没有真才实学的人是一个很好的画像。

（2）新颖性。新奇的想象，巧妙的比喻，容易为人们所记忆。如唐代诗人贺知章的《咏柳》诗：

碧玉妆成一树高，万条垂下绿丝绦。

不知细叶谁裁出？二月春风似剪刀。

春风的物象并不鲜明，可是把它比做剪刀就独出心裁了。第一次吟诵这首诗就给人以深刻的印象。本来前面的三句没有特别新意，但“二月春风似剪刀”一句异峰突起，会使人马上回头玩味前三句，柳树碧、柳枝绿、柳叶细，都是春风的功劳，于是这首诗便记住了。如果能给识记材料以新颖的比喻，那一定会收到经久难忘的效果。

（3）具体化。有很多识记材料抽象性很强，难以记忆，通过比喻的手段，使它们变成看得见摸得着的事物，就好记多了。

（4）浅显性。有些识记材料是枯燥的概念公式，一经比喻就会变为浅显易懂的事物。

运用比喻记忆法，实际上是增加了一条类比联想的线索，它能够帮助我们拉开记忆的大门。在学习、工作或生活中，你可以主动地使用比喻记忆法。如记人，见到对方以后，可以在心里想，他胖得像狗熊，他瘦得像猴子，他的脸像螃蟹，他的头发像羊毛……这样，在回忆时，你就可以通过比喻在头脑中浮现他的形象。记忆其他事物，你也可以如法炮制，酌情裁夺。

十四、背诵记忆法

要求人们对识记对象无论主次，不分轻重，按照原来的顺序逐字逐句一字不差地进行记忆，就叫作背诵记忆法。

背诵是记忆的根本，它在学习中具有很重要的作用。

背诵是在大脑中精确而牢固地贮存知识，古人云："熟读唐诗三百首，不会作诗也会吟。"说的就是背诵之妙。

经常背诵，养成习惯，可以锻炼人们的记忆力，加深对识记对象的理解。通过背诵，可以使识记对象在头脑中达到融会贯通的效果，也可以为思维积累语言的材料，提高人的思维与语言表达能力。

无论多么有规律，仅仅是单纯反复是远远不够的。自我测试的方法就是需要一个人单纯背诵。心理学家阿瑟·盖茨指出，把全部时间的80%用于背诵，20%用于阅读，结果记忆得快。把某份材料读一遍或两遍，然后背诵效果最好。背不下去可以看一下原文，这样进行自我测试可以很快且又能长时间记住。自我测试背诵或者自己鞭策自己为什么有效？其理由有以下几点：

（1）比反复阅读同一篇文章的某一节的变化要丰富多彩。

（2）能够更适应成功与失败的原则。要求进步的意识会使你增加勇气，增强信心。当你察觉到错了时就会奋起改正。

（3）会加强阅读时的注意力。这一点肯定对加强正确的理解和观察有很大好处。

科学家经研究试验，发现了背诵的某些规律，归纳出十法：

（1）背诵的难度与篇幅不成正比。背 20 行所需用的时间并不是背 10 行的两倍，而是更多些，然而背诵的材料越长，保持记忆的时间就越久。因此，背大段的有用文章要比背简短的佳句更为有益。

（2）背诵同一材料，理解的程度越深，记忆的量就越大。经试验，要记住 15 个单词需要读 8 次；而记 15 个意义相关的词则只需 3 次。

（3）背书一般可背到能凭记忆复述时为止，而后再去复习似乎是多余的了。然而，继续复习能增加对记忆内容所需的时间和数量。

（4）分散背诵要比集中背诵好。就是说，背诵时有间歇比无间歇好。多背几天，每天背上 10～15 分钟，比在一两天内半小时、一小时地背诵效果更好。在学习间歇，要多变换休息方式，这样可使我们的记忆力得到很好的休整，大家不妨试一试。背记的材料越长越复杂，就越能显示这种休整的优越性。

（5）材料的头 16 行最好完全照本背诵下来。

（6）人们在一段一段地背诵时，常常在临结束前归纳一下全部材料，这时往往觉得记下了后边的又忘掉了前边的，仿佛还得重新开始，于是产生失望情绪，似乎是前功尽弃、徒劳无益。力戒向这种暂时的困难屈服，因为在背诵过程中出现的这种情况人人都在所难免。

（7）如果只是连续多次地读一篇材料，那么隔4个小时，尚可记住它的16%；如拿出所花费的1/5时间进行复习，则可记住19%；如拿出2/5的时间复习，则可记住25%。我们在背书时复习的时间要用得多些，而不要总是不断地重读。

（8）如有两篇长短不同的材料需要背诵的话，最好先背篇幅较长的。

（9）我们靠记忆所做的第一次复述的效果是很牢固的，尽管有时复述得并不成功。第一次复述是有决定性意义的；第二次复述是重要的；第三、四次只不过提高少许效果；第五次一般就没有什么用处。

（10）我们要在背诵和复习的休息期间睡一觉，记住的材料就不会忘掉。但如果不是睡觉而是做别的事情，那么在休息期间便会有所遗忘。须知，人在睡觉中不会记忆，但也不会遗忘。

十五、提纲记忆法

把所学的知识用主要线索“串”起来，就像钢绳总揽渔网、串起铜钱那样，这种方法叫作提纲记忆法。它可减轻大脑记忆的负担，最适合于记忆某种学派的思想。

提纲记忆法颇为古今中外的学者所喜爱。

我国唐宋八大家之一的韩愈是个自学成才的文学家。他自幼苦读，在“口不绝吟于六艺之文，手不停披于百家之编”时，非常注意记笔记。读记事文章时，总要提出纲要；读理论书籍时，总要勾出精义。他常说，记事者必提其事，纂言者必勾其玄。

徐特立曾说过“不动笔墨不看书”，这是十分有道理的。提纲和笔记可以作为意义识记的依据，帮助理解和记忆。

马克思更是一位善于运用提纲记忆法的大学者。他特别重视作阅读提纲，认为这是一种通晓识记材料的必要工作过程。他甚至花了大量功夫，还为自己个人的藏书做了提要，使书中的精华了然于胸。

在记《中国地理》中的我国“降水特点”这一内容时，可记为：

- 降水特点
  - 地区分布不均：由东南向西北逐渐减少
  - 季节分配不均
    - 南方：雨季早结束晚
    - 北方：雨季晚结束早
  - 年季变化
    - 南方小
    - 北方大

在记《中国古代史》中“隋朝的统一”这一内容时，可记为：

- 隋朝的统一
  - 条件：人民、民族、江南经济
  - 过程
    - 581 年开国
    - 589 年灭陈
  - 意义：安定、交流、繁荣

提纲实际就是一篇文章的主要脉络。在编写提纲的过程中，识记者通过编写、综合、分析，根据了识记材料，自然而然地消化了材料精神，深化巩固了记忆。

提纲记忆法具有以下几个特点：

（1）直观性。提纲线条清晰，便于直接观察，纵横关系一目了然。同时还打破了正常行文的常规，给人以清新之感，所以能给人留下深刻的印象。

（2）概括性。编写提纲的过程就是对材料施行高度压缩，使其化繁为简的过程。提纲语言精练，表述直接，集知识之精华，揽材料之概要，自然便于记忆了。

（3）条理性。提纲具有鲜明的条理性，突出了材料的层次，由高至低，各层次截然分明，抓住这些条理，在回忆时就可以“按图索骥”“顺藤摸瓜”了。

怎样运用提纲记忆法这“门”艺术呢？

（1）分析，即对识记材料的了解过程。对一本书可先看内容提要和目录，再看看作者的前言或后记；对一篇文章可先浏览一下，然后再划分层次，必须掌握其脉络，为编写提纲做好准备。

（2）综合，即对识记材料的概括过程。在分析的基础上，再进一步找出文章的要点、观点，以便概括、记忆。

（3）表述，即对识记材料的总结过程。编写提纲最好是用自己的语言表达，因为这样将有助于记忆。

提纲的方法很多，对记忆都有较好的效果，常用的有抄录提纲、编写提纲、改写提纲等。

运用提纲记忆法要注意以下几点：

（1）要面对实际。该用此法的就用此法，不该用的就不要画蛇添足。长材料应当用，极短的材料就无任何必要了。

（2）要及时温习。提纲虽然简明扼要．但也不是一下子就镌刻在心中的，也应该经常复习、经常默写，这样才能永久不忘。

（3）要分清主次。根据学习材料的内容，明确各部分在提纲中的地位，以主干为纲，次要的从略，绝不能眉毛胡子一把抓。

十六、概括记忆法

对识记对象进行提炼，抓住关键和要点的记忆法叫作概括记忆法。

概括记忆法一般有如下几种方式：

（1）主题概括。提炼、概括出识记材料的主题思想，抓住要领，笼罩全篇。识记材料不论长短都有主题，只要用心总结，不难窥出。

（2）内容概括。对长篇材料进行凝缩、概述。利用内容概括法，可以大大减轻记忆的工作量。

（3）简称概括。对一些较长的词语、名称、概念进行高度简化，识记起来就大大方便了。现代语汇中涌现出了大量的简称概括，它很快进入了人民生活之中。像“中华全国总工会”简称“全总”，京、津、沪、辽、闽、浙、赣等省、市、区的简称也都属此例。

我国黄河中下游有河北、河南、山东、山西、陕西五省和北京、天津二市，可概括记为：二市一陕两河山。

（4）顺序概括。对识记对象按原顺序进行概括，记忆时突出其顺序性。如记忆王安石变法的内容：青苗法、募役法、农田水利法、方田均税法、保甲法。可以按其顺序概括为：一青二募三农四方五保。这样念起来顺口，记起来便当，如果要回忆，自己添加内容就行了。

（5）数字概括。用数字来概括识记材料。如“五讲四美三热爱”“三大纪律八项注意”等。

（6）字头概括。对并列的几条识记材料可提取字头进行概括。例如，记诗词，柳宗元的《江雪》原诗是：“千山鸟飞绝，万径人踪灭。孤舟蓑笠翁，独钓寒江雪。”提取字头为“千万孤独”，可以想象在江雪中的钓翁有千万种孤独感。

以上所介绍的几种概括方法，既可以“各自为战”，又可以综合运用。例如，学习毛泽东同志的《实践论》一文，先进行“主题概括”，归纳出中心思想，可表述为：“这篇文章论述了实践是认识的基础，阐明了在实践的基础上，从实践到认识、由认识到实践的二次飞跃，揭示了认识过程的反复性、无限性、前进性，强调了主观和客观、理论与实践的具体的历史的统一。”然后再用“数字概括”为“一个基础，二次飞跃，三性一强调”，这样就记得清楚了。

运用概括记忆法时，要先对学习材料进行通篇把握，初步理解并弄清其各部分之间的关系，然后抓住材料的主要之点进行归纳总结。

概括记忆法主要适用于记忆内容较多、较系统的文科知识。它要求使用者具有较强的思维能力和概括能力。诚然，这种能力也是逐渐培养、锻炼提高的，也有个由浅入深、从疏到精的过程。

十七、笔记记忆法

“好记性不如笔头勤”，这是古今中外的学者、科学家、作家们治学经验的结晶。它高度概括了记忆与笔记的关系，阐明了笔记的重要性。

记笔记可以减轻大脑的记忆负担，使大脑能集中精力记忆更重要的内容，这是提高记忆效率的途径之一。凡事都靠大脑记忆，既无可能，也无必要。在借助于工具的时候，就要尽量借助于记忆工具，这才是科学的用脑方法。

如果把学习成果比作冲天而起的火箭，那么耐心而又周密地搜集资料就如同修筑装备精良的火箭发射基地，火箭能不能升空，在很大程度上取决于发射基地修筑得如何。

做笔记的好处很多。一是能帮助理解。一篇文章、一部著作，该记什么，该怎样记，总要用心选择确定。这个过程会加深对材料的理解，提高概括能力，通过做笔记，头脑中零乱的事物整理得有条理了，模糊的记忆表象也变得清晰了，知识掌握得就更加准确了。二是战胜遗忘。笔记能保持精确的记忆，大脑中记忆模糊的时候. 那笔记却是白纸黑字写着，马上可以查找核对，消除误会。三是积累资料。占有大量资料是做学问的基础。我国伟大的历史学家、文学家司马迁从小酷爱学习，广泛收集历代朝廷的各式各样的大事记，在“博采”的基础上求“专精”，通过几十年的努力，终于独立完成具有划时代意义的历史名著——《史记》：全书130篇，52万多字，全面叙述了我国上古至汉初3 000年来的历史发展，为后人留下了宝贵的文史资料。积累资料绝非是一次两次，绝不可能一蹴而就，而必须长久坚持，日积月累。这样，越积越多，才会逐渐形成一个独具特色的、系统完整的“档案馆”“资料库”。四是促进成才。可以说，做笔记是一条成才的途径。在学习、研究、创造之间本无明显的界限，从笔记到论文或到著作，总有一个循序渐进、从量的积累到质的飞跃的过程。鲁迅先生说："无论什么事，如果继续收集材料，积之十年，总可以成为一学者。"同类资料积累多了，经常相互对照，就会形成自己的观点，古今很多学者都是从这条道上走过来的。

那么怎样做笔记呢？这里简单介绍几种。

（1）抄录笔记。抄录笔记分两种，一种是全抄笔记，即对整篇文章或一本书照录无遗；另一种是摘抄笔记，即对重要段落进行摘要抄录。做抄录笔记应该注意抄后校对，避免漏误、以讹传讹，然后要清楚地标明出处、作者名，以备日后查考。

（2）卡片笔记。在卡片上做笔记便于存贮、查找。卡片规格一般是128开，再小些也可以，在文教商店可以买到现成的。卡片上一般印有资料类别、编号、出处、著译者姓名、内容提要等，应注意的是每张卡片只能抄写一个内容，抄写完毕要及时进行分类归档或装订成册。

（3）批语笔记。批语笔记即在书页的空白处随手记下对原文的个人意见。有的是对文章思想性和艺术性的评论；有的是自己的心得体会和疑难之处；还有的是标注原文在遣词用字上的谬误。毛泽东同志读书时最善用此法。由于识记中"参与"意识强化了，记忆的效果就更好了。

（4）符号笔记。即在原文之间标上符号以理解原文的方法。常用的符号有黑点、圆圈、直线、曲线、双线、红蓝色线、箭头、方框、三角、惊叹号、问号等。

在使用符号时要注意，符合代表的意义必须明确，前后要保持一致；各种符号不能过多过密，否则令人目眩，重点也难以突出。

（5）概要笔记。即对某书、某篇文章概括重点后写出简要的笔记。这种方法要求语言叙述要简短、概括并抓住重点，不能对原文的基本内容有重大改变。

（6）心得笔记。即在读书、思考、交谈中偶有所得，随手录下的笔记，如常见的随笔、札记等即是。这是笔记中的高级形式。记这种笔记不能敷衍、粗枝大叶，否则即使写得再多也不会有好效果。

（7）专题笔记。这种笔记是专业工作者常常运用的，它要求先确定题目，内容上要专一、单纯，切忌庞杂，但形式可以多种多样，如文摘、简报、谈话等。这种笔记要求必须注明出处、作者、页码乃至收藏单位，以各专题研究之用。

（8）日记笔记。即日记形式的笔记，特别是顺序性强，有时间的查考价值。

（9）听讲笔记。即听报告、听课时做的笔记。记此笔记要求速度．有人总结出“三记三不记”的原则，即重点问题、疑难之点、书上没有的内容要记，次要问题、易懂之点、书上有的内容不记，即大可不必有闻必录。

（10）观察笔记。即对生活观察的记录。做这种笔记要注意细节，抓住特征，特别是对带有专题考察性质的观察，一定要注意前后比较和顺序上的变化。

笔记的形式当然不止这些。记笔记的目的在于运用，怎样运用，采用怎样的形式、方法，可根据自己的习惯，使其充分发挥作用。

十八、卡片记忆法

把要记忆的材料抄写在卡片上，随时拿出来复习，这种方法叫作卡片记忆法。卡片是记忆的仓库，因此卡片记忆法适用于记外文单词、词组、名词概念、历史年代、地理数据、发言提纲、听课的笔记等。

古往今来，凡是在事业上有成就的学者、科学家，在日常读书和学习时都非常重视资料的积累，注意用卡片来帮助大脑记忆。虽说他们当中不少人才华出众，思维敏捷，聪明异常，记忆非凡，但是他们绝不单纯依靠自己的记忆力。

相信自己的记忆，但又不完全依赖于它，这才是聪明的。

要知道，就其准确性、稳定性和持久性来讲，任何好用的大脑都比不上笔记和卡片。俗语说："最淡的墨水胜过最强的记忆。"

卡片可以自己制作（或购买），但规格要统一，最好是选用稍硬些的纸。要求卡片两面都是白的。

在卡片上写要记忆的材料时，一定要一正一反书写。若正反面的字用不同颜色的笔抄写，可便于区别。如：

外语单词：正面——attention　反面——注意

历史年代：正面——淝水之战　反面——383年

历史名词：正面——祖冲之　反面——相应的概念

名词概念：正面——世界观　反面——相应的概念

做好卡片后，先进行集中识记，外语单词一次可进行50个，各种名词概念可进行10~20个，年代数据一次可进行20～30个。基本上记住后，可把卡片像洗扑克牌似的混放在一起，然后从上面一张背起，看正面背反面的，看反面背正面的。背出的放在一边，背不出的放在一起，再来一遍，直至全部背会。

这样，隔一两天再记一次，及时复习，效果会更好。久而久之，会使你的记忆艺术更精湛。

这种卡片法记忆有两点明显的好处：一是因为卡片是单张的，没有顺序性，可随意组合，这就避免了前摄抑制和后摄抑制的影响。同时，常摆常记，给人以新鲜感。二是能提高记忆兴趣，卡片越记剩得越少，兴趣盎然，还可以开展比赛，引进竞争机制，看谁记忆得多，萌生了这种竞争心理，创造了这种竞争条件，更会促进记忆。

已经记住的卡片，可以按字母顺序、课文顺序、词类加以分类，放入卡片箱，并随时清点数目，经常了解自己已掌握的词汇量。

用卡片记忆法记发言提纲、教案、台词等内容时，应该用较大、较厚的卡片，最好是从文具商店买来的卡片，上面列有题目、做卡片时间等项目，以便分类和保存。

十九、运算记忆法

对繁杂、枯燥的识记对象，借助运算的方法进行记忆，叫作运算记忆法。

在学习和工作中，大家经常会碰到一些需要记住的数据，尤其突出的是历史年代和电话号码。有些数据可以转化成简单的算式以帮助记忆。

把需要记忆的数据化成简单的算式，会出奇制胜，从另一个角度加深我们对数据的印象，下面介绍一些具体做法。

（1）加法。李时珍于1578年写成闻名世界的药物学巨著《本草纲目》，可想为15 = 7 + 8；法国农民起义是1358年，可以想为13 = 5 + 8。

（2）减法。周平王东迁，东周开始的时间是公元前770年，可想为7 - 7 = 0；日本幕府政治建立于1192年，可想为11 - 9 = 2。

（3）乘法。1644年清军入关，明朝灭亡，可想为16 = 4 × 4；蒙古灭金时间是在1234年，可想为12 = 3 × 4。

（4）除法。秦统一于公元前221年，可想为2 ÷ 2 = 1；魏灭亡蜀汉是263年，可想为2 = 6 ÷ 3。

（5）叠加法。

①叠加一。三国建立的时间：魏220年、蜀汉221年、吴222年，顺序是按加一递增；党的一大、二大、三大也是一样，1921年、1922年、1923年，按加一递增。

②叠加二。1917年的十月革命，1919年的五四运动，1921年的中国共产党建立，顺序是按加二递增。

③叠加十。1901年《辛丑条约》的签订，1911年辛亥革命爆发，1921年党的“一大”召开，1931年日本发动“九一八”事变，1941年国民党发动皖南事变，顺序是叠加十；1917年张勋复辟，1927年“八一”起义，1937年“七七”事变，1947年中国人民解放军转入反攻，也是加十递增。

④叠加百。1689年《中俄尼布楚条约》签订，1789

年法国革命爆发，1889年第二国际成立，顺序是叠加百。

不要小看一道简单的算式，它会为你的回忆留下一条引线，只要你想到其中的一两个数，整个数据就会“脱颖而出”。实在想不出时，你可以用“碰”的方法默念一些数字就有可能牵引出来。

二十、歌诀记忆法

把识记对象编成顺口溜，赋予它们一定的音韵和节奏，使对象合辙押韵，朗朗上口，易记易背，这叫作歌诀记忆法。

歌诀记忆法是一种应用广泛效果很好的传统记忆方法．只要肯学，不难掌握。

歌诀记忆法与谐音记忆法一样，具有事半功倍的奇效。记忆经验告诉我们，有节奏有韵律的对象比没有节奏没有韵律的对象要好记忆得多，而歌诀记忆法正符合这一规律。

比如许多工厂把工人、干部的岗位责任制度编成朗朗上口的歌诀，使每个工人、干部都能熟记。许多幼儿、少儿以至小学里的教材都是采用歌诀法的形式的。如小学课本中“南风吹，小麦黄，农民伯伯割麦忙”、“早上空气好，小学生起得早，整整齐齐排好队．大家都来做早操，伸伸臂，弯弯腰，天天锻炼身体好”，对小学生进行了形象和生动的教育，使学生对此有较浓厚的兴趣。

下面介绍几首实用的记忆歌诀。

（1）周恩来同志生前编写的一首诗，以记忆我国30个省市区的名称（现在应加上海南省、重庆市和香港、澳门两个特别行政区）：

两湖两广两河山（湖南、湖北、广东、广西、河南、河北、山东、山西），五江云贵福吉安（江苏、浙江、江西、黑龙江、新疆、云南、贵州、福建、吉林、安徽），四西二宁青甘陕（四川、西藏、辽宁、宁夏、青海、甘肃、陡西），还有内台北上无（内蒙古、台湾、北京、上海、天津）。

（2）中国古代没有标点符号，读书人必须会断句。古文断句歌诀是：

“曰”后冒（：），“哉”后叹（！），
“于”“而”一般在中间，
“耶”“乎”经常表疑问（’），
“矣”“耳”表示一句完（。），
“也”“者”作用表停顿，
或句（。）或逗（，）酌情看。

（3）改病句口诀：

修改病句莫怕难，
领会本意第一关。
尊重原句少改动，
全力找出病根源。
成分应该搭配好，
结构完整不缺欠。
合乎逻辑指代明，
其他毛病不放宽。

（4）汉字书写笔顺歌：

先上后下，
先左后右，
先横后竖，

先撇后捺，

先外后内，

先中间后两边，

先进去后关门。

（5）识“摊”字歌诀：

“推”字两分开，

“又”字插进来。

编歌诀的方法很多，现介绍几种。

·罗列法。按照识记对象的先后顺序，将其处理成为有韵律的歌诀，避免大幅度跳荡和起伏。如《现代汉语修辞歌》：

比喻、借代、比拟，

夸张、双关、反语，

设问、反问、反复，

对照、对偶、排比。

·概括法。用简单扼要的语言、高度浓缩的方法编写歌诀，如《历史朝代歌》：

夏商周秦西东汉，三国两晋南北朝，

隋唐五代及两宋，元明以后是清朝。

·形象法。要求歌诀不但要合乎韵律，而且要生动、形象，给人造成清晰可见的印象。如数字歌：

1 像铅笔细长条，2 像小鸭水上漂；

3 像耳朵听声音，4 像小旗随风摇；

5 像秤钩来卖菜，6 像豆芽咧嘴笑；

7 像镰刀割青草，8 像麻花拧一遭；

9 像饭勺能盛饭，0 像鸡蛋做蛋糕。

·简缩法。如《二十四节气歌》：

春雨惊春清谷天，夏满芒夏暑相连。

秋处露秋寒霜降，冬雪雪冬小大寒。

·联想法。如区别“买”“卖”二字用联想编的歌诀，就很容易记：

少了就买。

多了就卖。

·歌谣法。把本身联系很少的材料编成“顺口溜”，增加趣味性，便于记诵。如“弟”字的笔画较多，可记为：

一个小弟弟，

梳着小分头，

右手叉着腰，

抬腿向左走。

·特征法。如区别“己”“已”“巳”三个字的歌诀：

堵巳不堵己，

半堵才念已。

·对比法。记代数公式 $(a \pm b)^2 = a^2 \pm 2ab + b^2$ 时，也可以编成歌诀：

首平方，尾平方，

首尾两倍在中央，

二次符号看前面，

它们两个都一样。

·综合法。同时运用几种方法编写的歌诀，如“熟”字的写法口诀就是采用罗列法、特征法、形象法编出来的：

一点一横长，口字在中央，

子字来报信，九点一齐忙，

下点一把火，烧熟一锅汤。

在编写与使用歌诀时要注意以下几点：

（1）不难记的无须编歌诀。

（2）歌诀最好由自己编写。

（3）歌诀一定要准确精练。

（4）歌诀要注意韵律，不能搞成散文，那样会失去意义。

（5）对别人编写的歌诀要认真理解。

二十一、朗读记忆法

在识记时，不妨把识记对象念出声来，这样不但增加了舌头与喉咙的感觉，连耳朵也能听到自己念出的声音，这叫作朗读记忆法。

朗读记忆法，不但能帮助记忆，也是构成持久记忆的必要条件。

朗读时，发声这个能动因素和“耳听”这个被动因素同时工作，对大脑的刺激比单纯默读强得多。特别是头脑不够清醒时，朗读可以使思想集中，效果更明显。

宋代的朱熹就主张朗读，他说：凡读书，需要读得字字响亮，不可误一字，不可牵强暗记。而且要“逐句玩味”“反复精详”“诵之宜舒缓不迫，字字分明”。这样，我们可以深刻领会其材料的意义、气韵、节奏，产生一种“立体记忆”的感觉。

学外语，朗读比默念的记忆效果好。美国俄亥俄大学心理学教授哈罗德·伯特和H·G·贝克两个人曾做过实验，结果表明：发出声音读单词能使该单词牢牢地留在记忆中。在一次实验当中表明：发出声音读比只用眼睛看多记住34%的单词。

有一个学生，每当遇到需要背书的时候，就拿着课本跑到郊区的山上，独自大声地朗读。这时念书的声音与山里的回音产生共鸣，也因此使他提高了记忆的效果。虽然长年生长在都市里的人要寻找一个能大声朗读的环境很不容易，然而只要自己稍微留意，还是有些地方可以让自己高声朗诵的。考试前不妨试试用这个方法。念出声音确实可以帮助你记忆。

只要在不影响他人的情况下，我们可以利用一切机会朗读外语，这还可以提高口语能力。学习中文的同志更应注意朗读背诵训练，这可加强记忆，增进文学修养，又可提高语言的表达能力，对于今后从事写作、语言交流、教学等都是非常有益的。

二十二、数字记忆法

数字和我们日常生活密不可分。从我们每个人的身份证号、学号、电话号码以及各种学科里的数字、年代等，正在显示对数字的记忆已经更加重要了。

π的数值一般仅用3.141 6，而我国著名的桥梁专家茅以升能背到小数点以下200位，每年他对π值还要默核一遍，这种好学不倦的精神很值得我们学习。

几种数字记忆法：

（1）赋予意义法。例如，当我们要背$\sqrt{2}=1.414\ 21$时，我们如果赋予它“意思意思而已”的意义时，相信各位一定终身都不会忘记的。

（2）理解法。对记忆的对象必须能理解，理解得越深．就记忆得越牢。当你细察人的头像时，就知一眼之长刚好是两侧额距的1/5。还有正三棱锥的高，正是任一边长的0.8165倍。这些，你若能自己验证一次就更好了。在记电话号码时也可用理解法，如25161，可记为“两个节日——‘五一’和‘六一’”。25364这个电话号码，是2，3，4三个连续自然数的中间依次插进5和6。

（3）谐音法。用类似数字发音的常用语言表示的方法。如236（乘法：二三得六）、238（梁山伯）、8165（不亦乐乎）、78159（吃罢一壶酒）、51389（我要散白酒）、5018（武林一霸）、41477（试一试吃吃）。

（4）假借法。利用生活中的数字、语言，假托记忆的对象。如日本富士山高12365英尺（12个月365天）、我国铁路标准轨距为1435毫米（一市三虎）、珠穆朗玛峰的高是8848米（爬爬试吧）。

（5）分析法。把一串数字加以分析，找出具有规律的记忆方法。如2610141822263034（等差级数，公差为4，首项为2，共9项）、618541624861458（等比级数，公比为3，首项为6，共6项）。

（6）歌咏法。对数字用歌谱来表示的记忆法。如有一笔款项，金额是5656161元（《秧歌舞》第一节的歌谱）、55621162元（《东方红》歌曲中的歌谱）。

（7）诗画法。诗中有画，画中有诗，相互辉映，其乐无穷，这是种很形象的巧妙记忆法。如 $\pi = 3.1416$（山巅一狮一鹿）、5773357（无锡锡山山无锡）、太阳与地球的平均距离为 1.4960×10^8 公里（一狮九鹿凌空飞，记小数点，10^8 和公里）。

（8）象形法。把数字象形化而达到记忆的方法。如把“0”象形为“蛋”或“洞”等。

（9）混合法。把两种以上的方法结合应用的记忆法。如64 501.9（肉丝鹅蛋一点酒）；某洗衣店电话号码是15477，用谐音和歌咏法即成“衣污时洗洗”；1964年10月我国成功地爆炸了一颗原子弹，你看！这么一安排1+9=6+4=10不就更容易记住了吗？

（10）熟化法。如我国金门、马祖、台湾和其所属的澎湖列岛面积共35 981平方公里，359可记成“三五九旅”，“81”可记为“八一”建军节，因此35 981可记为359旅在“八一诞生”。

（11）特征法。如“玄武门之变”是626年，淝水之战是383年，都是前后两数相同。1234年蒙古灭金，“1234”是一连续的自然数。

（12）运算法。详见本书《运算记忆法》。

（13）联想法。如2 014可以这样想象：2是烤鸭，0是鸭蛋，1是冰棒，4是剪刀。联想为“一只香喷喷的烤鸭，突然从盘子里站起来，一用力，下了一枚饭碗一样太的大鸭蛋，接着又下了一支直冒凉气的牛奶冰棒，最后竟然下了一把锋利的剪刀”。

（14）回文式。顺读倒读都可以，而且完全一样。如“41 914”“1 881”等。

二十三、争论记忆法

通过与别人对学习材料进行争论、探讨，使大脑高度紧张，以强化记忆的方法，就叫作争论记忆法。

争论有助于记忆是符合人脑的活动规律的。在进行争论的时候，使人全神贯注、高度兴奋，这样建立的记忆联系势必强烈而集中。此时，一方面全神贯注地听取对方的意见，同时分析其中的正误；一方面积极思维，评论。对方的见解，阐述自己的观点。在这种情况下，信息输入大脑容易留下较深刻的印象。

争论是记忆的益友，它可以帮助我们检查记忆的准确性。“智者千虑必有一失，愚者千虑必有一得”。人们记忆的知识，因为个人的局限性，总免不了要有一些谬误。通过争论，错误暴露出来，得到了纠正，从而形成正确的记忆。同时，记忆正确的知识也得到检查和应用，记忆的牢固性得到了巩固和深化。

争论还可以使争论双方开阔视野，拓宽思路，互相受到启发。在争论中，由于注意力高度集中，无论是听到一个新观点还是发现一个新论据，无论是自己被驳得体无完肤还是对方甘拜下风，都是一种强刺激，都能留下深刻的记忆。

运用争论记忆法要注意以下几点：

（1）动机要正确。进行争论的目的是为了辨明知识的准确性，从而加深理解和记忆。

（2）态度要端正。进行争论时要保持善意、求知的态度，不要钻牛角尖，死要面子。

（3）方法要正确。要围绕中心议题进行争论，要独立思考。切忌人云亦云、不懂装懂。

二十四、谐音记忆法

根据记忆对象的声音编成另一句声音相似的话，利用二者音调和谐音产生的效果来帮助记忆的方法，叫作谐音记忆法。谐音记忆法最适宜记那些比较短却又难于记忆的东西。

借助于谐音，赋予对象以引人入胜的意义，常常能收到简便易记而经久不忘的效果。

谐音记忆法为什么能提高记忆效果呢？这其中的奥秘就在于它的双关性。通过谐音，可以使识记对象具有双重意义。这样，一开始，识记对象便成双结队地输入大脑，并分别与大脑中已有的知识结构的不同层次相结合。等到我们去回忆提取时，自然就多了一条渠道，这时只要双关语的此一侧面能够再现，那么彼一侧面电往往随之而出。根据这一原理，我们可以对某些零碎的、散在的、毫无意义的材料进行谐音处理，以形成新奇有趣的诗句，这样就容易输入和方便提取了。

下面试举几例：

马克思逝世于1883年，可记为“一爬爬上山”；$\sqrt{2}=1.41421356$，谐音为“摇石椅，四儿摇，甚无聊”；$\sqrt{3}=1732050$，谐音为“一奇山，两岭无洞”；化学上，下列金属元素的活动顺序是：钾、钠、钙、镁、铝、锌、铁、锡、钳、铜、汞、银、铂、金，谐音为“加那个磨驴、新铁细钱筒，共一百斤”。

利用谐音记忆法记忆事物，往往能收到事半功倍的效果，但是，如果谐音不准确，很可能弄巧成拙。同时，它的应用范围也是有限的，不能处处生搬硬套，只有零散的、晦涩的、枯燥的、简短而又无意义的材料，才宜选用并能奏效。所以应注意，在运用谐音记忆法时一定要考虑到材料的性质，一定要使材料变得妙趣横生才好。

二十五、多通道记忆法

人要记忆外部信息．必先接受这些信息，而接受信息的“通道”不止一条，有视觉、听觉、嗅觉、味觉、触觉等。有多种感知觉参加的记忆叫作“多通道”记忆。这种记忆方法的效果比单通道记忆强得多。

人们在接受外界信息时，由于感觉的器官不同，记忆的保持率也会有所不同。

专家经过试验得出结论：学习者在接受知识时，如果只靠耳听，3 小时后保持 70%，3 日后只保持 10%；如果只靠眼看，3 小时后保持 72%，3 日后保持 20%；如果用眼耳结合的视听法，3 小时后能保持 85%，3 日后可保持 65%。

还有一些专家得出的结论是：如果只靠口念，过一段时间后只能记忆 10%；只靠耳听只能记 20%；只靠眼看能记 30%；如果听看结合，能保持 50%；如果边听边看边说再亲自动手做，记忆可保持 70% 以上。

现代科学研究证明，单凭听觉，每分钟只能传达 100 多个单词，而视觉传达的速度是听觉的 2 倍，视觉和听觉同时作用，传达的速度则是听觉的 10 倍。

前人的经验也证明，多种感知参加的记忆效果好。宋代学者朱熹主张读书必须做到“心到、眼到、口到”“心不在焉，则眼看不仔细，心、跟既不专一，却只孟浪诵读，决不能记，记亦不能久也”。鲁迅则主张“五到”。他少年时期曾在一张书签上写道：读书要心到、口到、眼到、手到、脑到。心到指集中精神，全神贯注；口到指开口读书，诵声响亮；眼到指目光专注，看得仔细；手到指勤于动笔，抄抄写写；脑到指多动脑筋，多加分析。

心理学实验也证明．在相同时间里，第一组学生只是听老师念一段课文，第二组学生听老师念完后自己念，第三组学生又听又念又默写，结果，第三组的记忆效果最好，第二组次之，第一组最差。

因此，我们在背诵诗词、文章，在记忆公式、定理、单词的时候，不仅要用眼看、耳听，还要念出声、动手写，甚至比比画画地表演、动作一番。

中国有句俗语：“百闻不如一见，百见不如手过一遍。”记忆的规律就是这样：愈是动员的器官多，愈能记忆深刻。因为同一信息，通过眼、耳、口、鼻、手等器官去接受，使大脑皮层各个相应区域同时开了绿灯，都兴奋起来，这样它们之间又互相建立了条件联系，联系道路多了，和原有的知识也挂起钩来，留下的“痕迹”也就深刻，自然记忆也就牢固了。

总之，“多通道”记忆法，能够动员脑的各部位协同合作来接受和处理信息，这就好比用 5 个手指抓东西比用 1 个手指拿东西效果好得多，道理是同样的。这种方法在掌握各种语言文字的过程中显得更加重要。因为不论哪一种语言，学习的目的总是为了读、写、听、说，这 4 种能力恰恰是信息输入和输出的 4 种不同的通道。因此，有经验的语文和外语教师都主张学生要多听、多说、多读、多写。

教师领读和学生跟读、听课时的边听边记也都是“多通道”记忆法的具体应用。

多通道记忆法的基本原则是多种感官联合行动，但也不是在任何情况下都要把所有的感官调动起来。有时，根本不可能；有时，也根本不需要。在既需要又可能的条件下，各种感官采取联合行动当然最好。条件不允许或不必要的时候，能动用几种感官就动用几种，只要能尽量动员各种感官在大脑中留下较深的痕迹，就会达到目的。

二十六、自问自答记忆法

只是把材料或事物记忆下来，并没有多大的用处，必须能想出来才有用途。那么，怎样做才能容易地想出所记忆的材料或事物呢？对一次记忆下来的材料或事物常常有意识地在脑海里自问自答，这样能使记忆的痕迹更加深刻。

例如，过去发生的火车事故或大地震，遭灾的人几乎多数死亡，那些为数不多的死里逃生的人，主要是靠冷静的行动逃脱出来的。仔细考察这些幸存者，发现他们中间多数人都具有一个特点，那就是经常运用这种“自问自答”的方法，准备应付紧急发生的事故。有人假设各种灾难发生的情况，例如，假设“发生地震，走廊倒塌，无法逃脱，那怎么办？”“由后门出去。”“后门也出不去，怎么办？”“由睡房的窗户逃出去。如睡房窗户的高度与围墙的高度差不多，然后再从围墙跳出去。”“围墙倒塌了，怎么办？”……诸如此类，在头脑里假设多种处理办法，重复地加以练习，碰到真正发生地震时就马上应用上先前设想过的办法，逃过大难，得以生存。

在考试的时候，面对考试卷，不必因为一时的忘记而烦恼，因为自问自答的方法能使你立刻解决问题。记忆下来的事情，经常在头脑中自问自答，以强化记忆，自然会容易地想出答案来。

二十七、自我考试记忆法

在学习中，通过自己考自己来增强记忆的方法叫作自我考试记忆法。

《孙子兵法》中说：“知己知彼，百战不殆。”我们只有充分了解自己的记忆程度，才能有把握去考试，去进一步学习。经常运用自我考试的方法，可以使我们确切了解到自己学习得如何，知道哪些知识自己学会了，哪些知识没记住，哪些地方记混了、有误差，再进行复习时就能马上核实订正，免得一误再误、以讹传讹。通过自我考试，可以培养自己灵活运用知识的能力。在正式考试时，考题不可能都是书上原来的样子，往往要变换角度，且综合性很强。如果我们只是机械地照搬书本、死记硬背，就很可能束手无策，不知从何下笔，答不好卷或交白卷。但如果平时经常运用自我考试法，对所学知识能从多方面消化，那么考试时就会临阵不慌，即使是出乎意料的题，因为平时训练有素，也会“灵机一动，计上心来”，圆满地处理好。其次，用自我考试法能增强复习时阅读的注意力，考试题本身就能够调动大脑的积极性。这也是在复习功课时变换各种方式加强记忆的有效的方法之一。

运用自我考试法有以下几种方法可供参考：

(1) 定期考试法。这就是说，自己需订个自考计划。在时间上可在当天晚上或隔一两天自考，主要是回忆一下。在课程内容上，可以单元考（阶段考）和全书考。一个单元学完了，应该问问自己学会了什么，这个单元要求我们掌握多少知识，找找差距，随时补救；一本书学完后，可翻开目录，逐次回忆内容。有单元考的基础，全书考就没有多大问题了。

(2) 随时考试法。即随时随地自己考自己。这种方法适用于学外语。先做些卡片，正面写单词，背面写汉字，揣在兜里随时可拿出来测试。如等车、走路、开会前等零散时间都可见缝插针地利用。

(3) 默写自试法。汉字、外文等都是有其形的。默写出形的记忆比只看不写的记忆效果要显著。因默写时注意力高度集中，大脑积极活动且与眼、手、口等配合密切，必然使记忆能很好地巩固。写完后要与答案对照，及时发现错字，因为有些是习惯性错字，自己不察觉，把错的当对的记，只有写出后对照原文才能发现。

(4) 设问自答法。很多优秀教师都注意教学民主，平时经常让学生自己出题考试。这样，学生就可以设想如果自己是老师的话该出什么题考学生。如果自己给自己提些问题，从多种角度设问自答。常常会收到意想不到的效果。

(5) 互问互答法。自考法并不只限于自己，是指老师以外的学生自己。同学间、同座间都可以互相提问互相回答，这样会加快学习速度，收到良好效果。这种方法可激起各自的竞争心理。另外，互问互答又能互相启发，取长补短。再有，这种方法还可培养兴趣，互为勉励，答对的还可帮助提高表达能力。有人认为自测法是“自找苦吃”，其实这是他还没有尝到甜头。大家都不妨试试，保证会让你苦尽甘来。

二十八、意义替代记忆法

把本来无意义的抽象材料加上一定的意义，用记忆这种意义来代替对原来无意义材料的记忆，这就是意义替代记忆法。

意义替代记忆法适于记忆人名、数字等抽象材料。据说有一所学校的老师天天上山与山顶寺庙里的和尚对饮。一天临走时布置学生背圆周率，要求背到小数点后第 22 位：

3. 141 592 653 589 793 238 462 6

大部分学生背不出，十分苦恼，有一个聪明的学生就把老师上山喝酒的事编成几句话，让大家读，待老师喝酒回来，个个背得滚瓜烂熟："山巅一寺一壶酒，尔乐苦煞吾，把酒吃，酒杀尔，杀不死，乐尔乐。"这个故事中的聪明学生用的就是意义替代记忆法。

还有人用意义替代记忆法记忆下列平方根：

$\sqrt{2}$ = 1. 414 213 56（意思意思而已，甚无聊）；

$\sqrt{3}$ = 1. 732 050（一起商量懂勿懂）；

$\sqrt{5}$ = 2. 236 067（亮亮山路，多离奇）

$\sqrt{6}$ = 2. 449 489（粮食是酒，是白酒）；

有人把电话号码的后四位数换成读音相近的成语或词语来记忆，下面试举几例：

5 159（无鱼无酒）	8 431（拔丝山药）
1 728（一穷二白）	1 729（一蹴而就）
7 086（七零八落）	2 314（两山一寺）
6 315（寥胜于无）	1 697（因陋就简）

当然，意义替代法只是在记忆个别抽象、难记的材料时适用，并不能适用于所有材料和所有的情况。但是这种方法在日常生活中却很有用。记人名也可用这种办法，例如记"国光"这个名字时，只要想到"这人的名字是一种苹果的品种"；记"卫平"这个名字时，想想"他出生在和平受到威胁的年代"；记"麦克唐纳"这个名字时，用"买颗糖果"来代替，下次回忆时，就不会感到费劲了。

二十九、及时复习记忆法

在识记某一材料之后的适当时候加以复习，巩固记忆，这种方法叫作及时复习记忆法。

复习是学习之母，复习可以巩固记忆，这个道理是人人皆知的，但是未必人人知道学习之后在什么时候复习最好。

很多人在学习中不注意及时复习，他们常常是在每天上完课以后，不看书，不看笔记，等到考试前才“突击”复习。这时候，由于间隔时间太长，东西堆积太多，已经忘得差不多了，没忘的东西也容易互相干扰。这样做，学习效率肯定是不高的，在智力同等的条件下，这样做要比别人花更多的时间。

记忆材料或事物的复习时间间隔以多长为合适呢？实验表明，时间间隔与人的年龄有关。年岁大的人，时间间隔可稍长一些，而年岁小的人，时间间隔要短一些。实验证明，在学习完一个材料以后，在间隔分别为1天、3天、6天的情况下，学习效果以1天间隔为合适。越是年岁小的人，就越是要及时复习，时间一长，就容易遗忘。有的学者认为，学习外语，记忆单词或句子在24小时内进行复习效果最佳。这是不是说复习的时间间隔越短越好呢？实验指出：时间间隔过短对记忆的巩固同样是不利的。有一个实验材料表明，复习之间的间隔为半小时的时候需要复习11次，间隔为两小时的时候需要复习7.5次，而间隔为10小时的时候只需要复习5次。可见，间隔时间过短反而对记忆的巩固不利。

要记忆的材料或事物犹如浩瀚的海洋，难以记忆。而一些人有一种坏习惯，对难以记忆的丢弃不管，继续记忆别的。他们都晓得重复的复习对提高记忆的效率关系甚大. 但却不愿一直读下去，他们认为经过几天再复习一两次就可以了。有这种看法的人比人们想象的还要多。也就是说，认为几个小时后或几天后再复习效果完全一样的人很多。假使你抱着这种态度，以往所付出的心血会付之东流。因为同样的复习，如果在最初记忆的几个小时内练习，就能得到较为理想的效果。

怎样进行科学的复习呢？具体地说有以下几点：

（1）及时复习。不能认为隔几个小时复习和隔几天复习是一码事，都是重复一遍，而要及时地抓紧时间复习。复习时间根据每个人的年龄、知识量等有所区别，但一般不能超过两天。

（2）经常复习。要想记住所学的知识，单靠一次及时复习还是远远不够的。还必须使复习经常化。这样，就可使记忆的痕迹经常得到强化，防止遗忘。

（3）分散复习。通过心理学实验证明，分散复习比集中复习效果要好。分散复习可以相当程度地消除抑制，减轻大脑疲劳，保持大脑神经的兴奋，同时间隔的时间还能起到巩固记忆的作用，这样就能大大地提高记忆的效率。

（4）早晚复习。一天中清晨和晚上夜深人静时的复习效果较好，因为在这两个时间里大脑所受的干扰最少。

（5）计划复习。复习时，在时间安排和内容分配上要具有科学性，切忌“打疲劳战”。

（6）深化复习。这种方法能使所记材料遗忘得慢些。深化复习，就是不满足于对识记内容的刚刚勉强记住，而是要在此基础上“趁热打铁”，继续复习，以便牢固掌握它。但深化复习也要适可而止，如果复习某种材料需要30分钟或需要6遍刚能记住，那么深化复习的最佳限度就是45分钟或9遍。

（7）变化复习。实践证明，复习方式多样化比简单化重复复习的记忆效果好。复习方法的多样化，应该从内容和形式两方面来考虑。内容上，多学科应交替进行，同一内容可变换角度，从基本型到综合型灵活运用。从形式上，可以采用回答、填空、选择、判断、论述、简答、改错、一题多解等各种类型。从方法上，可以运用比较、归类、熟记、背诵、制表、画图、笔记、反复阅读和尝试背诵结合等。这样，复习时就会感到新奇，使大脑兴奋，充分发挥独立思考能力，复习才会有比较理想的效果。

三十、历史事件与年代记忆法

在学习历史中有许多历史事件与年代需要记忆，这是几乎所有人都一致认为最困难的事情，下面向读者介绍一种记忆方法。

（1）历史事件记忆法，可采取模拟经历法。在学习历史时，比较难记的往往是历史年代、历史人物以及每个朝代的大事等。

在我国上下5 000年的历史中，历史人物、事件浩如烟海，难怪许多学生为此叹息。

但是，只要我们回忆一下，在我们的一生中不是也有许多事情发生吗？虽然有些忘了，但大部分还记得，尤其是只要我们有意识地回忆，人生各个时期发生的一些大事可能就会终生忘不了。为什么自己经历的事总是忘不了，而历史的年代、大事又记不住呢？这主要是自己经历的事对自己有影响。因此，要记住历史大事和年代，我们也不妨把自己摆进去。

模拟经历法，就是针对某一历史事件，想象你自己是一个当事人，比如你是一个起义者，或是一个科学家、帝王。

例如，在学习明末农民战争一节时，你可以想象自己就是李自成，再想想你为什么起义，起义的经过怎样，像李自成一样去“做”（在想象中做），这样无形中你就掌握了这一节的知识。

（2）历史年代记忆法。学历史有许多历史年代需要记忆，怎样记忆呢？

①特征记忆法。先把你熟悉的能准确记住的历史年代除去，然后找出有特征的年代来记忆。如努尔哈赤建立后金是1616年，这个年代很有特征，两个16很容易记住。再如，我国历史上有些朝代冠以东、西或南、北。有东、西的，往往西在前东在后（像西周、东周、西汉、东汉等）；有南、北的，往往北在前南在后（如北宋、南宋）。搞清这一特点，再记年代就不至于混淆了。

②推算记忆法。运用所学的知识进行推导。如鸦片战争是在1840年爆发的，黄巾起义比它少一个“0”，即184年爆发。中法战争在1884年爆发，10年后的1894年便爆发了中日甲午战争。

③多次反复记忆法。把历史事件与发生的年代写在小本子上，利用零星的时间反复读记。

④联系记忆法。对于整个历史年代表，就必须用联

系记忆法了。此法可以先把你要记的历史年代与你最熟悉的人相联系，把那个人就想象成一个历史年代。为了能达到最好的记忆目的，这种想法最好能有一点奇妙的联想，并加强趣味性。例如，你要记忆“唐朝建立，隋朝灭亡”的年代，你就找一个你的姓唐的好朋友，想象他618年打败了一个姓隋的敌手，建立了唐朝。又如你要记忆文成公主入藏的年代，你就想象你的某女同事641年结婚。用来与年代联系的人最好是你常见的人，这样一见到他，你就想到了历史年代，记忆效果很好。

那么与多少人联系为好呢？最多不要超过40个，而且每天最好与四五个人联系。如果你是个学生，最好以你班上的同学相联系，这样效果更佳。如果你与某人联系的历史年代能熟练地记忆了，那么由此类推可再与他联系第二个或第三个年代。

例如，1840年是我国近代史的开端，比它早200年的1640年则是世界近代史的开端。再如，公元前476年是我国奴隶制社会结束的年代，而公元476年则是欧洲奴隶制结束的年代。

（3）世界地理的列表比较记忆法。世界地理的学习是初中地理学习的一部分，它的内容主要是以7个大洲的地理概况及洲内各个分区（以某几个主要国家为代表）的地理为主。它的学习内容是比较多的。有些同学认为要掌握这么多的内容实在是不太容易，其实不然。这是他们没有好的学习方法，如果学会一些科学的学习方法，即使学习的内容多一些也没什么关系。列表比较法就是一种简单易行而又非常有效的学习地理的方法。列表比较法就是把两个或几个地区的地理特征列成表进行比较的方法，以便更好地记忆。

三十一、外语单词记忆法

如果你想学好外语，最初应先学好常用的 1 000 个单词。可怎样才算常用单词呢？你不妨去找初级课本来阅读，碰到新的单词，就集中注意力去观察、比较、理解，而且尽可能地反复练习，切不要急于求成。如果你想要更深入一步的话，还应该多搜集几种不同的编法的初级课本来做辅助学习，通过反复的作用，增进对词汇的感性认识，加强记忆，使它们一个个在你的脑海中生根。在学习计划和进度的安排上讲究实效，稳扎稳打，学一个记一个，学一打记一打，贪多冒进只会适得其反。

在选择内容时，应尽可能选择合乎你的趣味、与你的工作业务有关的课本，那么你读书的时候就有寻幽探胜的好奇心，弄懂了、记住了、写出了或讲出了一定内容，你会感到怡然自得的满足，获得精神文化的享受，从而提高学习的兴趣和信心。

要认真地记忆，还必须深入细致地对单词进行观察，进行词的研究，分析各种词意的联系及各种不同用法，进行拼、读、写，运用多种感觉，尽可能地作同义、反义、同音等的联想，实行视觉化，训练辨形识义的经验。此外，背诵也是必不可少的，生字本也不能废。

阅读是很重要的基本训练。刚开始读得慢一点，然后把已经了解了的地方一个意群一个意群地快读，并逐步养成在读的时候浮现出概念的办法。就是说对于已经掌握了意义并能快读的地方，训练一下不通过中译文而领会句子意义的能力，如果这一步能解决得好，以后读外文就完全不用把它转为中文再转为概念的间接手段了。

阅读还有个好处，就是便于单词意义的再生。因为当你在其他地方碰到它时，就可以在你阅读课文的整体或整句的意义联想中把它钓出水来。

阅读千万不可完全依赖录音带。录音带只能用于协助训练听觉、复习和给你标准的读音、声调、语气等，不能代替你的口，更不能代替你完成脑子中一系列形象创造的活动程序。你最好还是先自己下苦功夫，理解和读顺了，再去听录音带。

阅读绝不可忽视朗读，对于初学者打基础的时候，尤其要尽量地读出声来。英国某大学教授做过实验，证明发声朗读比默读的记忆率大34%。

背景的联想不可掉以轻心。某个单词，假如是初学的，它的发音和拼写都记住了，可就是记不起它的含义来，这是常遇到的事。这时候，你先回想一下初见到这个单词的整体状况，回想其他和它一道出现的单词，回想这个单词在整个句子中的地位和作用，也许你就捕捉到这个单词的意义了。

对于一个单词，必须把它看为包容它的整段文字或整个句子的一个内容，并联想文章所包含的其他单词的意义。如果联想得充分，对新单词就记得牢。联想时，可能想对，也可能想错。有时，也会想出相似的词，因而起了引导作用。比如，“traffic”准确意义想不起来，但也许想出“train”“car”之类单词，就可以引导出互通的意义来。

为了把词汇牢记心中，“过度学习”也是十分必要的，反复学习运用，通过派生、对比、类比的联想作用的分析研究，才能在使用起来时像念乘法九九表口诀或拨熟悉的电话号码一样自如。

下面再介绍一些英语单词趣味记忆法。它们通俗易懂，生动有趣，能给人的大脑以特殊的刺激，产生出格外的联想，使读者在享受盎然趣味的同时记住单词的音、形、义。所以，从记忆术的角度来看，这些寓教于乐的方法仍不失为科学的方法。

（1）利用通俗词源记忆单词。词源学家在书房里探讨词源，其他人也根据自己的需要或理解对某些单词的来源进行解释。这种缺乏词源学根据的所谓“通俗词源”往往比词典上的解释更容易为人们所理解，因而也流传得更广。如：

有人说，welcome…（欢迎）的意思来自 well 和 come——“来得好”。这种说法虽不精确，却很通俗。

（2）利用幽默语言记忆单词。英语里有些幽默的对话是利用同形异义词编成的，里面包含着耐人寻味的双关语，可以帮助我们记忆一词多义的单词。

这里有一段父子之间的对话，儿子向父亲请教生财之道。

——What is the surest way to double ones money?

[使钱翻一番的最可靠的方式是什么？]

——Fold it。

[把它对折一下。]

儿子问话中的 double 意为“使……加倍”，而父亲故意将这个多义词理解为“使……成双重”，用幽默的答语暗示儿子：世界上并无既轻松又保险的生财之道。

（3）利用笑话材料记忆单词。英语里有些笑话是利用某些单词的音、形、义的特点编成的。听了这类笑话，我们就不难记住有关的单词。如：

某先生出国返家时为太太献上一条高级裙子。太太喜问其长度。先生随口答曰："A little above two feet."

太太听罢，脸上绯红，心想："两英尺多一点儿！那不就是迷你裙吗？"急忙打开一看又一比，远远不止两英尺。而是长可及脚面。太太此时恍然大悟：原来丈夫所言"two feet"不是"两英尺"，而是"两脚"；丈夫所买的裙子长度"略高于双脚"，并无赶时髦之嫌也。

（4）利用奇问巧答记忆单词。英语中有许多设计奇巧的问答。其特点是问题问得很怪，使人一下子摸不着头脑，可是一看巧妙的答案，你不由恍然大悟，拍案叫绝。这类问题有的是利用英语多义词或同音词的特点编出来的，可以使我们牢牢记住这些单词。如：

——Which word has the most letters in it?

[哪个单词的字母最多呢？]

Mail box。

[信箱。]

这不是答错了吧？不？信箱里不是有很多letter（信）吗？原来答句故事把问句中的letter（字母）这个单词理解成"信"，他的答案也就正确了。

（5）利用趣言妙语记忆单词。这里指那些初看起来似乎不通、仔细琢磨才知个中妙处的句子。趣言妙语往往借助于一词多义和单词。如：

一个人叙述他梦中所见时，讲了这样的一句话：I

saw a saw saw a saw. 这里，第一个 saw 是 see（见）的过去式，第三个 saw 是不带 to 的不定式 saw（锯），其他两个 saw 是名词“锯子”。所以这句话的意思是：我看见一把锯子锯另一把锯子。

（6）利用谜语游戏记忆单词。英语里有许多谜语游戏是利用某些单词的音、形、义的特点来编写的。此类寓知识于游戏之中的材料亦可用来帮助记忆单词，在词汇教学中若能适当穿插这样的材料，将有助于活跃课堂的气氛，刺激学生的兴趣。如：

“哪五个字单词丢掉后头的四个字母后读音依然不变？”谜底是单 queue（长队，辫子），它读［kjuː］，与首字母 q 同音。

（7）利用颠倒词记忆单词。英语中有些单词，把其字母顺序颠倒拼写，就成为影响力一个单词。这些有趣的单词特别容易记忆。如：

ah（啊）ha（哈）

are（是）era（时代）

but（但是）tub（浴盆）

（8）利用汉语译名谐音记忆单词。我们反对用汉字注音的方法来代替英语语音的学习，因为那是有害无益的。但是，在学好语音的前提下，不妨利用汉字译名的谐音来记忆某些单词的音和义。如：

coffee *n.*（咖啡）

Marx［maːks］马克思

（9）利用绕口令记忆单词。绕口令主要是练习语音用的，里面往往有许多近音词，所以可以用来帮助我们记忆某些近音词。如：

She sell seashell at the seaside.（她在海边卖海贝。）

这个绕口令至少可以帮助我们记住 sell（[sel] 卖）和 seashell（[ʃel] 贝壳）这一对近音词。

（10）利用缩写形式记忆单词。汉语中常有简称形式，如“四化”“人大”“少先队”等。记住这些简称，很容易写出它们的全称。英语中也有各种缩写方式，我们也可以利用它们来帮助记忆有关单词和词组的形与义。

最常见的是首字母缩写词。它是由一个固定的词组的主要单词的第一个字母组有异的。记住这些字母，就容易联想出来相应的单词及其顺序。如：

CP—the Communist Party 共产党

UN—the Unite Nations 联合国

T（时间）time

S（面积）square

（11）利用拟声词记忆单词。拟声词是指那些模拟事物或动作的声音而造出的词。拟声造词是人类最简单、最原始的造词方法。汉语中的拟声词，音义相连，绘声绘色，既增添语言效果，又浅显易懂，好认好记。如：

click [klik] *n.* 咔嗒声

drip [drip] *v.* 漏下，（使）滴下

（12）利用声音象征词记忆单词。有的人对英语字母的发音进行了研究，认为某些辅音字母和辅音字母连缀有拟声的作用，并与单词的词义有一定的联系。这种含有拟声作用的字母被称为“声音象征词”。如：

字母连缀 fl——能表示“流动，滑动”的意思，如：

flow（流动），flood（洪水），float（漂浮），fly（飞），flight（飞行），fell（逃走），flash（闪光），flutter（漂

浮；飞舞）等。

（13）利用字母同音词记忆单词。英语中有些和字母同音的读音特殊的短词。利用它们与某个字母同音的特点，可以把它们的读音记得很牢。下面列出一些和字母同音的单词，括号里大写字母就是该单词的读音。如：

be （B） *v.* 是

eye （I） *n.* 眼睛

（14）利用图表法记忆单词。图表法是直观教学的重要手段之一。在英语学习中，可以利用图表来帮助记忆某些单词的词义。这种方法如果运用得当，可以收到其他方法难以比拟的效果。这里介绍一种利用简图表达词的含义的记忆法。这种方法在记忆介词的意义时最为有效。例如，方位介词可以这样来表示（圆圈表示物体，矩形表示与物体有关的地点场所）：

in 

on 

（15）利用原文词典记忆单词。用原文词典学习外语，起初会辛苦些，但习惯了之后。每当查到外文单词或句子的时候，大脑中就会自然地浮现出与其相似的词（同义词、反义词等）及可变换的句子来。逐渐地就会从必然王国向自由王国过渡。

如当碰到 It's wonderful 英语句子时，如用英汉词典查找 wonderful 这个词时，你会查出“奇妙”“很棒”“不可思议”等等许多意思来，而当你要说“那是不可思议”时，你也只能想出 It's wonderful 这样的句子而已。但是，如果你所用的是英语辞典，查 wonderful 时，它就会有 marvelous remarkabel 以及 fabulous 的说明，这就可以扩大你学习英文的领域。所以，你如果能够舍弃英汉词典而改用英语辞典的话，你就能造出生动的 It's fabulous 的句子来，并能抛开本国语，真正做到用原文去理解原文。

(16) 利用说汉语夹杂外语记忆单词。讲汉语时适当插入单词或短语，是记忆外文单词的有效方法。

例如，有人问："这是哪国的 production" 回答说："这里写作 Made in China。"

(17) 利用启发性外语教学法记忆单词。成年人开始学习外语一般都缺乏信心，学习方法也不灵活。针对这一情况，启发性外语教学法就是倡导让学生像小孩子一样听音乐、说笑话、做游戏、轻松而自然地学说话，学习者"稚化"，这就是启发性外语教学法成功的关键。

比如，学习一种外国语，一般人每天记住 20～30 个单词就比较满意了，而启发性外语教学法认为，一般人每天记忆 200～300 个单词是完全可能的。据报道，利用启发性外语教学法可以用 6 个星期左右的时间掌握一门外语。例如，有的学生每天上课 4 小时，在 180 个学时内掌握了 4 000 个单词并学完了基础语法，能够阅读文字简单的作品、写作短文和进行自由会话。

三十二、化学系统记忆法

无机化学中，除了学习化学中的一般概念、定律外，重点学习的就是元素的周期律. 各主、副族元素的化学性质，以及各种重要酸、碱、盐的性质。

无机化学看上去是个杂乱无章的、令人不知如何学习才好的课程，其实无机化学是很有特点的，我们能够通过运用适合的记忆方法来快速、准确地记忆，从而提高我们学习的效率。这里向读者介绍一种无机化学系统记忆法。

无机化学虽然涉及许多方面，但是总离不开各种元素以及各元素的化合物，而元素周期表正是所有已经发现元素的集合。这就使我们想到如果我们以元素为联想物，利用人们的记忆流畅性能力就能够很快地学好无机化学。一句话，无机化学的系统记忆法，就是以元素周期表为联想物，联想与每个元素有关的事物。

不难看出，要想应用这种方法，元素周期表是必须能熟练背诵的，如果读者目前还不能熟练背诵，那么赶快利用本书中介绍的《歌诀记忆法》把周期表记熟。

这里有一点要注意，就是本记忆方法不是教读者死记硬背，而是自我启发式的记忆与各元素有关的事宜，读者千万不可写下来然后去死记硬背，而应该用联想回忆，如回忆不出来，再找资料。

记忆方法的步骤是：

（1）自我提醒。“该学习无机化学了。要集中注意力，平心静气”。为了能全神贯注，学习条件一定要安静，读者可躺在床上，或伏在桌子上，为免受干扰可闭上眼睛。

（2）把元素周期表从头到尾背一遍，然后按各主、副族背一遍。

（3）然后联想与各个元素有关的事宜。可包括元素符号。质子数，核外电子排布规律，各元素的化学、物理性质，有哪些重要方程式以及其主要化合物的性质。

还可以连带着回忆百分比浓度的计算，方程配平，酸、碱性检验等。

(4) 在每个元素联想完后，再联想主、副族中各元素的相同与不同。

这里有几点需要说明一下：

(1) 为了能形成一个习惯，最好读者能在每天的同一时间进行联想。

(2) 如果是个初学化学的人，那你能联想多少就联想多少。

(3) 刚应用本方法时，读者可能不习惯，只要按以上方法练上 1 ~ 2 个星期，你就会感到有进展了。经过一段时间的训练，整个无机化学就会全在你的脑袋中了，考试时，需要什么，什么就会像放电影一样从你大脑中放映出来。

这种记忆法，既符合教育心理学原理，又符合记忆规律。因为记忆规律要求人在记忆时要正确应用联想和尝试回忆，而教育心理学则强调自我学习，因此采用无机化学记忆法，能快速、完整掌握知识，提高学习效果。

三十三、物理字母歌诀记忆法

物理包括动力学、电学、磁学、光学等章，它们之间相互不连贯，没有什么必然的联系，因此，如用字母歌诀，有助于我们学习上的记忆。此法是这样用的，以电学的应用为例。

看下面的“字母歌诀”：

D10→E2　F4　G3　H2　I4　J3　K4　L5　M3　N3

解释一下上面的字母歌诀中每个字符和数字的意义。

D代表电学，是电字拼音字母的第一十字母。“10”代表D后的字母数有10个，即代表在电学这章中有10个主要的章节。每个字母后面的数字表示本节中所涉及的主要问题的个数。例如，本字母歌诀中E代表库仑定律的一节，E后面的2代表本节有两个问题，即库仑定律的定义及公式和“基本电荷”的概念。以此类推。

F代表电场一节，C代表电场中移动电荷做功一节，H代表电场中的物质一节，I代表电容器一节，J代表欧姆定律一节，K代表电功压电功率一节，L代表串、并联电路一节，M代表欧姆定律的应用一节，N代表电阻的测量一节。

这里有几点需要说明一下：

（1）此字母歌诀一定要由使用者自己来编写，这对提高记忆效果尤为重要。

（2）节数可多可少，由使用者自己来确定，每节里的主要问题也是如此。

（3）回忆每节的内容一定要全面、准确。

一般来说，中学生要背熟十几个字母的歌诀所需时间并不多，一旦电学字母歌诀记熟后，使用者要经常练习，直到能正确回忆起每个字母代表的节的意义和每节的主要问题为止。这时读者又可以编写“电磁学字母歌诀”“光学字母歌诀”和“力学字母歌诀”等，这样，整个物理就变成了几个歌诀记忆在大脑中固定了，需要应用时就可随时取出。

记住一些每章或每节的典型练习题也是很重要的，你也可以用字母歌诀法去记忆。

三十四、中国地图四边形记忆法

我国省级行政单位现有23个省、5个自治区、4个直辖市和2个特别行政区。学地理的人往往要记忆这些省、市、自治区的相互关系，怎样记忆呢？这里介绍一种四边形记忆法。

连接西宁、包头、长沙和合肥，这样就成了一个四边形。

每个顶点周围的邻省由下面四句口诀记忆：

海有甘新藏四四条舟，
湖有赣鄂贵桂又广州。
包了冀辽吉还有宁陕晋，
合围苏鲁豫加上鄂赣浙。

其中海、湖、包、合分别代表青海省、湖南省、包头（内蒙古）、合肥（安徽）。口诀中的每个省的邻省的顺序是从正东起始，按逆时针方向旋转。例如“合围苏鲁豫加上鄂赣浙”一句意思就是，江苏在安徽的正东．按逆时针方向分别是上、鲁、豫、鄂、赣、浙六省。

再如，作四边形的两条中线，交点为陕西省，再记忆下面两句口诀：

中线交在陕西省，豫晋蒙宁甘川鄂。

天津、北京、上海的位置，由这两句口诀记忆：

浙苏顶出上海，河北抱着京津。

除记住此8句口诀之外，再记住此口诀中没有的重庆、云南、黑龙江、福建、海南、台湾和香港、澳门特别行政区的位置，那么，整个中国的行政区域的位置关系就很清楚了。

当然读者还不能只靠口诀就能一次准确地记住中国

的整个行政区域，还必须按照口诀的说法自己默画出地图来，然后再与标准中国地图比较，不断改正错误，很快就能掌握了。

第七章　超级读书学习的训练

第一节　速读基本方法的训练

一、有声阅读与无声阅读

阅读分有声阅读和无声阅读，它们各有利弊。有声阅读可以加深理解和促进记忆，但速度慢。而默读是大脑对文字的直接思维反映，从而理解文字的意义，速度要比有声阅读快好多。所以，对于速度学习者来说，默读是基础。

应当注意的是，由于长时间的潜移默化，我们在阅读的时候还是会进行唇读和心读。其实唇读和心读，甚至舌头、喉头和声带的不易觉察的振动都属于有声阅读，都会极大干扰速读的进行。

二、脑眼直映法

“脑眼直映法”实质上就是默读法。要求我们在阅读时不应有除眼部肌肉和大脑紧张活动之外的任何外部活动。杜绝头脑摆动、回视、手指在字迹下面的移动等的不良习惯出现。保证正确坐姿、平静心态、充足光线、安静的环境，培养阅读兴趣。

三、关键字句法

根据汉语作文常识，可以看出文章的基本内容和中心思想大多集中在文章的开头、结尾处，每段的中心句集中在段首、段尾、段中处，找出每段关键词句，了解文章大致内容，也是提高阅读速度的手段之一，并且要培养看上句推下句、眼球迅速移动的习惯，也就是通过眼睛停顿的单位时间里接收的信息量和减少眼停的次数来提高阅读的速度。

四、变换速度法

根据阅读文章性质、用处、目的的不同，选择不同的阅读速度，其中包括精读速度、普通阅读速度、速读速度。精读速度大约是250字/分钟，理解率90%以上，应用于难以理解、知识含量高、希望牢固记忆的材料。对于日常的报纸杂志浅易读本的阅读可以采用普通阅读速度，每分钟250~500字，理解率80%左右。速读速度经常运用于无须高度理解，只需了解大致内容的读物中，速度为500字/分钟。

五、粗略阅读法

快速地翻阅一下全书，将你想要了解的内容大意、重要插图、段落、数据、目录以及你所关心的前言、后记看清楚，再次通读全文时，对于重点篇章就可采取不同的阅读速度进行阅读了。

六、留意文标法

文法中表示附加并列、承接、补充等副词所带出的文字，一般都是在告诉读者行文的思路没有变化，内容与从前类似，如果不求甚解的话，就可以忽略不看。但是如碰上表转折、结论性的文标时，就该注意一下，这些有可能是文章的中心所在。通过日常实践，熟悉了文章中的“路标”以后，就可以极大地节省速读时间，同时也不大会错过重点内容了。

七、先易后难法

为了培养速读的兴趣，建立成功的信心，我们可以首先拿一些浅显易懂、幽默轻松的小文章来进行速读训练。先注重训练阅读速度的提高，然后结合理解文章进行练习。经过一段时间的练习后，再找一些词汇量大、语意曲折的文章来进一步提高我们的速读能力。

第二节　速读方法的训练

一、集中注意力法

一般影响我们速读的速度和理解率的原因大都是不能集中注意力。我们可以用形象控制法迅速提高注意力，形象控制法有十个要素，即：

（1）使心情平静下来，使身心轻松舒畅。

（2）“一定能集中注意力”的信心十分重要。

（3）采用适合于自己的习惯和方法。

（4）对于集中的对象（即阅读材料）抱有兴趣。

（5）紧迫感和迫切感会促进集中注意力。

（6）与愉快的事情结合起来，注意力就会集中。

（7）为了集中注意力，需要下定决心。

（8）浮想过去和未来的美好形象。

（9）要确定完成的期限。

（10）适当的休息有助于注意力的集中。

二、一秒钟竞赛法

举出一系列的近义词或近似的词，将其中一个选出放在最前边，再用分号隔开。先看第一个词，只用一秒钟时间将后面的几个词中的这个词圈出，一秒钟内圈对素质培训与测试的算合格。

例如，拔苗：拔脚、拔取、拔苗、拔锚、拔河。

三、加快眼球运动法

科学表明：阅读实际上就是眼球一连串的转动和停止运动的结合。所以，加快眼球运动，就可以加快阅读速度。以下训练可以加快眼球的运动速度：

（1）眼睛尽力向四周看，进行360°的逆时针和顺时针的运动。

（2）取视野最近处的平面的四个角，让眼球做8字运动。

（3）①做5×5规格的表格，打乱顺序填上字母；②视线集中在表的中心，以便看清表的全貌；③眼睛离表的距离为30~35厘米；④按字母排列顺序，找全25个字母，找到的用铅笔加点；⑤熟练后，只靠视线移动来寻找，不必用铅笔加点；⑥每天练整套表一次，不要过分疲劳。

（4）①做5×5规格的表格，将连续的25个数字打乱顺序填入其中；②视线集中在表的中心，以便看清全表；③眼睛与表的距离为30~35厘米；④按顺序找全25个数字。

四、视野有效扩展法

练习中心点注视法，既可以锻炼你对注意力的控制，又可以扩展视野的明视范围。

练习中心点注视法的程序如下：

（1）睡觉前读完一篇短文，只读一遍，思想要集中，读速要慢。

（2）将短文放在桌子上，双手放在桌上，双脚自然着地，人坐端正，全身放松，呼吸均匀，摒弃一切杂念。

（3）直视范文中一个想象出来的中心点（书页中心），共10分钟，全部思想和意志高度集中在这个中心点上。

（4）10分钟后，闭上眼睛，立即躺下睡觉，这天最后一次视觉形象的印象应该是不断注视中心点而产生的幻觉。

（5）每天睡前练习，坚持两周后，须逐渐扩大有效视野的感知范围，应力求同时看见中心点和整页文字的各个方向，感觉到文字的存在。

（6）先沿着横线向两侧扩大视野，尽可能看见中心点及整行文字，接着能同时看见上下两三行，并逐渐增多。

（7）视线只能集中在中心点上，设法辨别轮廓和中心点周围的字、词、句，并尽力逐渐扩大篇幅。

（8）自如地注视中心点10分钟，争取在精神集中的一刹那不但能看到中心点，也能看到整页文字。

（9）每天坚持练习这种中心点注视法。

五、计时阅读法

计时阅读法是一种迫使人们高度集中注意力的方法，具体实施步骤如下：

（1）选取语言流畅，集科学性、趣味性、可读性于一体的阅读材料。

（2）准确记下阅读所花费的时间和所读的字数。

（3）计算单位时间的理解率。

（4）逐渐增加难度和字数，渐进地锤炼速读能力。

六、字群、意群阅读法

字群阅读就是凄者一次看三个字以上的一群字，使视线投射到书本上的范围由字到句以至段。字群阅读是具有中国特色的速读技巧，我们可以先从三字经开始。由三个字逐步训练到一行18个字的短语。最后，可以达到以一个中心词为中心，把与中心词相关的一些词联成一个群来视读，也就是意群阅读法。这样既能减少眼停次数，又能理解文章的主题，加快阅读速度，达到速读目的。

七、直接阅读法

直接阅读法是眼睛随着书页的中心线由上而下垂直阅读的读书方法。读者在训练时可与字群阅读法巧妙结合，即先从三四字的字群直读训练开始，然后循序渐进地进入10字以上的字群直读训练。直读法阅读训练可分两个阶段进行。

八、退缩阅读法

退缩阅读法是连续多次阅读同一篇文章而阅读时间逐次减少的一种速读方法。这是借着速度的突击和冲刺，加速大脑反应，训练“眼脑直映”。通常500字的文章应该在10秒左右看完，即每分钟看3 000字以上。如果文章篇幅较长，还可以增加阅读次数。因为，这种限时计秒的退缩阅读重点不在于获取知识，而是利用熟悉的文章来冲击认知反应速度。这种方法是对读书旧习惯和惰性的真正强有力的冲击。

作退缩阅读练习，要注意写摘要，以印证自己的理解力。写摘要分主旨和细节两部分。主旨即全文的中心思想，第二遍阅读后即应能写出。再阅读几遍后便可补充出细节。摘要不能照书抄，要及时写，并写得精简。

第三节　阅读能力的测试

一、测试说明

（1）阅读能力测验前，准备好计时的表，并记录开始阅读的确切时间。

（2）在计时前，不得翻看测试的文章和测试题。

（3）请灵活运用已经学到的各种速读方法和技巧，适当变化读速，尽可能快地速读全文，而且只看一遍。

（4）看完全文即刻记下结束的时间。

（5）立即解答10个理解测试题，请不要再复看原文，务必在2分钟内完成，并按参考答案自改试卷。

（6）胸有成竹、信心百倍地按规则做测试。

二、阅读能力检测

开始时间：　　　　　分　　秒

米老鼠和迪斯尼乐园

美国动画片《米老鼠和唐老鸭》和中国观众见面了。这只长着一对又大又圆耳朵的老鼠和长着一张扁长嘴巴的鸭子，可说是电影界的老前辈了。早在70多年前，它们就轰动了整个世界，赢得了世界各地的弦子们和他们父母的欢心。人们称赞这些电影杰作，喜欢这两位纯洁可爱的明星。

创作这些动画片的人，就是大名鼎鼎的沃尔特·迪斯尼。他1901年出生在美国芝加哥，后随父母迁到堪萨斯附近的一家农庄定居，曾当过报童，但热衷于绘画。后回到芝加哥，进了一所高等艺术学校学习美术，第一次世界大战中断了他的学生生活。他随红十字会来到法国，一直待到战争结束，又回到堪萨斯，为一家公司制作神话动画片。

1923年，他来到好莱坞，与在那里的哥哥一起创办了一家电影公司。他有两个宏伟的计划：一是制造出新的卡通形象，二是给卡通配音。这两个计划改变了他的整个生活，也改变了美国电影。

他想到了老鼠。他曾养过一只名叫“摩梯曼”的小老鼠。他在抽屉里画了个圆圈，训练有素的小老鼠便乖乖地睡在圆圈里。当他移居到另一座城市时，小老鼠真是恋恋不舍。新的卡通形象“米老鼠”就这样诞生了：大手套、大耳朵、大皮鞋，是个温和、善良、头脑简单的普通人。

敢于创造的迪斯尼看到了制作有声电影的可能，便决定给动画片配音。当他创造的米老鼠在银幕上绘声绘色地讲话时，观众们简直欣喜若狂。他以米老鼠为主人公。从20世纪20年代末到50年代中制作了100多集动画片，赢得了美国儿童和人民的爱戴，成为目前荣获奥斯卡奖最多的艺术家——共29个奖。

继“米老鼠”之后，迪斯尼又陆续以短片的形式制作了“唐老鸭”“普留图狗”和“三只小猪”。这些影片给全世界的儿童和成人带来了欢笑。唐老鸭穿水手服，有很重的鼻音，是个喋喋不休的抱怨者，普留图却专干蠢事

"米老鼠王国的创始人——沃尔特·迪斯尼与世长辞。"

（全文共2050字）

结束时间：　　　分　　秒

请立即做理解测验题：

【阅读检测】

（1）最近和中国观众见面的动画片是____。

①《米老鼠和迪斯尼乐园》

②《米老鼠和唐老鸭》

③《摩梯曼和唐老鸭》

④《小鹿斑比与木偶奇遇记》

（2）这两位电影明星轰动整个世界在____。

①5年前　　②925年前

③70多年前　　④100多年前

（3）创作这些动画片的大名鼎鼎的沃尔特·迪斯尼出生在____。

①美国的堪萨斯　　②美国的芝加哥

③法国　　④好莱坞

（4）他最初的两个宏伟计划是____。

①拍《三只小猪》和《大象斑波》

②拍色情影片和犯罪镜头

③拍动画片和赚大钱

④制造新卡通形象和给卡通配音

（5）迪斯尼以米老鼠为主人公，从20世纪20年代到50年代中制作动画片达____。

①50 多集　　②70 多集

③100 多集　　④120 多集

（6）他赢得美国儿童和人民的爱戴，成为目前荣获奥斯卡奖最多的艺术家，共荣获____。

①19 个奖　　②29 个奖

③9 个奖　　④5 个奖

（7）迪斯尼一生中最伟大的设想是建一座使孩子和父母都感兴趣的____。

①白雪公主庄园　　②迪斯尼大厦

③迪斯尼纪念塔　　④神奇的公园

（8）继“迪斯尼乐园”后，“迪斯尼世界”又轰动了东海岸的人们，它坐落在____。

①加利福尼亚　　②好莱坞

③佛罗里达州　　④奥兰多市中心

（9）迪斯尼没能目睹“迪斯尼世界”的落成，他逝世于____。

①1946 年 12 月　　②1964 年

③1966 年 12 月　　④1976 年

（10）他去世那天，《纽约日报》上刊登的标题是____。

①伟大的迪斯尼与世长辞

②米老鼠的创造人逝世

③米老鼠王国的主人与世人长辞

④米老鼠王国的创始人——沃尔特·迪斯尼与世长辞

【检测答案】

题号	1	2	3	4	5	6	7	8	9	10
答案	②	③	②	④	③	②	④	③	③	④

姓名：　　　　　测验日期：

阅读时间：　　　分秒

阅读速度：　　　字/分钟

阅读理解率：

阅读效率：　　　字/分钟

附录一　速读能力的鉴定与记录

现在，你已经知道目前自己的阅读速度和阅读理解率了。可想而知，你的阅读速度大有进步。也许你每分钟能读1 000字以上了，也就是说，你的阅读速度提高了将近5倍。这会使你大吃一惊。你的阅读理解率是否也提高了？初次阅读能力测验时，我们已明确规定，对速读理解率的最终要求也应该是100%，90%的理解率也是不合格的。想必你的阅读理解率也同步提高了，如果理解率已达到100%，那么你已是个合格的速读能手了。

这时也请检查一下，你的每次阅读测验成绩是否都已记录在案了。

如果你平时由于匆忙而没有记全阅读测验成绩表的话，现在请你补上。对于你或你的家长、老师来说，查阅图表比看一长串阅读速度和理解率的数字要方便和快捷些。这些图表上的曲线如果在上升，说明你的阅读速度和理解率在上升；如果图表所表示的成绩在下降，那么你就要寻找原因。

附录二　速读成绩总汇

附表1　速读训练成绩总表

测试＼成绩＼项目		文章字数	所用时间	阅读速度	理解率	阅读效率
初次测验						
单元一	（一）					
	（二）					
	（三）					
单元二	（一）					
	（二）					
	（三）					
单元三	（一）					
	（二）					
	（三）					
单元四	（一）					
	（二）					
	（三）					
单元五	（一）					
	（二）					
	（三）					

续附表 1

成绩 项目 测试		文章字数	所用时间	阅读速度	理解率	阅读效率
初次测验						
单元六	（一）					
	（二）					
	（三）					
单元七	（一）					
	（二）					
	（三）					
单元八	（一）					
	（二）					
	（三）					
单元九	（一）					
	（二）					
	（三）					
单元十	（一）					
	（二）					
	（三）					
速读结业成果检测						

注：①阅读速度 = 文章字数 ÷ 所用时间；②理解率 = 所得分数 ÷ 总分；③阅读效率 = 阅读速度 × 理解率。

附表 2　阅读能力成绩总表

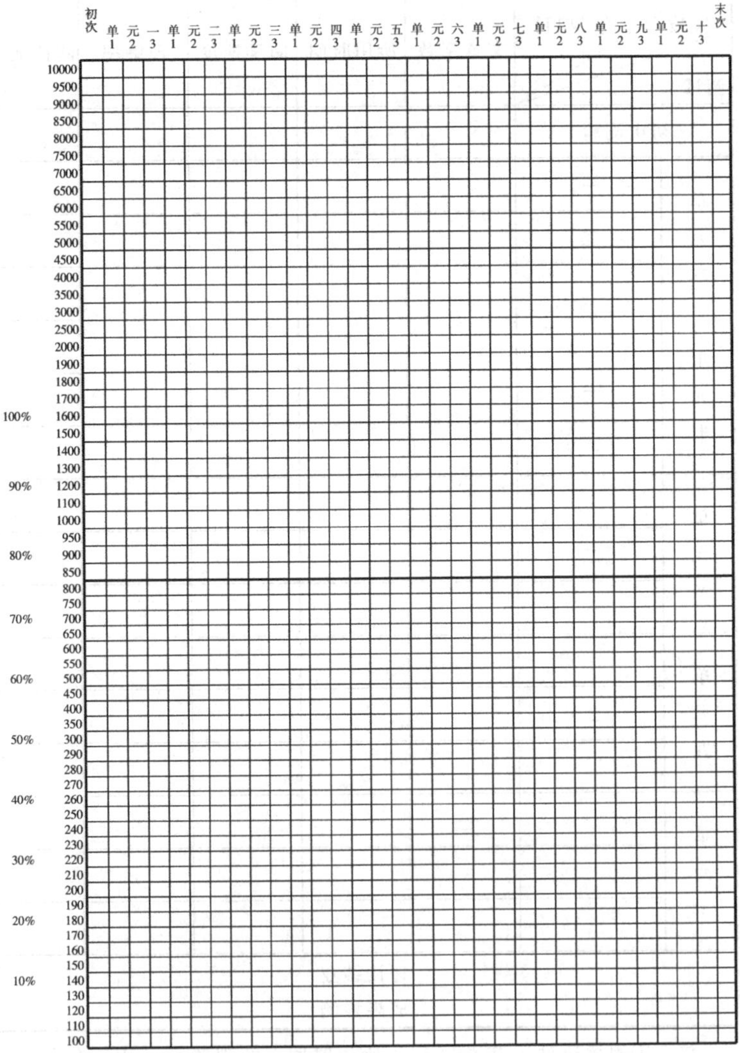

注：①横轴表示练习的顺序；②纵轴表示阅读速度、阅读理解率、阅读效率；③阅读速度 = 文章字数 ÷ 所用时间；④理解率 = 所得分数 ÷ 总分；⑤阅读效率 = 阅读速度 × 理解率。

第四节　超级学习法的训练

目前，各国心理学家正在力图揭示人的大脑的奥妙。实验证明，人的大脑的能力实际上是很大的，而我们仅仅使用了其中的一小部分。如何开发这一片尚未开垦的处女地，成为人们研究的中心。超级读书法就是要发掘这一潜在的能力。使我们更加轻松、有效率地读好书。

在人的大脑里，左半球是掌管逻辑、理解和分析的，而右半球则是负责直觉、想象和创造的。为了更有效地读好书，我们就必须将大脑的左半球与右半球都充分调动起来，同时还要与人体的各个器官一起协调地、有秩序地工作，这样才能最有效地发挥人的全部能力，集中全部精力学习。

首先，必须在身体放松中集中精力。巴博拉布朗博士在《新头脑新身体》一书中指出："较慢的心跳会使大脑效率飞跃提高。"可见，放松的关键是使心跳放慢。生理学家早就得出结论，人的心跳每分钟在60次以下，对身体的健康是十分有利的。如何使人的身体处于放松状态而大脑却又在紧张地工作着呢？这就需要一种具有特殊节奏的音乐。这种音乐能使人在放松中集中精力。其次，必须充分发挥大脑的能动性。人的大脑就像一部机器，越用越灵，越用越活，同时它又不同于机器，它需要休息。科学的休息方法是转移兴奋中心，既不浪费时间，又使大脑始终保持敏锐的状态。

最后，还必须使我们身体各个器官协调统一。美国的施若德介绍，只要肌肉完全放松，并与大脑保持协调一致的状态，就会使我们的读书效果达到最佳境界。人们都知道，集中五个手指的力量总比一个手指的力量大，这就是协调、聚合、统一的作用。读书时，人体各个器官统一接受同一信息，总比单一器官接受一个信息来得好、记得牢。这是因为人体每一器官接受的信息都会在脑海中留下痕迹，而各个器官留下的痕迹相同，这一信息在脑海中的印象也当然就更深得多了。

我们综合了国外（如美国、日本、苏联、德国、保加利亚、英国、法国等）著名学习方法研究专家、教授的最新成果，总结了一套超级的学习方法，它能够使我们在短时间内读较多的书，有效地掌握较多的信息，取得更好的学习成绩。

以下介绍几种实用的学习方法。

一、无我读书法

“无我读书法”就是在读书时要聚精会神、专心致志，使自己进入忘我的境界。普希金常常喜欢用“忘记了世界”这句话来形容他读书时忘我的程度。

大脑皮层活动的重要规律之一——“神经过程诱导律”告诉我们，人遇到一种刺激物时，就会在大脑皮层的某一区域发生一种兴奋过程，这一兴奋区域中的兴奋作用越强，其他区域的抑制作用也越强；反之，抑制区域的抑制作用越强，兴奋区域的兴奋作用也越强。因此，人们对于一个对象所集中的注意力越强，那么对于其他对象便察觉越少；对其他对象察觉越少，对于所注意的对象的注意力就越加集中了。显然，如果我们对于一个对象的注意力不强，或临时又遇到一个新的强有力的刺激，原来的兴奋区域就被抑制起来。所以，读书进入忘我状态，就能排除一切干扰，全神贯注地钻到知识中去，使整个大脑都围绕着一个兴奋中心活动，从而提高读书效率，许多发明创造也有可能就在这个时候出现。皮埃尔·居里说："当我像嗡嗡作响的陀螺般高速运转时，就自然排除了外界各种因素的干扰。"法国著名雕塑家罗丹工作时也常是如此。一次，他正在雕塑一件作品，有个名叫茨威格的人专程赶来求教。罗丹非常热情地把客人引到自己的工作室。进门以后，雕塑家突然发现塑像上有一处不妥，连忙动手进行修改。他全神贯注地工作着，早忘记了是带茨威格来看雕塑的。一个小时过去了，罗丹满意地走下雕塑架。他慢慢地朝后退，目光仍紧紧盯在作品上。当他发觉踩着什么时，回头一看，发现茨威格还站在那里，自己把客人的脚踩了。这种佳话在科学文化史上并非罕见。科学家爱迪生在新婚之夜居然跑进实验室而不知所归呢！

"无我读书法"要求对所读的书有极大的兴趣，形成一股强烈的吸引力，紧紧地抓住你的注意力，使你忘了自己而自觉充当书中的角色。如巴尔扎克写《欧也妮·葛朗台》时，对突然进屋的人大叫："是你害死了她（指欧也妮）！"其次，要有意志力，即有一定的控制能力。因为我们对所读的书不一定都是很感兴趣的，有些基础知识要全面了解.就必须怀着高度的责任心去读。这时，必须靠毅力，使自己进入无我的境界，排除一切干扰。

二、音乐读书法

我们知道音乐有它特殊的魅力，能使人的感情随着跌宕的旋律而起伏波动，同时音乐对于人的大脑活动也有一定的影响。一些轻松、缓慢的曲子能够诱导出一种冥想状态，它能使人的其他活动放慢，大脑变得敏捷起来，这对于读书是十分有利的。

大家都有这样一种感觉，歌曲多年不唱，可能会忘掉它的词，但只要一想起那优美的旋律，歌词就会自然脱口而出，这就是音乐的奥妙。音乐能使人心情愉快，使情绪处于最佳状态，这对记忆是十分有利的。

生理学家们发现，人体的各种节奏（如心跳、脑电波等）总是趋向于和音乐的节奏同步。保加利亚的拉扎诺夫士发现一种具有特殊节奏的音乐，可以导致人体的放松。当然，这种放松与一般所说的放松有显著的区别。它是在音乐的诱导下产生的，能使人的大脑处于十分机敏的状态，并保证精神高度集中。

那么，什么样的音乐才能使我们的大脑处于最佳的读书状态呢？生理专家们认为，如果我们能使心跳保持在每分钟60次以下，我们的身体将更加健康，而大脑会更加敏捷。近年来，人们研究发现巴洛克音乐具有这方面神奇的功能。所谓巴洛克音乐，是指16世纪到18世纪的音乐家巴赫、维奥蒂、特勒曼、科瑞利、亨德尔等人所创作的音乐。巴洛克音乐有其独特之处，其协奏曲的速度缓慢，并有一种神奇效力的节奏——每分钟60拍，通常有一把低音大提琴像人的脉搏一样在跳动。当人们听到这种音乐时，人体的节奏就趋向于它的活动，按照它的节奏——60拍而跳动，这样，就使我们处于一种特殊的放松状态中，大脑就能十分机敏地工作。因此，在这种音乐低声伴奏下读书，其效率自然要比往常高得多。

三、录音读书法

“录音读书法”是运用现代录音设备的读书方法。它能使我们陶醉于音响之中，在欣赏作品的同时学到知识。

“录音读书法”需要制作录音材料，其方法如下：需要两台录音机，一台播放节拍缓慢的音乐，最好是每分钟60拍的巴洛克音乐，另一台用来录音。这样你就可以在音乐的伴奏下，慢慢地朗读所要看的材料。当然，读的速度要尽可能与放送的音乐相协调，同时放送音乐的声音不宜太大，以免压下了朗读的声音，当然太小了效果也不好。再则，一次朗读的时间不宜太长，以20分钟为宜。如果想使音乐丰富些，还可以选择不同乐器演奏的乐曲，选用各种不同的基调（大调或小调），用这种缓慢、庄重的音乐来伴奏，效果较佳。在每次录音结束的最后两分钟，还可加上一些较为欢快的音乐，帮助大脑进入放松状态。

录音材料制作完毕，就可以来欣赏一下自己的佳作。第一遍欣赏时，要把材料撇开并拉下窗帘。如果是在晚上应拧开小灯，在微弱、柔和的灯光下效果最佳。然后，躺在床上，闭上眼睛，集中精力听录音，那录音是配上音乐的朗读材料，十分优美。听了一次后，对材料的内容有了大致的了解，再次欣赏之时就可以将全部的感情都调动起来，醉心于材料之中，认真体会每一个细节，并使之牢牢地记在脑海之中，反复这样听几遍后，就可拧亮电灯，对着材料再核对一遍，那时候肯定对材料已经十分熟悉了。

四、放映读书法

人在接受新鲜有趣的知识时印象特别深刻，有的甚至能长久不忘。这是因为新鲜有趣的事物像电影一样时常在人的脑海中闪过，使人记忆犹新。

放映法与此同理。我们读书时，要掌握一个章节的内容，可以先把文章看几遍，然后再像放映电影一样将文章中的内容一幕幕放映在脑海里。当然，这需要有丰富的想象能力，把文章的内容转化成为形象，反映到脑子里，放映时要一个镜头接一个镜头地将文章的内容推出。因此，制造“拷贝”时，要尽量想得细致些、周全些、准确些，应当像真正的摄影师一样，充分运用自己心灵中的摄像机，把内容全部拍摄下来，然后放映。一些关键的地方应该运用特写镜头，反复从各个角度观察。也可以运用慢镜头，像分解高台跳水运动员的动作一样细心观察。这样，把自己的全部精力都投入到想象之中，自己是摄影师，又是导演，又是放映员，又是观众，几者融为一体，使所读的内容牢牢地刻在脑海中。某高校的一位尖子学生在介绍他读书经验时说，他的学习方法与众不同。在大家看来，他似乎是个天才，不用怎么读书也能考个好成绩，尤其是晚上，大家都在专心攻读，可他却很早就躺到床上，躲入蚊帐睡大觉去了，有时甚至一个下午都在床上度过，真是神仙过的日子。其实，别人不懂得，他正是运用放映法读书的。上午，老师讲过课后，下午他就躲入蚊帐，细心地回味上课的内容，反复推敲、琢磨老师的一些观点、提法，制成“拷贝”。到了晚上，再花一点时间对对笔记、看看课文以及参考书，经过这一番补充、剪接，内容就更完整、准确了。最后，到了晚上9点左右，再躲入蚊帐“放映电影”。经过这样的反复及思索，他的知识就掌握得又快又牢固了。

运用这种方法读书，应注意短时“放映”与长时“放映”相结合。刚开始读头遍时，一次“放映”的时间不宜太长，应短些，尽可能搞得细些。读完一部分后，要花较长的时间来一次复习，将几次“放映”的内容连接起来，给人以整体感，不会使知识变得太零碎、太散乱了。当然，最后总的还要串一次，那就只是些纲目及重点了。这样既注意了书中的细小问题，又注意到了知识的完整性。

五、同步读书法

所谓“同步读书法”是指读书时，应该保证眼到、耳到、口到、手到、心到。还要“情到”。这“六到”要统一，即同一步骤，读书的效果最佳。

曾经有人做了这样一个实验，让3组学生记住10张画的内容。对第一组的学生只给他们说画上的内容，不让他们看画：第二组的学生只让他们看画，不给他们讲画的内容；第三组的学生既给他们看画，又给他们讲解画的内容，让他们记录。结果，第一组最差，第三组最好。这就证明了，边看书边抄写比单一看书记得牢。专家们还通过实验推算出：同样的内容，看一遍要比听一遍记忆效率高1.6倍；既看又听再加上写，比单听记忆效率高5倍多。一句话，读书时所调动的感觉器官越多，读书的效果越好。这是因为多种感觉器官并用，在大脑的皮层上就建立起视觉、形象、声音、动作等多种暂时的联系系统，从而构成了立体形象，其读书记忆效果当然比单一感觉器官的作用来得好。

运用“同步读书法”时必须注意两点：其一，“同步读书法”对所读的内容要有一定的选择，那些以掌握语言为主的内容（如外语、中文等）较适宜，而那些需要推理、计算的内容就不大适宜了。其二，在调动人的多种器官之中，特别强调“情到”。因为作者在写书时是带着感情写的，因而我们读书时也必须用感情去理解，以达到感情上共鸣的效果。那种“麻木不仁”“无动于衷”的读书是毫无效果的。

六、两步学习法

两步学习法是日本西尾市立东部中学术田宗康同学创立的。他在家里的学习特点是按两步进行的。从星期一到星期五，最晚六点半回家。如果提前回到家里，就作为自由活动时间休息到六点半。六点半以后，就趴在桌子上开始完成第一步计划。第一步计划是以复习为主，其中包括做作业的时间等，到八点结束。当作业多时，有时也占用一点儿第二步学习计划的时间，但一般不会多占用。八点半以前洗澡、看电视等，最晚从八点半开始进入第二步学习计划。第二步学习计划一般学习到十点半为止，主要是进行预习。

第一，两步学习法实质上是一种在家中学习时所用的方法。考虑到我国基础教育各地各校大同小异，就是说，学生在学校时接受的信息相差不多，故而在家中的学习就显得十分重要了。从这个意义上讲，两步学习法对我国的学生尤有实用价值。

第二，两步学习法抓住了两个环节：复习和预习。先复习旧功课，再预习新功课，符合学习规律以及我国孩子的学习习惯。

第三，两步学习法注重劳逸结合。回家早即“休息”，第一步计划完成后即“洗澡”“看电视”，调整一下再进行第二步计划。这一点尤其值得我国孩子学习和效仿。

七、SQ 3R 学习法

sQ 3R 是英语 Survey，Question，Read，Recite，Review 五个词的缩写，汉语意为“纵览——提问——阅读——复述（背诵、回忆）——复习”。这五个词代表了学习过程的五个步骤，因此 SQ 3R 读书法又叫“五步学习法”或“五段学习法”。此法创始于美国，在英、美等国广为推行，被称为行之有效的一种综合性的自学方法体系。

纵览（Survey），就是浏览，把全书概括地看一遍。尤其着重于看书的序（或前言，或跋，或内容提要）、目录，正文中的大小标题、图、表、照片以及注释、参考文献和索引等这些附加部分，以便对全书有个总的、直觉的印象。

提问（Question），是在浏览的基础上，就书中的重点、难点及有关的注释、提示等提出一些问题，使读书成为有目的、方向明确的思维活动。

阅读（Read），是指带着问题进行深入的阅读。要采用精读的方式，对不懂的术语、词语要搞清其准确意义，对重点段落、篇首、篇末的关键性文字尤应注意。还可做读书笔记以加深理解，增强记忆。

背诵（Recite），就是在理解的基础上记忆。在读完一部分后，可合上书试着复述（回忆）这部分的主要内容，进行学习和记忆效果的自我检查。背诵时应抓住主要的东西，提纲挈领地记牢，不必逐字逐句地死记。

复习（Review），这一步的目的是巩固阅读成果。

复习应及时．看完一章书就应小结，回忆当天所阅读的内容。同时在学习后一两天内应再次复习，隔一段时间还要重复学习．以保证学习和记忆的效果。SQ 3R法可以适用于文、理各个学科的学习，对需要精读的教科书或重要文章，采用此法，效果更佳。

八、PQRST 读书法

PQRST 读书法是国外学习学专家托马斯·斯特顿创立的一种读书法。PQRST 分别是五个英文单词的第一个字母，即 Preview（预读）、Question（提问）、Read（通读）、stam（陈述）、Test（考查）。这五步的具体解释如下：

（1）Preview（预读）。拿到一本书，首先阅读各类标题、结论和文章后的参考题，并尽量把此书与以前看过的书、听过的课联系起来。

（2）Question（提问）。自己问自己，此书的重点是什么？各章、节的重点是什么？

（3）Read（通读）。认真、迅速地通读全书，查找此书的主要观点。如果是自己的书，可做笔记或用笔在书上划出重点。

（4）State（陈述）。回答开始阅读时提出的问题，看看哪些问题解决了，哪些问题还没解决？

（5）Test（考查）。检查自己对所读内容的掌握情况。这可以借助此书的月录或章节后的思考题来进行．看一行目录或一个题目，检查自己能回忆出多少。

九、PDS 学习法

PDS 是英文 Plan（计划）、Do（实行）和 See（评价）的简称。本来是工厂实行的一种管理方法，即先制订计划，然后实行，实行之后评价一下效果并加以改进。有人将这一方法从经营管理领导移植到学习领导。因为学习和生产一样，也可由计划、实行和评价这几个环节构成。这一方法在日本等国尤为盛行。

十、五 W 学习法

英语的五个 W——Who，What，When，Where，Why。这五问包含着学习的五个要素，弄清这五问，就可以大体上知道自己的学习水准如何，学习意图是什么。五问的内容是：

什么人学——Who？分析读者自身的情况：什么年龄，什么专业，什么水准？

学什么书——What？分析读物的情况：是科学理论专著还是科学史，是基本知识教科书还是文艺作品，是青年修身丛书还是武侠小说？

在什么时间学——When？既指具体读一本书的时间（如课内、课外或早、中、晚），双指在人生历程的哪一时期进行阅读（如顺利、挫折或少年、青年、中午、老年时代等）。

在什么地方学——Where？既指宏观的社会环境（如城市、乡村或热闹区、僻静地），又指具体的学习环境（如教室、图书馆、办公室、书房、客厅、厨房、卧室、公园、郊外等）。

为什么学——Why？为谋生，为消遣，为怡情，为装饰，为交际，为增加才干，还是为了创造和改革？

这五问有的可以明确地回答，有的不便直接回答。如学习的目的，可能是几种情况交织在一起的，或者以某种目的为主，兼有其他的目的。但是弄清这五问，是选择恰当的学习方法的前提。这五问弄清楚了，学习的环境、条件和目的也就清楚了，就可以根据这些需要去选择恰当的学习方法。否则，自己只有一个模糊的想读点书的想法，那么读起来就有很大的随意性，也不能有针对性地选择恰当的学习方法，学习的效率将大打折扣。

十一、RPDPC 学习法

RPDPC 学习法是近年来国际上流行的一种学习方法。RPDPC 分别是五个英语单词的第一个字母，即 Revision（复习）、Presentation（介绍）、Drill（训练）、Practice（练习）、Consolidation（巩固）。它们是一个不可分割的统一体，既相互依存，又相互制约。

大家知道，知识的积累是再创造的源泉。古话说："温故而知新。" RPDPC 学习法中的第一个步骤——Revision，正是遵循这条古训来进行的。复习的方法可以不拘形式，多种多样。

Presentation，也可译为"知新"。在这一环节中，一般最好尽量让孩子得到最直观的感性认识。由视、听、说入手，进而再到读和写，这对孩子学习的知识是大有裨益的。

Drill 和 Practice 这两个环节都含有练习的意思。所不同的是，Drill 侧重于在学校练习，在有人指导的情况下练习；而 Practice 则侧重于在家里练习，即在无人指导

的情况下练习。这两步都重要，用老话讲，熟了才能生巧。

Consolidation 即巩固，是最后一个环节。尝过的东西若不及时复习、检查，加以巩固，很快就会遗忘。因此，巩固练习中不仅应包括口头和听力作业，还应包括笔头作业。

参考文献

[1] 李锡东. 文化产业策划实务 [M]. 北京：清华大学出版社，2011.

[2] 孙东亮. 市场营销策划 [M]. 北京：中国传媒大学出版社，2010.

[3] 金青梅. 文化产业项目管理 [M]. 西安：西安交通大学出版社，2011.

[4] 宋培义. 文化产业经营管理成功案例解读 [M]. 北京：中国广播电视出版社，2008.

[5] 黄永林. 从资源到产业的文化创意——中国文化产业发展现状评述 [M]. 武汉：华中师范大学出版社，2012.

[6] 易华. 创意人才和创意产业、创意城市发展 [M]. 北京：中国物资出版社，2011.

[7] 齐骥，宋磊，范建华. 中国文化产业 50 问 [M]. 北京：光明日报出版社，2011.

[8] 田川流，何群. 文化管理学概论 [M]. 昆明：云南大学出版社，2006.

[9] 孟韬，毕克贵. 营销策划方法、技巧与文案 [M]. 北京：机械工业出版社，2008.

[10] 宋俊华. 应用写作学教程 [M]. 广州：广东人民出版社，2005.

[11] 厉鑫. 营销文案写作范本 [M]. 北京：经济管理出版社，2005.

[12] 张大成. 现代应用文写作教程 [M]. 北京：首都经济贸易大学出版社，2005.

[13] 自韦箐. 百种实用合同范本 [M]. 北京：经济管理出版社，2002.

[14] 宋培义. 文化产业经营管理成功案例解读 [M]. 北京：中国广播电视出版社，2008.

[15] 陈放. 策划学 [M]. 北京：中国商业出版社，2011.

［16］丁俊杰，李怀亮，闫玉刚．创意学概论［M］．北京：首都经济贸易大学出版社，2011.
［17］张京成，周学政．创意为王：中国创意产业案例典藏［M］．北京：科学出版社，2007.
［18］曹鹏．媒介市场创意策划实务［M］．北京：中国广播电视出版社，2008.
［19］李颖生，廖寒．中国文化产业经典案例分析（上、下）［M］．郑州：河南文艺出版社，2007.
［20］蔡尚伟，刘锐．文化产业比较案例［M］．北京：中国传媒大学出版社，2009.
［21］汤莉萍，殷俊．世界文化产业案例选析［M］．2版．成都：四川大学出版社，2006.
［22］唐少清．现代会展操作实务与案例［M］．北京：清华大学出版社，2008.
［23］涂晓华．报刊创意与策划［M］．北京：中国广播出版社，2009.
［24］白庆祥，李宇红．文化创意学［M］．北京：中国经济出版社，2010.